汽车类专业工学结合规划教材

汽车发动机构造与维修

主　审　吴文民
主　编　张文杰　邱小龙
副主编　王梦晨　祁　平　左　婷

苏州大学出版社

内 容 简 介

本教材是遵照教育部高职高专教材建设的要求,从人才培养目标的实际出发,紧紧围绕培养高等技术应用型人才的要求编写的。主要内容包括:发动机总体构造的认知、曲柄连杆机构结构的认知与维修、配气机构结构的认知与维修、可燃混合气的形成与燃烧机理、润滑系统结构的认知与维修、冷却系统结构的认知与维修、发动机拆装工艺与磨合等。

本教材采用项目化教学模式进行设计,每个项目都有若干个子任务,每个任务都由任务目标、任务引入、必备知识、任务实施和学生工作页等环节构成,突出实践应用能力,加强针对性和实用性。

本教材图文并茂、深入浅出、通俗易懂,可作为高职高专院校汽车类专业的教材,也可供汽车类专业培训和汽车维修技术人员使用。

图书在版编目(CIP)数据

汽车发动机构造与维修 / 张文杰,邱小龙主编. ——苏州:苏州大学出版社,2018.12
汽车类专业工学结合规划教材
ISBN 978-7-5672-2703-3

Ⅰ.①汽… Ⅱ.①张… ②邱… Ⅲ.①汽车—发动机—构造—高等职业教育—教材②汽车—发动机—车辆修理—高等职业教育—教材 Ⅳ.①U472.43

中国版本图书馆 CIP 数据核字(2018)第 293891 号

书　　名：	汽车发动机构造与维修
主　　编：	张文杰　邱小龙
责任编辑：	征　慧
助理编辑：	杨　冉
装帧设计：	吴　钰
出版发行：	苏州大学出版社(Soochow University Press)
社　　址：	苏州市十梓街 1 号　邮编:215006
网　　址：	www.sudapress.com
电子邮箱：	sdcbs@suda.edu.cn
印　　装：	苏州工业园区美柯乐制版印务有限责任公司
邮购热线：	0512-67480030
网店地址：	https://szdxcbs.tmall.com/(天猫旗舰店)
开　　本：	787mm×1092mm　1/16　印张:14.5　字数:341 千
版　　次：	2018 年 12 月第 1 版
印　　次：	2018 年 12 月第 1 次印刷
书　　号：	ISBN 978-7-5672-2703-3
定　　价：	39.00 元

凡购本社图书发现印装错误,请与本社联系调换。服务热线:0512-65225020

前言

本教材遵照教育部高职高专教材建设的要求,紧紧围绕培养高等技术应用型人才的需要,从人才培养目标的实际出发,结合项目化教学的方法,以就业为导向,以全面素质为基础,以能力为本位,确定编写思路和教材特色。

本教材的主要特点有:

1. 本教材以突出实践能力的培养为原则,精心组织相关内容,力求简明扼要、突出重点,使其更具有针对性、实用性和可读性,努力突出高职高专为生产一线培养技术型管理人才的教学特点。

2. 本教材以项目任务为教学主线,通过设计不同的项目,巧妙地将知识点和技能训练融于各个项目之中。教学内容以"必需"与"够用"为度,将知识点做了较为精密的整合,由浅入深、循序渐进,强调实用性、可操作性和可选择性。

3. 本教材将理论教学与技能训练有机结合,以实验与实训场所作为教学平台,采用项目教学法完成课程的理论实践一体化教学,通过教、学、练的紧密结合,突出了学生实际操作能力、设计能力和创新能力的培养和提高,真正体现了职业教育的特点。

本书主要包括:发动机总体构造的认知、曲柄连杆机构结构的认知与维修、配气机构结构的认知与维修、可燃混合气的形成与燃烧机理、润滑系统结构的认知与维修、冷却系统结构的认知与维修、发动机拆装工艺与磨合等内容。

本书由张文杰、邱小龙担任主编,由王梦晨、祁平、左婷担任副主编,敏实集团宁波信泰机械有限公司俞波、昆山通和丰田汽车服务有限公司总经理孙允训也参与了编写工作。

本书由吴文民主审,在写作过程中得到了有关领导和相关部门的大力帮助和支持,在此表示感谢。

在本书的编写过程中参阅了许多国内外公开出版与发表的汽车发动机构造与维修的著作、文献,在此谨向原作者表示衷心的感谢。限于编者的经历和水平,内容难以覆盖全国各地的实际情况,也难免有不妥和错误之处,恳请读者提出宝贵意见,以便再版时修订。

编者

目录

项目一 发动机总体构造的认知 ·· 001
  任务一 发动机总体构造的认知 ······································· 001
  任务二 发动机工作原理的了解 ······································· 003
  任务三 发动机主要性能指标及特性的了解 ······················ 007

项目二 曲柄连杆机构结构的认知与维修 ································· 009
  任务一 机体组件结构的认知与检修 ································· 009
  任务二 活塞连杆组的检修 ·· 025
  任务三 曲轴飞轮组的检修 ·· 048

项目三 配气机构结构的认知与维修 ··· 063
  任务一 配气机构的认知 ·· 063
  任务二 气门组的检修 ··· 081
  任务三 气门传动组的检修 ·· 097

项目四 可燃混合气的形成与燃烧机理 ······································ 114
  任务一 可燃混合气的形成与结构认知 ································· 114
  任务二 可燃混合气的燃烧与组件检修 ································· 145

项目五 润滑系统结构的认知与维修 ··· 161
  任务一 润滑系统结构的认知 ··· 161
  任务二 润滑系统主要部件的拆装与检修 ···························· 163

项目六 冷却系统结构的认知与维修 ·········· 176
  任务一 冷却系统结构的认知 ·········· 176
  任务二 水冷却系统结构的认知与检修 ·········· 181

项目七 发动机拆装工艺与磨合 ·········· 194
  任务一 发动机的装配与调整 ·········· 194
  任务二 发动机的磨合 ·········· 203

项目一 发动机总体构造的认知

项目描述

通过对发动机总体构造的学习,能正确描述发动机的基本构造、作用、基本工作原理和发动机的常用术语定义,了解发动机主要性能指标的定义与作用。

学习目标

1. 知识目标
(1) 熟悉发动机的结构、作用和常用术语。
(2) 会正确描述发动机基本工作原理。
(3) 会正确描述国产发动机编号规则及发动机主要性能指标的定义与作用。

2. 技能目标
(1) 能根据发动机的结构和原理区分汽油机、柴油机。
(2) 能根据提供的发动机型号判别其相关信息。

任务一 发动机总体构造的认知

任务目标

熟悉发动机的分类和组成。

任务引入

了解发动机的组成是学习发动机的基础,故我们先学习发动机的类别以及组成。

必备知识

一、发动机的分类

目前汽车上采用的发动机大部分是往复活塞式内燃机,它将燃料燃烧的热能转化为机

械能输出。按照不同的分类方法,内燃机有如下几种:

1. 按使用燃料分类

汽车用内燃机可分为汽油机、柴油机和其他代用燃料发动机。

2. 按点火方式分类

汽车用内燃机可分为点燃式和压燃式两种。

3. 按活塞运动方式分类

汽车用内燃机可分为往复活塞式发动机和旋转活塞式发动机。

4. 按冷却方式分类

汽车用内燃机可分为水冷式发动机和风冷式发动机。

5. 按气缸数目分类

汽车用内燃机可分为单缸发动机和多缸发动机。

6. 按气缸布置方式分类

汽车用内燃机可分为直列式、对置式和V形发动机。

7. 按进气方式分类

汽车用内燃机可分为非增压式发动机和增压式发动机。

二、发动机的总体构造

柴油机通常由"两大机构、四大系统"组成。汽油机发动机通常由"两大机构、五大系统"组成,如图1-1所示。

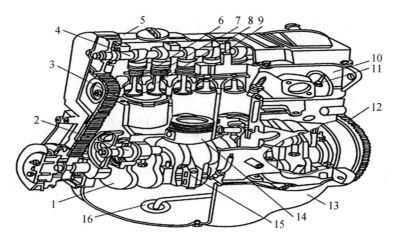

1—曲轴;2—中间轴;3—气缸体;4—凸轮轴;5—凸轮轴罩盖;6—排气门;7—气门弹簧;8—进气门;9—气门挺杆;10—气缸;11—火花塞;12—飞轮;13—油底壳;14—活塞;15—连杆总成;16—集滤器

图1-1 汽油机解剖图

1. 曲柄连杆机构

曲柄连杆机构是发动机实现热能与机械能相互转换的核心机构,其功用是将燃料燃烧所产生的热能转变成机械能。曲柄连杆机构主要由气缸体、气缸盖、活塞、连杆、曲轴和飞轮等组成。

项目一 发动机总体构造的认知

2. 配气机构

配气机构的功用是根据发动机的工作需要适时打开和关闭气门,使新鲜气体适时进入气缸并及时从气缸中排出废气。它主要由进气门、排气门、摇臂、推杆、凸轮轴和凸轮轴正时齿轮等组成。

3. 燃料供给系统

汽油机必须按需要向气缸内供给已配好的可燃混合气,柴油机则要向气缸内供给纯空气并在规定的时刻向气缸内喷入燃油,然后均将燃烧后的废气排出发动机。

燃料供给系统有化油器式燃料供给系统和电控喷射式燃料供给系统两种。化油器式燃料供给系统一般由汽油箱、汽油泵、汽油滤清器、化油器、空气滤清器等组成;电控喷射式燃料供给系统由空气供给系统、燃油供给系统和电子控制系统等组成。柴油机燃料供给系统主要由燃油箱、喷油泵、喷油器、燃油滤清器、空气滤清器等组成。

4. 润滑系统

润滑系统的作用是向做相对运动的零件表面输送清洁的润滑油,以减少摩擦和磨损,并对摩擦表面进行清洗和冷却。润滑系统主要由机油泵、集滤器、限压阀、油道、机油滤清器等组成。

5. 冷却系统

冷却系统可将机件多余的热量散发到大气中,以保持发动机正常的工作温度。冷却系统有水冷式和风冷式两种。水冷式主要由散热器、风扇、水泵、水套等组成,风冷式主要由风扇、散热片等组成。

6. 点火系统(仅汽油机有)

点火系统可根据发动机的工作需要,及时地点燃气缸内的混合气。它主要由电源、点火线圈、分电器和火花塞等组成。

7. 启动系统

启动系统的作用是使发动机由静止进入正常工作状态。它主要由启动机和其他附属装置组成。

任务二 发动机工作原理的了解

任务目标

- 了解发动机的常用术语。
- 熟悉发动机的工作原理。

任务引入

了解发动机的工作原理是我们学习发动机其他知识的前提条件,下面我们一起来分析发动机的工作原理。

必备知识

一、基本术语

发动机气缸内每产生一次动力,都必须经过进气、压缩、做功和排气四个工作过程,这四个工作过程称为发动机的一个工作循环。

如曲轴旋转两周,活塞往复四个行程,完成一个工作循环的,称为四冲程发动机;曲轴旋转一周,活塞往复两个行程,完成一个工作循环的,称为二冲程发动机。

图 1-2 给出了发动机能量转换机构的最基本组成及其运动关系和一些基本术语。

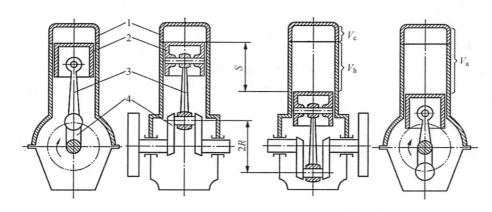

1—气缸;2—活塞;3—连杆;4—曲轴

图 1-2 发动机基本术语示意图

1. 上止点

活塞离曲轴回转中心最远处,通常为活塞的最高位置,称为上止点。

2. 下止点

活塞离曲轴回转中心最近处,通常为活塞的最低位置,称为下止点。

3. 活塞行程

上、下止点间的距离,称为活塞行程 S。

4. 曲柄半径

曲轴与连杆下端的连接中心至曲轴中心的距离 R,称为曲柄半径。显然 $S=2R$。

5. 气缸工作容积

活塞从上止点到下止点所扫过的容积,称为气缸工作容积或气缸排量,用 V_h 表示,单位为 L。

6. 燃烧室容积

活塞在上止点时活塞上方的容积,称为燃烧室容积,用 V_c 表示,单位为 L。

7. 气缸总容积

活塞在下止点时活塞顶上方的容积,称为气缸总容积,一般用 V_a 表示,单位为 L。

$$V_a = V_c + V_h$$

8. 发动机排量

多缸发动机各气缸工作容积的总和,称为发动机排量,一般用 V_L 表示。若发动机的气缸数为 i,则

$$V_L = V_h i$$

9. 压缩比

气缸总容积与燃烧室容积的比值,称为压缩比,一般用 ε 表示,即

$$\varepsilon = \frac{V_a}{V_c} = \frac{V_h + V_c}{V_c} = 1 + \frac{V_h}{V_c}$$

压缩比表示活塞由下止点运动到上止点时气缸内气体被压缩的程度。压缩比越大,压缩终了时气缸内气体的压力和温度越高。

二、发动机的基本工作原理

(一) 四冲程汽油机的工作原理

四冲程汽油机的工作循环由进气、压缩、做功和排气四个行程组成。图 1-3 为单缸四冲程汽油机的工作循环示意图。

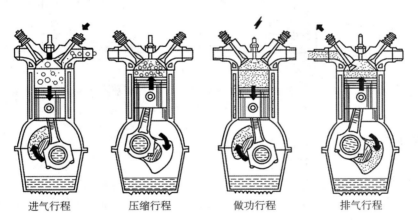

进气行程　　压缩行程　　做功行程　　排气行程

图 1-3　单缸四冲程汽油机的工作原理

1. 进气行程

活塞由曲轴带动从上止点向下止点运行,进气门打开,排气门关闭。活塞从上止点向下止点移动的过程中,气缸容积增大,形成一定的真空度,于是混合气经进气门便被吸入气缸。进气终了时气缸内的压力小于 1 个大气压。

2. 压缩行程

进气行程结束后,活塞由曲轴带动从下止点向上止点运动,气缸内容积减少,由于进、排气门均关闭,进入气缸的可燃混合气被压缩,当活塞到达上止点时,压缩结束。

3. 做功行程

当活塞运动到压缩行程上止点时,火花塞跳火,点燃气缸内的混合气,此时进气门和排

气门均处于关闭状态,气体的温度、压力迅速升高而膨胀,从而推动活塞从上止点向下止点运动,通过连杆使曲轴旋转并输出机械能。

4. 排气行程

在做功行程终了时,排气门打开,进气门关闭。曲轴通过连杆推动活塞从下止点向上止点运动,废气在自身剩余压力和活塞的推动下被排出气缸,至活塞到达上止点时,排气门关闭,排气结束。

综上所述,四冲程汽油机经过进气、压缩、做功、排气四个行程完成一个工作循环。这期间活塞在上、下止点间往复运动四个行程,相应地曲轴旋转了两周。

(二)四冲程柴油机的工作原理

每个工作循环也包括进气、压缩、做功和排气四个行程。图1-4为单缸四冲程柴油机的工作循环示意图。

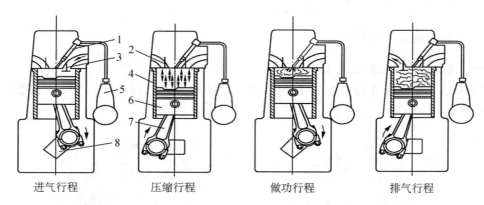

1—喷油器;2—排气门;3—进气门;4—气缸;5—喷油泵;6—活塞;7—连杆;8—曲轴

图1-4 单缸四冲程柴油机工作循环示意图

1. 进气行程

进入气缸的不是混合气,而是纯空气。

2. 压缩行程

此行程不同于汽油机之处在于压缩的是纯空气,且由于柴油机的压缩比高,压缩终了的温度和压力都比汽油机高。

3. 做功行程

在柴油机的压缩行程接近终了时,喷油泵将高压柴油经喷油器呈雾状喷入气缸内的高温空气中,迅速汽化与空气形成混合气,此时气缸内的温度高于柴油的自燃温度,柴油自行着火燃烧,在此后的一段时间内边喷油边燃烧,气缸内的压力和温度急剧升高,推动活塞下行做功。

4. 排气行程

此行程与汽油机基本相同。

四冲程发动机在一个工作循环的四个行程中,只有一个行程是做功的,其他三个行程是做功的准备行程。因此,在单缸发动机内,曲轴每转两周中只有半周由于膨胀气体的作用使曲轴旋转,其余半周则依靠飞轮惯性维持转动。在做功行程时,曲轴的转速比其他行程要大,曲轴的转速是不均匀的,因而发动机的运转就不均匀,飞轮必须具有较大的转动惯量,才能使发动机运转平稳,发动机质量和尺寸增加。

在多缸四冲程发动机的每一个气缸内,所有的工作过程都是相同的,但各个气缸的做功行程并不同时发生,而是按照一定的工作顺序进行。

任务三　发动机主要性能指标及特性的了解

任务目标

- 了解发动机的主要性能指标。
- 熟悉国产内燃机型号编制规则。

任务引入

了解发动机的性能指标以及国产内燃机型号的编制规则,能加强我们对发动机工作的理解。

必备知识

一、发动机的主要性能指标

发动机的主要性能指标有动力性指标、经济性指标。

1. 有效转矩

发动机曲轴对外输出的转矩称为有效转矩,用 M_e 表示,单位为 N·m。

2. 有效功率

发动机曲轴对外输出的净功率为有效功率,用 P_e 表示,单位为 kW,用公式计算如下:

$$P_e = M_e \frac{2\pi n}{60} \times 10^{-3} = \frac{M_e n}{9\,550}$$

3. 有效燃油消耗率

有效燃油消耗率指单位有效功的耗油量,用 g_e 表示,单位为 g/(kW·h),燃油消耗率越小,经济性越好。用公式计算如下:

$$g_e = \frac{G_T}{P_e} \times 10^3$$

式中,G_T 为每小时的燃油消耗量。

二、国产内燃机型号编制规则

GB/T 725—1991 规定:内燃机型号由首部、中部、后部和尾部四部分组成。内燃机型号的排列顺序及符号代表的意义如图 1-5 所示。

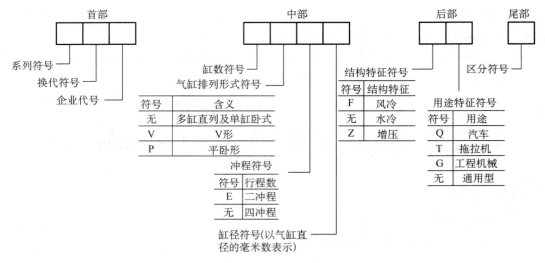

图 1-5 内燃机型号编制规则

发动机型号编制举例说明：

1. 汽油机

495Q：四缸、四冲程、缸径 95 mm、水冷、车用。

CA6102：一汽生产、六缸、直列、四冲程、缸径 102 mm、通用型。

2. 柴油机

6120：六缸、四冲程、缸径 120 mm、水冷、通用型。

12V135Z：十二缸、V 形、四冲程、缸径 135 mm、水冷、增压。

学后测评

1. 发动机一般由哪些机构和系统组成？简要说明各组成部分的作用。
2. 对比说明柴油机、汽油机在进气、压缩、做功、排气四个冲程中的主要差异。
3. 简要叙述影响发动机工作性能的主要因素。

项目二 曲柄连杆机构结构的认知与维修

项目描述

曲柄连杆机构是内燃机实现工作循环、完成能量转换的传动机构,用来传递力和改变运动方式。曲柄连杆机构在做功行程中把活塞的往复运动转变成曲轴的旋转运动,对外输出动力;而在其他三个行程,即进气、压缩、排气行程中,又把曲轴的旋转运动转变成活塞的往复直线运动。曲柄连杆机构的零件分为机体缸盖组、活塞连杆组和曲轴飞轮组三个部分。本单元要求会拆装与检测机体缸盖组、活塞连杆组、曲轴飞轮组,能诊断与排除曲柄连杆机构故障。

学习目标

1. 知识目标

(1) 熟悉曲柄连杆机构的作用与组成。
(2) 熟悉机体组、活塞连杆组、曲轴飞轮组主要零部件的名称、构造和装配关系。
(3) 掌握曲柄连杆机构各零件的正确拆装与调整方法。
(4) 掌握机体组、活塞连杆组、曲轴飞轮组主要零部件的检测与维修方法。

2. 技能目标

(1) 能正确使用工具对曲柄连杆机构进行正确拆装。
(2) 学会正确使用检测仪器、设备对曲柄连杆机构主要零部件进行检测,能根据检测结果确定维修方法和维修级别。
(3) 学会正确组装与调整曲柄连杆机构。
(4) 能根据有关故障现象,对常见故障进行诊断与排除。

任务一 机体组件结构的认知与检修

任务目标

- 能正确使用工量具完成气缸体的检测。

- 能正确使用工量具完成气缸套的检测。

任务引入

机体组是发动机的一个基础,是曲柄连杆机构中很重要的一个环节,故我们先从发动机的最外围——机体组入手,学习曲柄连杆机构相关知识点。

必备知识

机体组由气缸体、油底壳(下曲轴箱)、气缸垫、气缸盖、气缸盖罩等组成,属于非运动件。

一、气缸体和曲轴箱的构造与修理

(一)气缸体

气缸体是发动机各个机构和系统的装配基体,用来保持发动机各运动件相互之间的准确位置关系。水冷式发动机通常将气缸体与上曲轴箱铸成一体,简称气缸体,如图 2-1 所示。气缸体上半部有若干个为活塞在其中运动导向的圆柱形空腔,称为气缸。下半部为支撑曲轴的上曲轴箱,其内腔为曲轴运动的空间。在上曲轴箱上有主轴承座孔。为了这些轴承的润滑,在侧壁上钻有主油道,前后壁和中间隔板上钻有分油道。气缸体的上、下平面用以安装气缸盖和下曲轴箱,是气缸修理的加工基准。

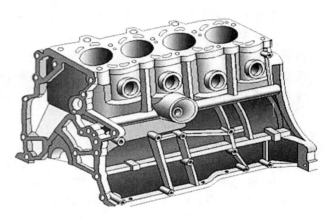

图 2-1 发动机气缸体

1. 工作条件和材料

气缸体承受较大的机械负荷和较复杂的热负荷,所以要求气缸体具有足够的强度、刚度和良好的耐热性及耐腐性。根据其工作条件和结构特点,一般采用灰铸铁、球墨铸铁或合金铸铁制成。有些发动机为了减轻质量,采用铝合金。

2. 气缸的排列形式

发动机气缸的排列形式一般有直列式、V 形和对置式三种结构形式,如图 2-2 所示。

直列式发动机的各个气缸排成一列,所有气缸共用一根曲轴和一个缸盖,气缸一般垂直布置。直列式结构简单,易于制造,从而在一定程度上降低了成本,但长度和高度较大,故有些发动机为了降低高度,有时也把气缸布置成倾斜的。一般六缸以下发动机多采用直列式。

V 形发动机将气缸排成两列,其气缸中心线的夹角 γ<180°,最常见的是 60°~90°这种设计。采用一根曲轴驱动两列气缸中的活塞运动,曲轴的每个轴颈上连接两个连杆,发动机必须有两个缸盖。V 形结构缩短了发动机的长度,降低了发动机的高度,改善了车辆外部空气动力学特性,且增加了气缸体的刚度,但发动机宽度增大,形状复杂,加工困难,一般多用于气缸数多的大功率发动机上。

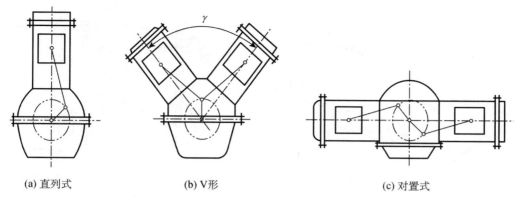

(a) 直列式　　　　(b) V形　　　　(c) 对置式

图 2-2　气缸体的结构形式

一些制造厂也设计了一种特殊类型的V形结构，称作W形发动机。它看上去与V形结构很相像，但与V形结构相比，每一侧的活塞数增加了一倍。这种发动机结构非常紧凑，尺寸较小，却有较大的动力。W形结构用于负荷较重的车辆，这些车辆需要十缸或十二缸的动力，但要求尺寸较小。

对置式发动机两列气缸之间的夹角为180°，包括一根曲轴、两个缸盖，曲轴的每个轴颈上连接两个连杆。这种发动机高度最小，用于发动机垂直空间很小的车辆上。

3. **曲轴箱的形式**

曲轴箱的主要功用是保护和安装曲轴，曲轴箱有三种结构形式，如图 2-3 所示。

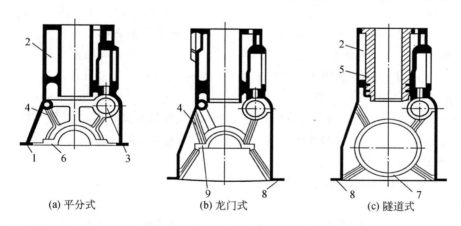

(a) 平分式　　　　(b) 龙门式　　　　(c) 隧道式

1—气缸；2—水套；3—凸轮轴座孔；4—加强肋；5—湿式缸套；6—主轴承座；7—主轴承孔；8—安装油底壳的加工面；9—安装主轴承盖的加工面

图 2-3　曲轴箱的基本结构形式

下曲轴箱（油底壳）的结构如图 2-4 所示。其主要功用是储存机油并封闭曲轴箱。由于油底壳受力不大，一般用薄钢板冲压而成。

(二) 气缸与气缸套的构造

缸体材料一般用优质灰铸铁。为了提高气缸的耐磨性，有时在铸铁中加入少量的合金元素，如镍、钼、铬、磷等，还有的采用表面淬火、镀铬等。气缸套有干式和湿式两种，如图 2-5 所示。

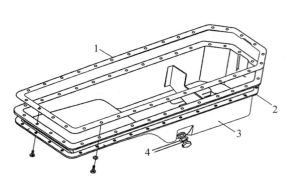

1—衬垫(密封垫);2—加强板;
3—油底壳;4—放油塞

图 2-4 油底壳

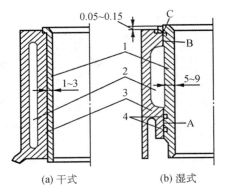

1—气缸套;2—水套;3—气缸体;
4—橡胶密封圈;A—下支承定位带;
B—上支承定位带;C—定位凸缘

图 2-5 气缸套的结构图

干式气缸套不直接与冷却水接触,冷却效果较差,但加工和安装都比较方便,壁厚一般为 1~3 mm。

湿式气缸套靠上支承定位带和下支承定位带保证径向定位,而轴向定位则利用定位凸缘来保证。为保证水套的密封,湿式缸套下端的密封带与座孔之间一般装有 1~3 道橡胶密封圈,有的在定位凸缘下面还装有铜垫片。安装湿式气缸套后,一般其顶端高出气缸体上平面 0.05~0.15 mm,以便气缸盖将气缸垫压得更紧,从而提高气缸的密封性。

在气缸体的侧壁上加工有主油道,在主油道与需润滑的部位(如主轴承等)之间用分油道连通。发动机工作时,润滑油经主油道和分油道输送到各摩擦表面。

在凸轮轴下置或中置的发动机气缸体上,还加工有安装凸轮轴的轴承座孔。

气缸体的上、下平面分别用于安装气缸盖和油底壳。在对气缸进行维修加工时,一般也以其上平面或下平面作为定位基准面。

水冷式气缸周围和气缸盖中均有用以充水的空腔,称为水套。气缸体和气缸盖上的水套是相互连通的,利用水套中的冷却水流过高温零件的周围而将热量带走。

(三)气缸体的修理

气缸体的主要耗损形式有裂纹、磨损和变形等。

1. 裂纹

发动机在使用过程中,若发现冷却液消耗异常或润滑油中有水,则表明气缸体、气缸盖或气缸垫可能有裂损(裂纹或蚀损穿洞)。气缸体裂损一般是由设计制造中的缺陷、冷却液结冰或意外事故等造成的。气缸体裂损会导致漏气、漏水、漏油,影响发动机的正常工作,必须及时修理或更换。

对于气缸体外部明显的裂纹,可直接观察。而对于细微裂纹和内部裂纹,一般采用气缸衬垫和气缸盖装合后进行水压试验,将气缸盖和气缸衬垫装在气缸体上,将水压机出水管接头与气缸前端水泵入水口处连接好,封闭所有水道口,然后将水压入水套,要求在 0.3~0.4 MPa 的压力下保持约 5 min,若无裂纹,应没有任何渗漏现象。如有水珠渗出,则表明该处有裂纹。气压试验与水压试验方法类似,将压缩空气压入气缸体水套后,将气缸体放入水池或在气缸体表面涂遍肥皂水,查看冒气泡的部位,即为气缸体裂损部位。检查出气缸体裂损部位后,应做好标记,以便修理。

在对气缸体裂纹进行修理时,凡涉及漏气、漏水、漏油等问题,一般予以更换。对未影响到燃烧室、水道、油道的裂纹,则根据裂纹的大小、部位、损伤程度等情况选择粘接、焊接等修理方法进行修补。

2. 磨损

气缸体的磨损主要发生在气缸、气缸套承孔、曲轴轴承孔等部位。其中气缸的磨损程度是衡量发动机是否需要大修的依据之一。

(1) 气缸磨损的特点。

气缸磨损是有规律的。由于气缸上部润滑较差,而且气缸内燃烧的高压产生在活塞上止点附近,所以气缸的磨损一般呈上大下小的圆锥形。由于活塞在上、下止点间运动时,其侧压力使活塞贴紧气缸的左右两侧,所以气缸在左右两侧方向上(发动机横向)磨损严重,而沿曲轴轴线方向上(发动机纵向)的磨损较轻。

造成上述不均匀磨损的原因是:活塞在上止点附近时各道环的背压最大,其中又以第一道环为最大,以下逐道减小;加之气缸上部温度高,润滑条件差,进气中的灰尘附着量多,废气中的酸性物质引起的腐蚀等,造成了气缸上部磨损较大。而圆周方向的最大磨损主要是由侧向力、曲轴的轴向窜动等造成的。

(2) 气缸磨损的检查。

气缸的磨损程度一般用圆度和圆柱度表示,也有以标准尺寸和气缸磨损后的最大尺寸之差值来衡量,如桑塔纳、捷达等轿车。

圆度误差是指同一截面上磨损的不均匀性,用同一横截面上不同方向测得的最大直径与最小直径差值之半作为圆度误差。

圆柱度误差是指沿气缸轴线的轴向截面上磨损的不均匀性,用被测气缸表面任意方向所测得的最大直径与最小直径差值之半作为圆柱度误差。

如图 2-6 所示,量缸表活动测杆在平行于曲轴轴线和垂直于曲轴轴线两个方位,沿气缸

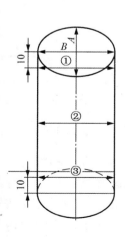

图 2-6 气缸磨损的检查

轴线方向上、中、下取三个位置,共测六个数值。测量时让量缸表的活动测头先进入气缸,分别测量气缸上(活塞位于上止点时第一道活塞环所对应的位置)、中(气缸中部)、下(距气缸下边缘 10 mm 左右)三个截面的横向和纵向的直径。

(3) 气缸的修理。

气缸的修理就是按照修理尺寸法或镶套修复法,通过镗削或磨削加工使气缸达到原来的技术要求。

① 气缸的镗削。

a. 确定气缸的修理尺寸和镗削量。

根据气缸的磨损情况和原厂规定的修理尺寸等级,确定其修理尺寸。

b. 镗削设备和定心基准。

目前常用的镗削设备有两种:固定式和移动式。其中固定式比移动式的加工精度要高。气缸镗削的定心基准有同心法和偏心法两种。

c. 气缸的磨削。

气缸磨削的目的是去除镗削刀痕,降低表面粗糙度,提高加工质量。气缸磨削一般使用固定式珩磨机。磨削时,应严格控制磨头的转速和往复速度。

② 气缸的镶套。

无修理尺寸的气缸,或气缸虽有修理尺寸,但磨损后的尺寸已经接近或超过最后一级修理尺寸时,可用镶套法进行修理。

对无气缸套的气缸进行镶套前,必须先加工承孔,承孔内径与缸套外径采用过盈配合。

对镶有干式气缸套的气缸体,应用压力机压出旧缸套,并检查承孔与待换缸套过盈量是否符合要求。

对装有湿式缸套的气缸体,更换气缸套时,只需拆旧换新,不需对承孔进行加工。

3. 变 形

气缸体上平面变形多是由于发动机长期过热等原因引起的,从而影响与气缸盖接合的密封性。

检查气缸体上平面的平面度时,在如图 2-7 所示六个方向上放置直尺,并用塞尺测量直尺与气缸体上平面之间的间隙,测得的最大值即为气缸体上平面的平面度误差。其使用极限:铝合金气缸体一般为 0.25 mm,铸铁气缸体一般为 0.10 mm。

气缸体上平面的平面度误差若超过使用极限,应进行磨削或铣削加工,总加工量一般不允许超过 0.30 mm。

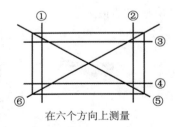

图 2-7 气缸体上平面的平面度的检查

二、气缸盖和气缸垫的构造与修理

(一) 气缸盖的构造

气缸盖的作用是封闭气缸上部,并与活塞顶部和气缸壁一起构成燃烧室。气缸盖由于形状复杂,一般都采用灰铸铁或合金铸铁铸造,也有的用铝合金铸造。气缸盖是发动机上最复杂的零件之一,气缸盖内部有与气缸体相通的冷却水套;有进、排气门座,气门导管孔以及进、排气通道;有燃烧室、火花塞座孔或喷油器座孔。上置凸轮轴式发动机的气缸盖上还有用以安装凸轮轴的轴承座。如图 2-8 所示为桑塔纳 2000GSi 轿车 AJR 发动机气缸盖。

图 2-8　气缸盖与气缸垫

（二）气缸盖的修理

气缸盖的主要耗损形式是裂纹、变形和积炭。

1. 裂纹

气缸盖裂纹多发生在冷却水套薄壁处或气门座处，会导致漏水、漏气。一般是由于铸造引起的残余应力或使用不当引起的。气缸盖裂纹的检查和修理可参照缸体裂纹进行。

2. 变形

气缸盖变形的原因一般是热处理不当、气缸盖螺栓拧紧力矩不均或放置不当等引起的。检查方法与缸体变形的检查方法相同，平面度误差一般不能超过 0.05 mm，否则应进行修理或更换。

对铝合金缸盖的变形多用压力校正法进行修理，对铸铁气缸盖的变形一般采用磨削或铣削方法进行修理。但切削量不能过大，一般不允许超过 0.5 mm，否则将改变发动机压缩比。

3. 积炭

气缸盖上燃烧室积炭过多，会使燃烧室容积变小，改变发动机的压缩比。若发现燃烧室积炭过多，应采用机械方法或化学方法进行清理。

此外，还有火花塞安装座孔的修理。汽油发动机的火花塞为易损零件，因使用中需经常拆装。频繁的拆装有时会导致火花塞安装座孔螺纹损坏，可采用镶套法修理，即将损坏的火花塞安装座孔钻大（约 10 mm）并攻制细螺纹，再用与气缸盖相同的材料加工一个合适的螺堵，拧入已加大的火花塞安装座孔，紧固后在螺堵上加工火花塞安装座孔。

（三）气缸垫的构造与修理

如图 2-8 所示，气缸垫安装在气缸盖与气缸体之间，其功用是保证气缸体与气缸盖的接合面密封。目前应用的气缸垫多数由金属与石棉及黏结剂压制而成，具有一定的弹性，用以补偿气缸体和气缸盖平面的平面度误差。气缸垫的水孔和燃烧室孔周围有镶边，以防被高温冷却液或气体烧坏。

安装气缸垫时应注意将卷边朝向易修整的平面或硬平面。当气缸盖和气缸体同为铸铁时，卷边应朝向气缸盖（易修整）；当气缸盖为铝合金、气缸体为铸铁时，卷边应朝向气缸体（硬平面）。换用新的气缸垫时，有标记的一面朝向气缸盖。气缸垫的常见故障是烧蚀击穿，其原因主要是气缸盖和气缸体平面不平、气缸盖螺栓拧紧力矩不足、气缸垫质量不好。气缸垫烧蚀击穿部位一般在水孔或燃烧室孔周围，会导致发动机漏气或冷却水进入润滑油中，损坏的缸垫只能更换，不需修理。

任务实施

一、任务准备

1. 工作准备

洁具：准备□ 清洁□

毛巾：准备□ 清洁□

逃生门：位置明确□ 通道畅通□

灭火器：红色□ 黄色□ 绿色□ 处理意见：

5S：整理□ 整顿□ 清洁□ 清扫□ 素养□

2. 工具准备

常用工具一套。

3. 实训安排

(1) 工作组。

每小组由4～6名学生组成,指定学生分别负责安全监督、项目实训、数据记录,其余学生观摩学习;教师负责安全与技术指导,组织学生轮换操作。

(2) 工具、设备准备。

根据本次工作内容与目标,确定所需工具、设备为大众AJR发动机。

4. 安全事项

(1) 进入课堂必须着工作服且不允许穿拖鞋。□

(2) 人身安全。□

(3) 设备工具安全。□

二、实施步骤

1. 学习准备

车辆维修手册、计算机、检修工具、测量工具、发动机实物或台架。

2. 学习过程

图　解	步骤、作业内容及技术要求
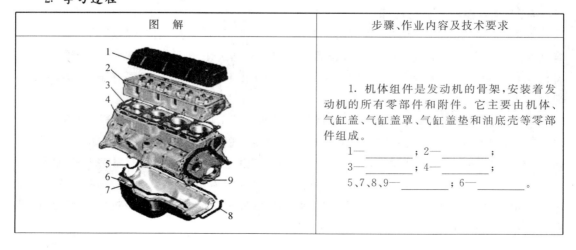	1. 机体组件是发动机的骨架,安装着发动机的所有零部件和附件。它主要由机体、气缸盖、气缸盖罩、气缸盖垫和油底壳等零部件组成。 1—_____；2—_____； 3—_____；4—_____； 5、7、8、9—_____；6—_____。

续 表

图 解	步骤、作业内容及技术要求
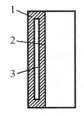	2. 机体是由气缸(或气缸套)与曲轴箱形成一体的零件,一般由灰铸铁或铝合金等铸成。 1—机体;2—_____;3—_____; 4—螺钉孔;5—发动机编号; 6—发动机生产商标记;7—_____; 8—_____。
(a) 干式气缸套　(b) 湿式气缸套	3. 按气缸套是否与冷却水接触分为干式气缸套和湿式气缸套两种。 　　干式气缸套外壁不直接与冷却水接触,而和机体的壁面直接接触,强度和刚度都较好,但壁厚较薄,一般为1～3 mm,拆装不方便,加工比较复杂,修理时要进行镗缸和磨缸。 　　湿式气缸套外壁直接与冷却水接触,气缸套仅在上、下各有一圆环带和机体接触,壁厚一般为5～9 mm。它散热良好,冷却均匀,加工容易,拆装方便,但其强度、刚度不如干式气缸套好,而且容易产生漏水现象,所以常加1～3道橡胶密封圈或垫片等防止漏水,使用和维修时应密切注意,否则将造成冷却液漏入油底壳的严重后果。气缸套装入气缸后,要高出气缸0.05～0.15 mm,以保证可靠压紧气缸垫,防止气缸漏气。 1—_____;2—_____; 3—_____;4—_____。
清除积炭化学溶剂配方	

	溶剂成分	钢铁/kg	铝合金/kg
无机溶剂配方	氢氧化钠	2.5	—
	碳酸钠	3.3	1.85
	硅酸钠	0.15	0.85
	肥皂	0.88	1.00
	水	100	100
	溶剂成分	比例/%	
有机溶剂配方	汽油	8	—
	煤油	22	—
	松节油	17	—
	氨水	15	—
	苯酚	30	—
	油酸	8	—

4. 机体组件积炭的清除。积炭经常发生在气缸顶部、气缸盖底部,它会引起汽油机早燃和爆燃,增加气缸磨损。机体组件积炭可以用眼睛直接观察。清除积炭有机械法和化学法两种,经常是两种方法结合效果较好。机械法直接采用钢丝刷或刮刀清除(注意不要刮伤机体组件);化学法则采用化学溶剂对机体组件积炭处进行浸泡2～3 h,加热浸泡效果更好,使积炭软化,再用刷子刷洗去除。化学溶剂配方见左表。

续　表

图　解	步骤、作业内容及技术要求
	5. 气缸检测。气缸磨损情况采用量缸表测量。量缸表实际上是在百分表上接上一个测量表头，其结构如左图所示。量缸表主要包括百分表、表杆、替换杆件、接杆座和替换杆件紧固螺钉等。 1—　　　　　；2—　　　　　； 3—　　　　　；4—　　　　　； 5—　　　　　；6—　　　　　。
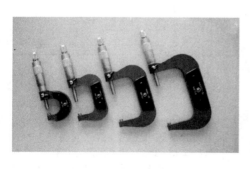	百分表利用指针和刻度将心轴移动量放大来表示测量尺寸，主要用于测量工件的尺寸误差以及配合间隙。
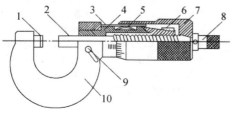	6. 外径千分尺的使用。千分尺也称为螺旋测微器，它是利用螺纹节距来测量长度的精密测量仪器，用于测量加工精度要求较高的零部件，汽车维修工作中一般使用可以测至1/100 mm 的千分尺，其测量精度可达到 0.01 mm。 外径千分尺是用于外径宽度测量的千分尺，测量范围一般为 0～25 mm。根据所测零部件外径粗细，可选用测量范围为 0～25 mm、25～50 mm、50～75 mm、75～100 mm 等多种规格的千分尺。 外径千分尺主要由测砧、测微螺杆、尺架、固定套筒、套管、棘轮旋钮及锁紧装置等部件组成。 1—　　　　　；2—　　　　　； 3—　　　　　；4—　　　　　； 5—　　　　　；6—　　　　　； 7—　　　　　；8—　　　　　； 9—　　　　　；10—　　　　　。

续 表

图 解	步骤、作业内容及技术要求
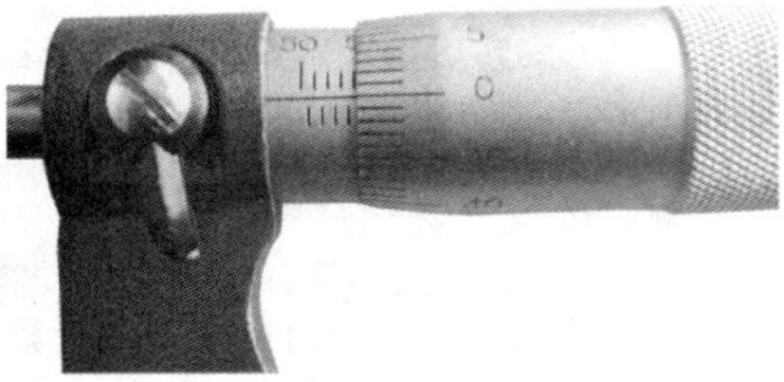	固定套筒上刻有刻度,测轴每转动一周即可沿轴方向前进或后退 0.5 mm。活动套管的外圆上刻有 50 等份的刻度,在读数时每等份为 0.01 mm。
	棘轮旋钮的作用是保证测轴的测定压力,当测定压力达到一定值时,限荷棘轮即会空转。如果测定压力不固定,则无法测得正确尺寸。
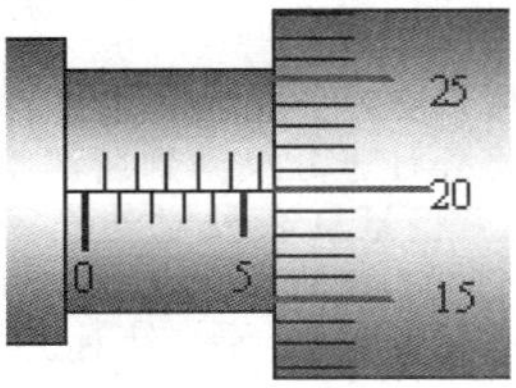	千分尺的读数方法: ① 在固定刻度上读整毫米数。 ② 在可动刻度上读格数,并估读,再乘以 0.01。 ③ 待测长度为两者之和。 例如,固定刻度数为 5.5 mm,如左图所示,可动刻度读数为 19.9(格)×0.01 mm＝0.199 mm,待测长度为 5.5 mm＋0.199 mm＝5.699 mm,其中 0.9 格为估读格数,0.009 为估计位。
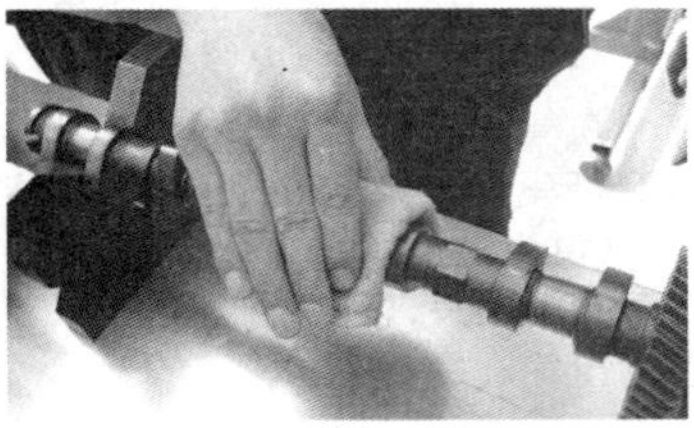	千分尺属于精密的测量仪器,在测量时应注意以下事项: (1) 使用前确保零点校正,若有误差,请用调整扳手调整或用测定值减去误差。 (2) 被测部位及千分尺必须保持清洁,若有油污或灰尘,须立即擦拭干净。
	(3) 测量时请将被测面轻轻顶住砧子,转动限荷棘轮及套筒使测轴前进。不可直接转动活动套管。
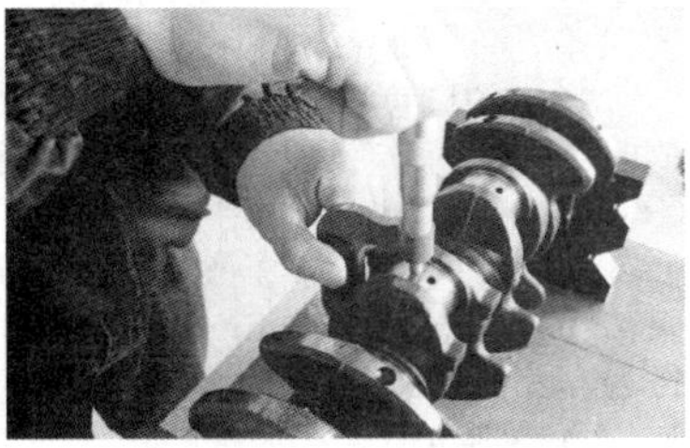	(4) 测定时尽可能握住千分尺的弓架部分,同时要注意不可碰及砧子。

续 表

图　解	步骤、作业内容及技术要求
	（5）旋转后端限荷棘轮，使两个砧端夹住被测部件，然后再旋转限荷棘轮一圈左右，当听到发出两三响"咔咔"声后，就会产生适当的测定压力。 （6）为防止因视差而产生误读，最好让眼睛视线与基准线成直角后再读取读数。
	7. 量缸表操作规范。 （1）选择接杆。 使用时先根据所测量气缸的大小，选择相应量程的接杆插入量缸表的下端，并将百分表装入量缸表杆上端的安装孔中（安装后，表针应转动灵活，可用手压缩量缸表的下端测量头）。
	（2）校对量缸表尺寸。 将外径千分尺调到所测量气缸的标准尺寸，然后将量缸表校对到外径千分尺的尺寸（保证量缸表的测杆有 2 mm 左右的压缩量），并转动表盘，使表针对正零位。
	（3）测量气缸直径。 在气缸中取上（活塞位于上止点时第一道活塞环所对应的位置）、中（气缸中部）、下（距气缸下边缘 10 mm 左右）三个截面，在每个截面上沿发动机的前后方向和左右方向分别测出气缸的直径。
1—量缸表；2—气缸	（4）计算气缸的圆度和圆柱度误差。 每个横截面所测得的最大与最小两直径之差的一半即为该截面的圆度误差。对三个截面所测得的圆度误差进行比较，取其最大值作为该气缸的圆度误差。 同一气缸中所测得的所有直径中最大与最小直径之差值的一半即为被测气缸的圆柱度误差。 气缸的圆度或圆柱度误差超过标准规定值时（一般轿车发动机气缸圆度标准值为 0.005～0.01 mm，使用极限值为 0.050～0.063 mm，圆柱度标准值为 0.02 mm，使用极限值为0.175～0.250 mm，具体维修数据应根据各车型的维修手册确定），应进行镗缸和磨缸或更换新缸套。

三、清洁及整理

整理：所用工量具□

清洁场地：座椅□　地板□　工作台□　零件盘□　工位场地□

学生工作页

一、检查气缸压缩压力

测量气缸压力：

气缸压缩压力	标准为
气缸压缩压力极限值	不得小于
各气缸压缩压力差值	不得大于

气缸	气缸压缩压力	气缸压缩压力极限值	各气缸压缩压力差值
1			
2			
3			
4			

二、检查气缸盖表面平面度

（1）气缸盖表面平面度检查用的量具是什么？

（2）气缸盖外观检查：

项目	状态
气缸盖外观	
螺栓	
螺纹	
螺母	

（3）气缸盖平面度极限值（图2-9）：

气缸盖平面度	

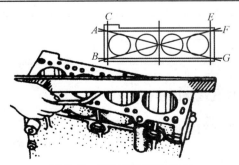

图 2-9　气缸盖平面度检查

(4) 气缸盖平面度实际测量值：

气缸盖平面度	

(5) 气缸盖总体判定：

更换新件	
进行修磨、清洁，继续使用	

三、检查气缸体表面平面度

(1) 气缸体表面平面度检查用的量具是什么？

(2) 气缸体外观检查：

项目	状态
气缸体外观	
螺栓	
螺纹	
螺母	

(3) 气缸体平面度极限值：

气缸体平面度	

(4) 气缸体平面度实际测量值：

气缸体平面度	

(5) 气缸体总体判定：

更换新件	
进行修磨、清洁，继续使用	

四、检查气缸盖与进、排气歧管的接合面的平面度

(1) 检查气缸盖与进、排气歧管的接合面用的量具是什么？

（2）气缸盖与进、排气歧管的接合面的外观检查：

项目	状态
气缸盖与进排气歧管接合面外观	
螺栓	
螺纹	
螺母	

（3）气缸盖与进、排气歧管的接合面的平面度极限值：

气缸盖与进、排气歧管的接合面的平面度	

（4）气缸盖与进、排气歧管的接合面的平面度实际测量值：

气缸盖与进、排气歧管的接合面的平面度	

（5）气缸盖总体判定：

更换新件	
进行修磨、清洁、继续使用	

（6）如果气缸盖及缸体表面的平面度达不到要求，会发生什么？

五、检查气缸直径

（1）气缸直径测量方法及测量要求。

按图 2-10 所示用量缸表检查缸径，并在不同部分测量（图 2-11）。

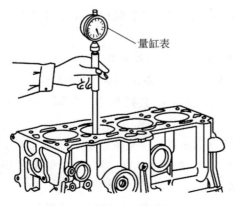

图 2-10　用量缸表检查缸径

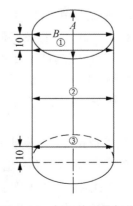

图 2-11　气缸的测量部位

活塞与气缸配合尺寸

磨损尺寸	活塞/mm	气缸直径/mm
标准尺寸		
第一次		
第二次		
第三次		
气缸与活塞的配合间隙		标准磨损极限值为

（2）实际测得值。

分小组进行发动机气缸的磨损量的测量，并把数据填入下表。

发动机型号			气缸标准直径			mm
检测项目			检测记录/mm			
测量部位		缸号1	缸号2	缸号3		缸号4
上端	纵向					
	横向					
中端	纵向					
	横向					
下端	纵向					
	横向					
圆度误差						
圆柱度误差						
处理意见						

根据测量结果，查找车辆相关的技术手册，确定其修理尺寸，进一步修理，然后重新测量。

提示：

① 桑塔纳、捷达轿车发动机气缸体上平面度误差不大于0.10 mm。

② 一般发动机气缸圆度、圆柱度技术标准（单位：mm）。

汽油机：圆度0.05，圆柱度0.175；柴油机：圆度0.063，圆柱度0.250。

③ 桑塔纳、捷达等车型气缸磨损尺寸与标准尺寸的差值不大于0.08 mm。

④ 桑塔纳轿车发动机气缸修理尺寸分3级，从标准直径加大+0.25 mm、+0.50 mm、+1.00 mm。

⑤ 桑塔纳、捷达等轿车发动机气缸体上、下平面平行度误差在整个平面不大于0.05 mm。

⑥ 修磨气缸体上平面时，磨削量不要过多，以免缸体报废，最大加工量为0.15 mm。

⑦ 测量气缸时，一定要保持测杆与气缸中心线垂直。

⑧ 只要一缸需镗、磨或更换缸套，其余各缸应同时更换，以保持发动机各缸一致性。

任务二　活塞连杆组的检修

任务目标

- 掌握活塞连杆组的拆装要领。
- 熟悉曲柄连杆机构的装配关系和运动情况。
- 能正确地对活塞连杆组各零件进行检验、选配。

任务引入

前面我们已经学习了机体组的拆装与检测，曲柄连杆机构主要由机体组、活塞连杆组和曲轴飞轮组组成，下面一起学习活塞连杆组的相关内容。

必备知识

活塞连杆组主要由活塞、活塞环、连杆、活塞销等机件组成。

一、活塞的构造与维修

（一）活塞的构造

1. 活塞的功用

活塞与气缸盖、气缸壁共同组成燃烧室，承受气缸中气体的压力，并将此压力通过活塞销和连杆传给曲轴。

2. 工作条件和材料

活塞的不同部分会受到交变的拉伸、压缩和弯曲载荷，并且由于活塞各部分的温度极不均匀，将在活塞内部产生一定的热应力。所以要求活塞应有足够的刚度和强度，质量尽可能地小，导热性好，要有足够的耐热、耐磨性，温度变化时，尺寸和形状的变化要小。汽车发动机广泛采用的是铝合金材料，有的柴油机上也采用高级铸铁或耐热钢制造。

3. 活塞的结构

活塞可分为顶部、头部和裙部三个部分，如图2-12所示。

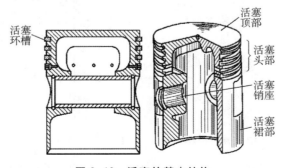

图2-12　活塞的基本结构

(1) 活塞顶部。

活塞顶部是燃烧室的组成部分，用来承受气体压力。为适合各种发动机的不同要求，活塞顶部有各种不同的形状，如图2-13所示。有些活塞顶部在与气门对应的位置上有凹坑，是为防止活塞在上止点与气门相碰而设计的。活塞缸位序号、加大尺寸、安装标记等一般也刻在活塞顶部。

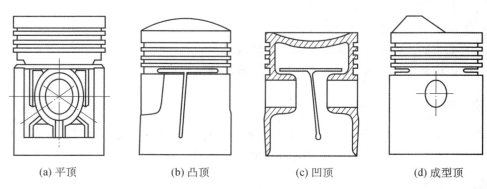

图 2-13　活塞顶部形状

(2) 活塞头部。

活塞头部是最下边一道活塞环槽以上的部分，主要用来安装活塞环，以实现对气缸的密封，同时将活塞顶部所吸收的热量通过活塞环传给气缸壁。

(3) 活塞裙部。

活塞环槽以下的部分称为活塞裙部，对活塞的往复运动起导向作用。

发动机工作时，由于受气体压力和活塞销座处金属较多的影响，活塞裙部沿活塞销轴线方向膨胀量较大，所以在常温下活塞裙部截面形状呈椭圆形，如图2-14所示，椭圆形长轴垂直于活塞销方向，其目的是保证在热态下活塞与气缸的配合间隙均匀。此外，在发动机工作过程中，由于活塞的温度从上到下逐渐降低，膨胀量逐渐减小，所以在常温下，活塞裙部直径上小下大，如图2-15所示。

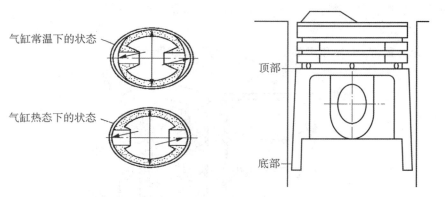

图 2-14　活塞裙部截面形状　　图 2-15　常温下活塞裙部直径上小下大

有些活塞裙部除设有隔热槽外，还有膨胀槽，如图2-16所示。膨胀槽可使活塞裙部具有一定的弹性,在低温时与气缸的配合间隙较小,且高温时又不会在气缸中卡死。膨胀槽必须斜切,不能与活塞轴线平行,以防气缸磨损不均匀。为防止切槽处裂损,在隔热槽和膨胀槽的端部都必须加工止裂孔。活塞裙部开槽会降低其强度和刚度,一般只适用于负荷较小的发动机。

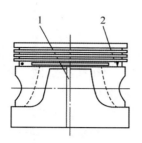
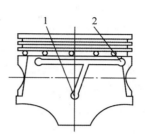

1—膨胀槽;2—绝热槽

图 2-16　开槽活塞

（4）活塞销座。

活塞销座位于活塞裙部的上部,加工有座孔,用以安装活塞销。一般活塞销轴线位于活塞中心线的平面内,活塞越过上止点改变运动方向时,由于侧压力瞬时换向,使活塞与缸壁的接触面突然由一侧平移到另一侧[图 2-17(a)]。有些发动机将活塞销座轴线向做功行程中受侧压力较大的一面偏移[图 2-17(b)]。

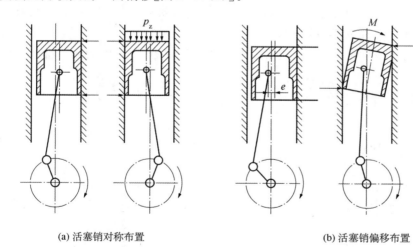

(a) 活塞销对称布置　　　　　　　　(b) 活塞销偏移布置

图 2-17　活塞销位置与活塞的换向过程

（二）活塞的维修

活塞的常见故障有破损、烧蚀、磨损。活塞是易损零件,价格比较便宜,在汽车维修中一般不对活塞进行修理,但应查明故障原因,并予以排除。

1. 活塞的正常耗损

活塞的磨损主要有活塞环槽的磨损、活塞裙部的磨损和活塞销座孔的磨损等。

活塞头部的磨损很小,是由于活塞头部在工作中受活塞裙部的导向和活塞环的支撑作用,与气缸壁极少接触的缘故。

活塞环槽的磨损较大,以第一道环槽的磨损最为严重,各环槽由上而下逐渐减轻。其原因是燃烧室高压燃气作用及活塞做高速往复运动,使活塞环对环槽的冲击增大。

活塞裙部的磨损较小。通常只在侧压力较大的右侧发生轻微的磨损和擦伤。

活塞销座孔的磨损,工作时活塞受气体压力和往复惯性力的作用,使活塞销座孔产生上下方向较大而水平方向较小的椭圆形磨损。

2. 活塞的异常损坏

活塞的异常损坏主要有活塞刮伤、顶部烧蚀和脱顶等。

活塞刮伤主要是由于活塞与气缸壁的配合间隙过小,使润滑条件变差,以及气缸内壁严重不清洁,有较多和较大的机械杂质进入摩擦表面而引起的。

活塞顶部的烧蚀则是发动机长期超负荷或爆燃条件下工作的结果。

活塞脱顶,其原因是活塞环的开口间隙过小或活塞环与环槽底无背隙,当发动机连续在高温、高负荷下工作时,活塞环开口间隙被顶死,与缸壁之间发生粘卡;而活塞裙部受到连杆的拖动,使活塞在头部与裙部之间被拉断。

活塞敲缸和活塞销松旷,若未能及时排除,也有可能造成活塞的异常损坏。

3. 活塞的选配

当气缸的磨损超过规定值及活塞发生异常损坏时,必须对气缸进行修复,并且要根据气缸的修理尺寸选配活塞。选配活塞时要注意以下几点:

(1) 按气缸的修理尺寸选用同一修理尺寸和同一分组尺寸的活塞。活塞裙部的尺寸是镗磨气缸的依据,即气缸的修理尺寸是哪一级,也要选用哪一级修理尺寸的活塞。只有在选用同一分组活塞后,才能按选定活塞的裙部尺寸镗磨气缸。

(2) 活塞是成套选配的,同一台发动机必须选用同一厂牌的活塞,以保证其材料和性能的一致性。

(3) 在选配的成组活塞中,其尺寸差一般为 0.01~0.15 mm,质量差为 4~8 g,销座孔的涂色标记应相同。

二、活塞环的构造与维修

(一) 活塞环的构造

1. 功用、工作条件和材料

活塞环按功用可分为油环和气环两类,如图 2-18 所示。

(a) 气环　　　　　　(a) 油环

图 2-18　活塞环

气环的功用是保证气缸壁与活塞之间的密封,防止高温、高压燃气窜入曲轴箱;同时将活塞头部的热量传给气缸,再由冷却水或空气带走。另外,活塞环还起到刮油、布油的作用。

一般发动机每个活塞上装有2~3道气环。

气环为一带有切口的弹性片状圆环,在自由状态下,气环的外径略大于气缸的直径,当气环被装入气缸后,产生弹力,使气环压紧在气缸壁上,其切口具有一定的间隙。

油环用来刮除气缸壁上多余的润滑油,并在气缸壁上布上一层均匀的油膜。通常发动机上有1~2道油环。

2. 活塞环的间隙

发动机工作时,活塞、活塞环都会发生热膨胀,并且活塞环随着活塞在气缸内做往复运动时有径向胀缩变形现象。为防止活塞环卡死在缸内或胀死在环槽中,安装时,活塞环应留有端隙、侧隙和背隙,如图2-19所示。

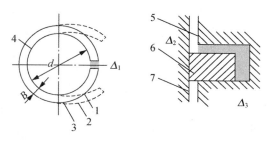

1—活塞环工作状态;2—活塞环自由状态;3—工作面;4—内表面;5—活塞;
6—活塞环;7—气缸;Δ_1—端隙;Δ_2—侧隙;Δ_3—背隙;d—内径;B—宽度

图 2-19 活塞环的间隙

端隙 Δ_1 又称开口间隙,是活塞环在冷态下装入气缸后,该环在上止点时环的两端头的间隙,一般为 0.25~0.50 mm。

侧隙 Δ_2 又称边隙,是指活塞环装入活塞后,其侧面与活塞环槽之间的间隙。第一环因工作温度高,间隙较大,一般为 0.04~0.10 mm,其他环一般为 0.03~0.07 mm。油环侧隙较气环小。

背隙 Δ_3 是活塞及活塞环装入气缸后,活塞环内圆柱面与活塞环槽底部间的间隙,一般为 0.50~1.00 mm。活塞环背隙较气环大,以增大存油间隙,利于减压泄油。

3. 活塞环的结构

(1) 气环。

① 气环的密封机理。

活塞环在自由状态下不是圆环形,其外形尺寸比气缸内径大,因此,它随活塞一起装入气缸后,便产生弹力 F_1 而紧贴在气缸壁上,形成第一密封面,使燃气不能通过活塞环与气缸接触面的间隙。活塞环在燃气压力作用下,压紧在环槽的下端面上,形成第二密封面,于是燃气绕流到环的背面,并发生膨胀,其压力降低。同时,燃气压力对环背的作用力 F_2 使活塞环更紧地贴在气缸壁上,形成对第一密封面的第二次密封,如图2-20所示。

燃气从第一道气环的切口漏到第二道气环的上平面时压力已有所降低,再把这道气环压贴在第二环槽的下端面上,于是,燃气又绕流到这个环的背面,再发生膨胀,其压力又进一步降低。如此下去,从最后一道气环漏出来的燃气,其压力和流速已大大减小,因而漏气量也就很少了。

为减少气体泄漏,将活塞环装入气缸时,各道环的开口应相互错开。如有三道环,则各道环开口应沿圆周成120°;如有四道环,则第一、二道互错180°,第二、三道互错90°,第三、四道互错180°,形成迷宫式的路线,增大漏气阻力,减少漏气量。

② 活塞环的泵油作用。

由于侧隙和背隙的存在,当发动机工作时,活塞环便产生了泵油作用。其原理是:活塞下行时,环靠在环槽的上方,环从缸壁上刮下来的润滑油窜入环槽的下方,如图2-21(a)所示;当活塞上行时,环又靠在环槽的下方,同时将油挤压到环槽上方,如图2-21(b)所示。

③ 气环的断面形状。

为加强密封、加速磨合、减少泵油作用及改善润滑,除合理选择材料及加工工艺外,在结构上还采用了许多不同断面形状的气环。在各种发动机上装用的气环按其断面形状可分为矩形环、锥形环、梯形环、桶面环、扭曲环、反扭曲锥形环,如图2-22所示。其中,扭曲环分为内切口和外切口两种,内切口扭曲环的切口在其内圆上边,而外切口则在其外圆下边。

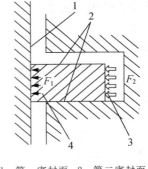

1—第一密封面;2—第二密封面;
3—背压力;4—活塞环自身弹力

图2-20 活塞环的密封机理

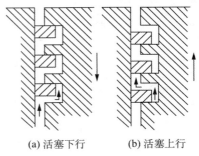

(a) 活塞下行　　(b) 活塞上行

图2-21 活塞环的泵油作用

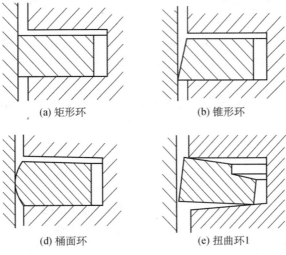

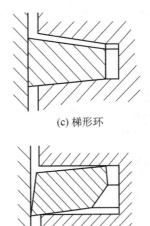

图2-22 气环的断面形状

(2) 油环。

油环无论是上行还是下行,都能将气缸壁上多余的机油刮下来经活塞上的回油孔流回油底壳。目前汽车发动机上采用的油环有两种结构形式:整体式和组合式,如图2-23所示。

整体式油环其外圆面的中间切有一道凹槽,在凹槽底部加工出很多穿通的排油小孔或缝隙。组合式油环由上、下刮片和产生径向、轴向弹力的衬簧组成。这种环环片很薄,对气

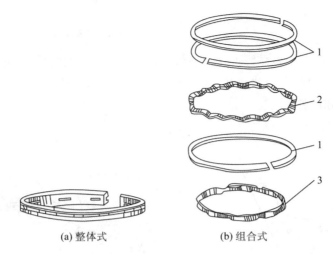

(a) 整体式　　(b) 组合式

1—刮油钢片；2—轴向衬环；3—径向衬环

图 2-23 油环

缸壁的比压大，刮油作用强；质量小；回油通道大。组合式油环在高速发动机上得到了广泛应用。无论活塞是上行还是下行，油环都能将气缸壁上多余的机油刮下来经活塞上的回油孔流回油底壳。

（二）活塞环的维修

1. 活塞环的耗损

活塞环的耗损主要是活塞环的磨损，随着磨损的加剧，活塞环的弹力逐渐减弱，端隙、侧隙、背隙增大，此外，活塞环还可能折断。

2. 活塞环的选配

选配活塞环时，以气缸的修理尺寸为依据，同一台发动机应选用与气缸和活塞修理尺寸等级相同的活塞环。

对活塞环的要求是：与气缸、活塞的修理尺寸一致；具有规定的弹力，以保证气缸的密封性；环的漏光度、端隙、侧隙和背隙应符合原厂设计规定。

为了保证活塞环与活塞环槽及气缸的良好配合，在选配活塞环时，还应对活塞环弹力、环的漏光度、端隙、侧隙、背隙等进行检测，当其中任何一项不符合要求时，均应重新选配活塞环。

（1）活塞环的弹力检验。

活塞环的弹力是指活塞环端隙为零时作用在活塞环上的径向力。

（2）活塞环的漏光度检验。

活塞环的漏光度检验的主要目的是检测环的外圆表面与缸壁的接触和密封程度。

常用的简易检查方法是：将活塞环置于气缸内，用倒置的活塞将其推平，用一直径略小于活塞环外径的圆形板盖在环的上侧，在气缸下部放置灯光，从气缸上部观察活塞环与气缸壁的缝隙，确定其漏光情况。

对活塞环漏光度的技术要求是：在活塞环端口左 30°范围内不应有漏光点；在同一根活塞环上的漏光不得多于两处，每处漏光弧长所对应的圆心角不得超过 45°；漏光的缝隙应不大于 0.03 mm。

(3) 活塞环开口间隙的检查。

检查开口间隙时,将活塞环置入气缸套内,并用倒置活塞的顶部将环推入气缸内其相应的上止点,然后用厚薄规测量,如图 2-24 所示。

(4) 活塞环侧隙的检查。

侧隙的检查如图 2-25 所示。

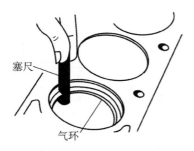

图 2-24　检查活塞环的开口间隙

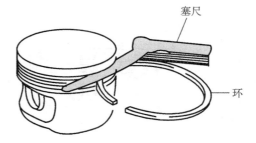

图 2-25　检查活塞环侧隙

三、活塞销的构造与选配

(一) 活塞销的构造

活塞销的功用是连接活塞与连杆小头,将活塞承受的气体作用力传给连杆。活塞销的内孔形状有圆柱形、两段截锥形及两段截锥与一段圆柱的组合形等,如图 2-26 所示。

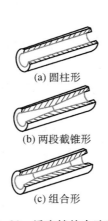

图 2-26　活塞销的内孔形状

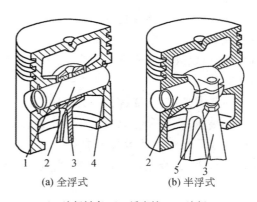

1—连杆衬套；2—活塞销；3—连杆；
4—活塞销卡环；5—紧固螺栓

图 2-27　活塞销的连接方式

活塞销与活塞销座孔和连杆小头的连接方式有全浮式和半浮式两种。

1. 全浮式

全浮式连接是指在发动机工作时,活塞销与销座、活塞销与连杆小头之间都是间隙配合,可以相互转动。这种连接方式增大了实际接触面积,减小了磨损且使磨损均匀,被广泛采用。为防止工作时活塞销从孔中滑出,必须用卡环将其固定在销座孔内,如图 2-27(a) 所示。

2. 半浮式

半浮式就是销与座孔或连杆小头两处,一处固定,一处浮动,这种方式不需要卡环,也不需要连杆衬套,如图 2-27(b)所示。

(二) 活塞销的选配

1. 活塞销的耗损

在发动机正常工作时,活塞销座与连杆衬套之间存在微小的间隙。因此,活塞销可以在销座和连杆衬套内自由转动,使得活塞销的径向磨损比较均匀,磨损速率也较低。

2. 活塞销的选配

发动机工作时,活塞销座孔一般比活塞销更容易磨损。活塞销座孔磨损后,因修理成本较高,一般都更换活塞,并同时更换活塞销和活塞环。

更换活塞销时,活塞销应与活塞销座孔进行选配。采用半浮式连接的活塞销,将活塞放置在活塞销座孔处于垂直方向的位置上,在常温下活塞销应能靠自重缓缓通过活塞销座孔。采用全浮式连接的活塞销,在活塞加热到 70 ℃~80 ℃时,应能用手掌心将涂有润滑油的活塞销推入座孔。若不符合上述要求,过松或过紧均应重新选配活塞销。对采用全浮式连接的活塞销,允许通过铰削或镗削活塞销座孔的方法以达到配合要求。

发动机大修时,一般应更换活塞销。

选配活塞销的原则是:同一台发动机应选用同一厂牌、同一修理尺寸的成组活塞销;活塞销表面应无任何锈蚀和斑点;表面粗糙度 Ra 不大于 0.2 μm,圆柱度误差不大于 0.002 5 mm,质量差在 10 g 范围内。

四、连杆组的构造与维修

(一) 连杆组的构造

1. 连杆组的作用、组成和材料

连杆组的作用是将活塞承受的力传给曲轴,推动曲轴转动对外输出转矩。连杆组包括连杆、连杆盖、连杆轴承、连杆螺栓等。如图 2-28 所示,连杆和连杆盖统称为连杆。

2. 连杆的结构

连杆由小头、杆身和大头三部分组成。

连杆小头与活塞销连接。采用全浮式连接时,小头孔中有减磨的青铜衬套,小头和衬套上钻有集油槽,用来收集飞溅到的润滑油进行润滑。有些发动机连杆小头采用压力润滑,则在连杆杆身内钻有纵向油道。

连杆杆身制成"工"字形断面,以求在强度和刚度足够的前提下减小质量。

连杆大头与曲轴的连杆轴颈连接。为便于安装,连杆大头一般做成剖分式,被分开的部分称作连杆盖,用连杆螺栓紧固在连杆大头上。连杆盖与连杆大头是组合加工的,为防止装配时配对错误,在同一侧刻有配对记号。

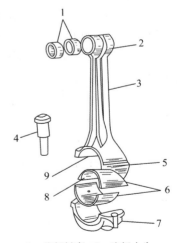

1—连杆衬套;2—连杆小头;
3—连杆杆身;4—连杆螺栓;
5—连杆大头;6—连杆轴瓦;
7—连杆盖;8—轴瓦上的凸键;
9—凹槽

图 2-28 连杆组

柴油机的负荷较大,连杆的受力也大,连杆大头的尺寸往往超过气缸直径。为使连杆大头能通过气缸,便于拆装,一般都采用斜切口。斜切口的连杆常用的定位方法有锯齿定位、套筒定位、定位销定位和止口定位等,如图 2-29 所示。

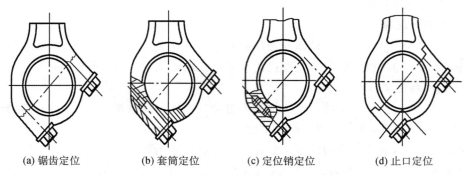

(a) 锯齿定位　　(b) 套筒定位　　(c) 定位销定位　　(d) 止口定位

图 2-29　斜切口连杆大头的定位方式

3. 连杆螺栓及其锁止

连杆螺栓是一个要承受很大冲击性载荷的重要零件,当其发生损坏时,将给发动机带来极其严重的后果。因此一般采用韧性较高的优质合金钢或优质碳素钢锻制或冷镦成型。拆装时,连杆螺栓必须以原厂规定的拧紧力矩,分 2~3 次均匀地拧紧。

4. 连杆轴承

连杆轴承也称连杆轴瓦(俗称小瓦),装在连杆大头的孔内,用以保护连杆轴径及连杆大头孔。由于其工作时承受较大的交变载荷,且润滑困难,要求它具有足够的强度、良好的减磨性和耐腐蚀性。

连杆轴承由钢背和减磨层组成,为两半分开形式。钢背由厚 1~3 mm 的低碳钢制成,是轴承的基体;减磨层是由浇铸在钢背内圆上厚为 0.3~0.7 mm 的薄层减磨合金制成,减磨合金

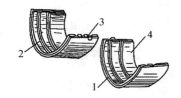

1—钢背;2—油槽;
3—定位凸键;4—减磨合金层

图 2-30　连杆轴承

具有保持油膜、减少摩擦阻力和易于磨合的作用,如图 2-30 所示。现代发动机所用的连杆轴承是由钢背和减磨层组成的分开式薄壁轴承。

(二) 连杆组的维修

连杆组的修理主要有连杆变形的检验与校正、连杆小端衬套的压装与铰削、连杆大端下盖结合平面损伤的修理等。

连杆变形的检验在连杆校验仪上进行,如图 2-31 所示。校验仪上的棱形支撑轴能保证连杆大端承孔轴向与检验平板垂直。测量工具是一个带 V 形槽的"三点规",三点规上的三点构成的平面与 V 形槽的对称平面垂直,两下测点的距离为 100 mm,上测点与两下测点连线的距离也为 100 mm,如图 2-31 所示。

检验方法如下:

(1) 将连杆大头的轴承盖装好(不装轴承),按规定力矩拧紧螺栓,连杆大头孔的圆度和圆柱度应符合要求;装上已修配好的活塞销。

(2) 把连杆大头装在校验仪的支撑轴上,拧紧调整螺钉,使定心块向外扩张,把连杆固

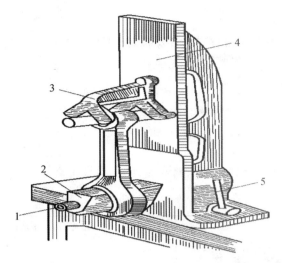

1—调整螺钉；2—菱形支撑轴；3—量规；4—检验平板；5—锁紧支撑轴板杆

图 2-31 连杆校验仪

定在校验仪上。

（3）将 V 形检验块两端的 V 形定位面靠在活塞销上，观察 V 形三点规的三个接触点与检验平板的接触情况，即可检查出连杆的变形方向和变形量。

一、任务准备

1. 工作准备

洁具：准备□　清洁□

毛巾：准备□　清洁□

逃生门：位置明确□　通道畅通□

灭火器：红色□　黄色□　绿色□　处理意见：

5S：整理□　整顿□　清洁□　清扫□　素养□

2. 工具准备

常用工具一套。

3. 实训安排

（1）工作组。

每小组由 4~6 名学生组成，指定学生分别负责安全监督、项目实训、数据记录，其余学生观摩学习；教师负责安全与技术指导，组织学生轮换操作。

参照上述分工，本小组人员安排如下：

（2）工具、设备准备。

根据本次工作内容与目标，确定所需工具、设备为大众 AJR 发动机。

4. 安全事项

(1) 进入课堂必须着工作服且不允许穿拖鞋。☐

(2) 人身安全。☐

(3) 设备工具安全。☐

二、实施步骤

1. 学习准备

车辆维修手册、计算机、检修工具、测量工具、发动机实物或台架。

2. 学习过程

图　解	步骤、作业内容及技术要求
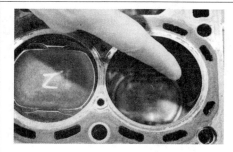	1. 清洁工作场地，准备工量具。 2. 拆卸活塞连杆组。 (1) 在活塞顶部用记号笔写上缸号，连杆大端处按次序用钢字号码或尖冲标上记号，防止安装时装错缸。
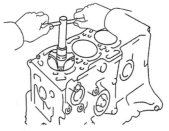	(2) 检查缸口是否磨出了台肩或有积炭，如有应先刮平，以免损坏活塞环和缸壁。
	(3) 将要拆卸的活塞连杆组转到下止点位置。

续 表

图 解	步骤、作业内容及技术要求
	（4）拆卸连杆螺母。 技术要求： ① 用扭力扳手将两个连杆螺母旋松。
	② 用棘轮扳手/摇把旋下连杆螺栓。
	（5）取下连杆盖。 特别提醒： 用手取连杆盖时要保持平衡，避免发生歪斜而卡住。
	（6）在连杆螺栓上加安全螺栓保护套，避免在捅出活塞时碰伤曲轴颈。

续表

图 解	步骤、作业内容及技术要求
	（7）将发动机倾斜放置,缸口向下倾斜45°。
	（8）取出活塞连杆组。 技术要求： ① 在气缸顶部,用手接住活塞,防止活塞坠落。
	② 一只手稳住连杆,保证其他运动方向；另一只手用橡胶锤或手锤木柄向前推出活塞连杆组。 特别提醒： 不要硬撬、硬敲,以免损伤气缸。
	（9）取出活塞连杆组后,应将连杆轴承盖、螺栓、螺母按原位装回,并注意连杆的装配标记。

续表

图 解	步骤、作业内容及技术要求
	（10）取下活塞环。 技术要求： ① 用活塞环装卸钳拆下两个压缩环。 ② 用手拆下油环。 特别提醒： 依正确顺序排放活塞环。
	3. 清洁、检查。 （1）使用木片或竹片，清洁活塞顶部积炭。 特别提醒： 不要用力太大，以免损伤活塞顶部。
	（2）使用环槽清洁工具或旧活塞环清洁环槽。
	（3）用溶剂和刷子清洁活塞、连杆体、连杆轴承盖、连杆轴承、连杆螺栓、连杆螺母。 特别提醒： 不能用钢丝刷。
	（4）清洗完毕，组装活塞连杆组，并放置于干净处晾干。 特别提醒： 注意装配记号。

图　解	步骤、作业内容及技术要求
	（5）检查连杆体、轴承盖等，不得有裂纹和损伤。
	（6）检查活塞直径。 技术要求： ① 清洁千分尺砧头、砧座。
	② 用干净的纱头清洁量棒。
	③ 对千分尺进行校零。
	④ 用千分尺在距活塞裙部下边缘约 10 mm 处且与活塞销垂直的方向进行测量，测量值与标准尺寸的偏差最大应为0.04 mm。

续 表

图　解	步骤、作业内容及技术要求
	⑤ 锁紧千分尺后进行读数。 技术参数： AJR 发动机活塞直径： 标准尺寸为 ϕ80.965 mm；修复尺寸为 ϕ81.465 mm。
	（7）检查活塞环的开口间隙。 技术要求： ① 将活塞环从气缸体上端放入气缸。
	② 用该缸活塞将活塞环压入气缸，使活塞环距气缸上边缘约为 15 mm。
	③ 用塞尺测量活塞环的开口间隙。 技术要求： 第一道气环为 0.20～0.40 mm，磨损极限值：0.80 mm； 第二道气环为 0.20～0.40 mm，磨损极限值：0.80 mm； 油环为 0.25～0.45 mm，磨损极限值：0.80 mm。
	（8）检查活塞环侧隙。 技术要求： 使用塞尺测量活塞环和环槽岸边的间隙。 技术参数： 第一道气环为 0.06～0.09 mm，磨损极限值：0.20 mm； 第二道气环为 0.06～0.09 mm，磨损极限值：0.20 mm； 油环为 0.03～0.06 mm，磨损极限值：0.15 mm。 （9）清洁、整理工量具。

续　表

图　解	步骤、作业内容及技术要求
	4. 安装活塞连杆组。 （1）安装活塞环组。 技术要求： ① 用手安装油环弹簧和两个刮油环。使用活塞环扩张器安装两个压缩环，"TOP"字样朝向活塞顶。
	② 在活塞环处加注少许机油。
	③ 转动各环，使润滑油进入环槽，调整活塞环的开口位置，使活塞环开口错开120°。
	（2）安装连杆轴瓦，并加注少许机油。 技术要求： ① 将轴瓦凸起和连杆的凹槽对齐，把轴承安装到连杆中。
	② 将轴瓦凸起和连杆盖的凹槽对齐，把轴承安装到连杆盖中。 特别提醒： 上轴瓦有一个油槽和油孔。 在轴瓦上均匀涂抹机油。

续　表

图　解	步骤、作业内容及技术要求
	（3）安装螺栓保护套。
	（4）用活塞环收紧器夹紧活塞环。
	（5）将该缸曲柄转到下止点位置。
	（6）将活塞组件推入气缸。 技术要求： ① 按活塞顶部箭头方向将活塞连杆总成从气缸顶部放入缸筒。
	② 在气缸底部观察活塞组件是否放正，指导学员进行调整。

续 表

图　解	步骤、作业内容及技术要求
	③ 用木槌柄将活塞组件推入气缸。
	④ 用手引导连杆使其对准曲轴轴颈。
	（7）安装连杆轴承盖。 技术要求： ① 取下螺栓保护套。 ② 装上连杆轴承盖。 特别提醒： 匹配连杆盖和连杆的号码。 安装连杆盖时，标记朝前。

续 表

图 解	步骤、作业内容及技术要求
	（8）拧紧连杆轴承盖螺母。 技术要求： ① 用手将两个螺母旋上 3～5 牙。
	② 用扭力扳手将两个螺母分次拧紧，第一次用扭力扳手将螺母拧紧至 20 N·m，第二次用扭力扳手将螺母拧紧至 30 N·m。
	③ 在螺母与螺杆之间做上记号。
	④ 用扭力扳手将螺母再旋紧 90°，并检查记号是否错开 90°。
	（9）旋转曲轴一周，检查其转动是否灵活。 （10）清洁、整理工具和场地。

三、清洁及整理

整理：所用工量具□

清洁场地：座椅□　地板□　工作台□　零件盘□　工位场地□

学生工作页

一、活塞环

（1）检查活塞环侧隙（图2-32）。

活塞环侧隙		标准为磨损极限值为	
活塞	项目	测量值	结果
1	一道环侧隙		
	二道环侧隙		
2	一道环侧隙		
	二道环侧隙		
3	一道环侧隙		
	二道环侧隙		
4	一道环侧隙		
	二道环侧隙		

（2）检查活塞环开口间隙（图2-33）。

第一道气环开口间隙	
第二道气环开口间隙	
油环开口间隙	
活塞环开口间隙磨损极限值	

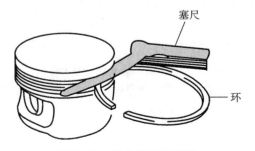

图2-32　检查活塞环侧隙

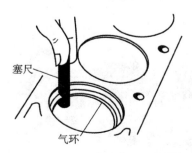

图2-33　检查活塞环开口间隙

二、连杆

(1) 检查连杆轴向间隙(图2-34)。

连杆的轴向间隙磨损极限值	
连杆	连杆的轴向间隙测量值
1	
2	
3	
4	

图2-34　检查连杆轴向间隙

(2) 检查连杆径向间隙。

连杆的径向间隙	标准磨损极限值		
连杆	连杆孔径	连杆轴径	连杆径向间隙
1			
2			
3			
4			

(3) 选配连杆衬套(图2-35)。

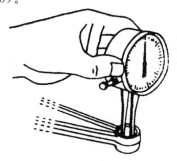

图2-35　测量连杆小头内径

（4）新衬套的装配方法如图2-36、图2-37所示。

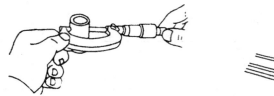
图2-36 测量衬套外径

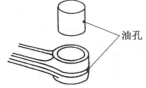
图2-37 连杆衬套油孔对准连杆油孔

（5）活塞销与连杆衬套的装配要求如图2-38所示。

图2-38 检查活塞销与连杆衬套的配合

任务三 曲轴飞轮组的检修

任务目标

- 认识发动机曲轴飞轮组的主要部件及结构特点。
- 掌握曲轴飞轮组拆装的方法和步骤。
- 掌握曲轴飞轮组的检修技术。

任务引入

前面我们已经学习了本项目的曲柄连杆机构中的机体组、活塞连杆组的有关知识，下面一起学习曲轴飞轮组的相关内容。

必备知识

曲轴飞轮组主要由曲轴、飞轮、扭转减震器、正时齿轮及皮带轮组成，如图2-39所示。

一、曲轴的构造与维修

（一）曲轴的构造

1. 作用、工作条件和材料

曲轴的作用是把活塞连杆组传来的气体压力转变为转矩，并对外输出，还用来驱动发动

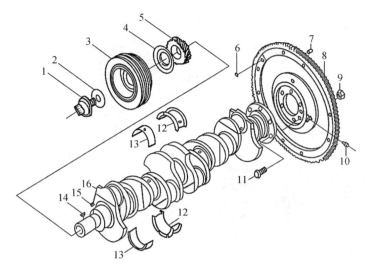

1—启动爪；2—启动爪锁紧垫片；3—扭转减震器、带轮；4—挡油片；5—正时齿轮；6—第一、第六缸活塞上止点记号；7—圆柱销；8—齿圈；9—螺母；10—黄油嘴；11—曲轴与飞轮连接螺栓；12—中间轴承上下轴瓦；13—主轴承上下轴瓦；14、15—半圆键；16—曲轴

图 2-39　曲轴飞轮组

机的配气机构和其他各种辅助装置（如发电机、水泵、转向油泵等）。

工作时，要承受周期性变化的气体压力、往复惯性力、离心力及它们产生的扭矩和弯矩，引起扭转震动和弯曲震动而产生附加应力；转矩和负荷经常变化，会导致轴径处有时不易形成良好的油膜，而它与轴承相对的滑动速度又很高。

曲轴要求用强度、冲击韧性和耐磨性都比较高的材料制造，一般采用中碳钢或中碳合金钢模锻。

2. 曲轴的构造

曲轴由前端轴、主轴颈、连杆轴颈、曲柄、平衡重及后端凸缘等组成。一个连杆轴颈和它两端的曲柄及主轴颈构成一个曲拐。

曲轴上磨光的表面为轴颈。将曲轴支撑在曲轴箱内旋转的轴颈为主轴颈，主轴颈的轴线都在同一直线上。偏离主轴颈轴线用以安装连杆的轴颈为连杆轴颈（或称曲柄销），连杆轴颈之间有一定夹角。连杆轴颈与主轴颈之间还加工有润滑油道。

按曲轴主轴颈的数目，可以把曲轴分为全支撑曲轴和非全支撑曲轴两种。

在每个连杆轴颈两边都有一个主轴颈，称为全支撑曲轴；否则，称为非全支撑曲轴。显然全支撑曲轴的主轴颈数比连杆轴颈数多一个，这种支撑方式曲轴刚度好，但长度较长。由此可见，直列发动机全支撑曲轴的主轴颈数比气缸数多一个；V形发动机全支撑曲轴的主轴颈数是气缸数的一半加一个。

连杆大头为整体式的某些小型汽油机或采用滚动轴承作为曲轴主轴承的发动机，必须采用组合式曲轴，即将曲轴的各部分分段加工，然后组合成整个曲轴，如图 2-40 所示。

连杆轴颈是曲轴和连杆相连的部分，连杆大头安装在曲轴的连杆轴颈上。曲柄是连接曲轴主轴颈和连杆轴颈的部分。在曲轴的主轴颈、曲柄、连杆轴颈上钻有贯通的油道，以使主轴颈内的润滑油经此油道流至连杆轴颈进行润滑。

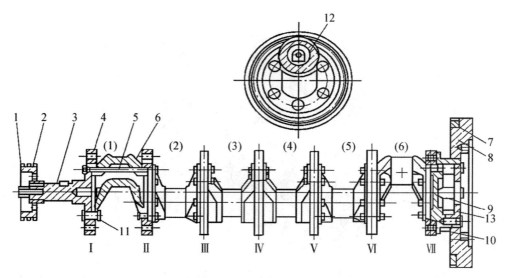

1—启动爪；2—带轮；3—前端轴；4—滚动轴承；5—连杆螺栓；6—曲柄；7—飞轮齿圈；
8—飞轮；9—后端凸缘；10—挡油圈；11—定位螺钉；12—油管；13—锁片

图 2-40 组合式曲轴

平衡重用来平衡连杆大头、连杆轴颈和曲柄等产生的离心力及其力矩，有时还平衡部分往复惯性力，使发动机运转平稳。如图 2-41 所示的四缸发动机，从整体来说，其惯性力及力矩是平衡的，但曲轴局部受力矩 $M_{1\sim2}$、$M_{3\sim4}$ 作用，造成曲轴弯曲变形。如果在曲柄的相反方向上设置平衡重，就能使其产生的力矩与上述惯性力矩 $M_{1\sim2}$、$M_{3\sim4}$ 相平衡。

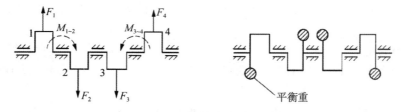

图 2-41 曲轴平衡重作用示意图

曲轴后端是最后一道主轴颈之后的部分。有安装飞轮用的凸缘，为防止机油从后端泄漏，后端也安装有油封装置。

3. 曲轴前后端的密封及轴向定位

（1）曲轴前端的密封。

曲轴前端装有驱动配气凸轮轴的正时齿轮、驱动风扇和水泵的带轮及止推片等，如图 2-42 所示。

为了防止机油沿曲轴轴颈外漏，在曲轴前端装有甩油盘，随着曲轴旋转，当被齿轮挤出和甩出来的机油落在甩油盘上时，由于离心力的作用，被甩到齿轮室盖的壁面上，再沿壁面流下来，回到油底壳中。即使还有少量机油落到甩油盘前端的曲轴上，也会被压配在齿轮室盖上的油封挡住。

有的中、小型发动机曲轴前端还装有启动爪，以便必要时用人力转动曲轴，启动发动机。

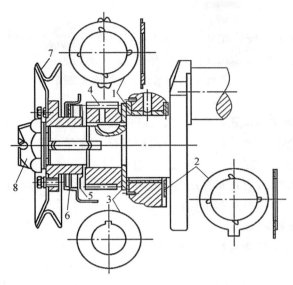

1、2—滑动止推轴承；3—止推片；4—正时齿轮；
5—甩油盘；6—油封；7—带轮；8—启动爪

图 2-42 曲轴前端的结构

(2) 曲轴后端的密封。

曲轴后端有安装飞轮用的凸缘。为防止机油向后漏出，常采用甩油盘、油封(自紧油封或填料油封)和回油螺纹等油封装置。回油螺纹的工作原理如图 2-43 所示。回油螺纹可以是梯形的或矩形的，其螺旋方向为右旋。当曲轴旋转时，流到回油槽中的机油也被带着旋转。因为机油本身有粘性，所以受到机体后盖孔壁的摩擦阻力 F_r 的作用。F_r 可以分解为平行于螺纹的分力 F_{r1} 和垂直于螺纹的分力 F_{r2}，机油在 F_{r1} 的作用下，顺着螺纹槽向前，流回油底壳。

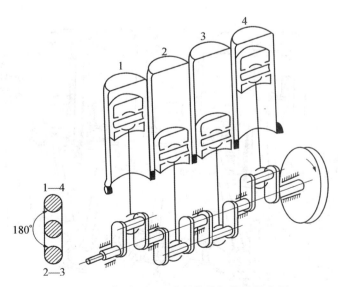

图 2-43 直列四缸四冲程发动机的曲拐布置

(3) 曲轴的轴向定位。

曲轴的轴向定位装置为安装在某一主轴颈两侧的两个止推片,止推片的形式一般有两种:一种是翻边轴承的翻边部分(如图 2-39 中的零件 12 所示);另一种是单面制有减磨合金层的止推轴承(如图 2-42 中的零件 1、2 所示),安装时,应将涂有减磨合金层的一面朝向旋转面。

4. 曲拐的布置

多缸发动机曲轴曲拐的布置与气缸数、气缸的排列形式(直列、V 形)、发动机的平衡以及各缸工作顺序的排列密切相关,并具有一定的规律。应尽可能使连续做功的两缸距离远些,以减少主轴承的负荷和避免相邻两缸进气门同时开启而发生抢气现象;做功间隔角尽量均匀,以使发动机运转均匀;曲拐布置应尽可能对称、均匀,以使发动机工作平衡性好。

常见的几种发动机曲拐布置和工作顺序如下:

(1) 直列四缸四冲程发动机。

直列四缸四冲程发动机结构和工作循环表分别如图 2-43 和表 2-1 所示(工作顺序:1—3—4—2)。

表 2-1 直列四缸四冲程发动机工作循环表

曲轴转角	第一缸	第二缸	第三缸	第四缸
0°~180°	做功	排气	压缩	进气
180°~360°	排气	进气	做功	压缩
360°~540°	进气	压缩	排气	做功
540°~720°	压缩	做功	进气	排气

(2) 直列六缸四冲程发动机。

直列六缸四冲程发动机结构和工作循环表分别如图 2-44 和表 2-2 所示(工作顺序:1—5—3—6—2—4)。

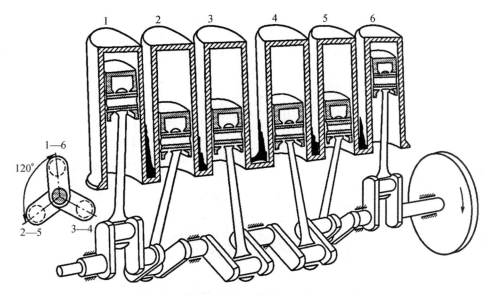

图 2-44 直列六缸四冲程发动机的曲拐布置

表 2-2　直列六缸四冲程发动机工作循环表

曲轴转角	第一缸	第二缸	第三缸	第四缸	第五缸	第六缸
0°～60°	做功	排气	进气	做功	压缩	进气
60°～120°	做功	排气	压缩	排气	压缩	进气
120°～180°	排气	进气	压缩	排气	做功	压缩
180°～240°	排气	进气	压缩	排气	做功	压缩
240°～300°	排气	进气	做功	进气	做功	压缩
300°～360°	排气	进气	做功	进气	做功	压缩
360°～420°	进气	压缩	做功	进气	排气	做功
420°～480°	进气	压缩	排气	压缩	排气	做功
480°～540°	进气	压缩	排气	压缩	排气	做功
540°～600°	压缩	做功	排气	压缩	进气	排气
600°～660°	压缩	做功	进气	做功	进气	排气
660°～720°	压缩	排气	进气	做功	压缩	排气

（3）V 形八缸发动机。

V 形八缸发动机的结构如图 2-45 所示。

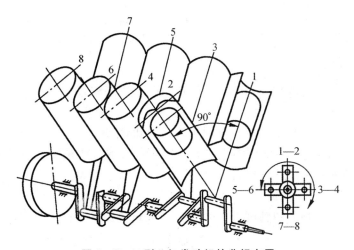

图 2-45　V 型八缸发动机的曲拐布置

5. 扭转减震器

发动机工作时,经连杆传给曲轴的作用力呈周期性变化,所以使曲轴旋转的瞬时角速度也呈周期性变化。安装在曲轴后端的飞轮,由于转动惯量较大,其瞬时角速度比较均匀,这样就造成曲轴相对于飞轮转动时快时慢,使曲轴产生扭转震动。为消减曲轴的扭转震动,在发动机曲轴前端多装有扭转减震器。

扭转减震器有橡胶式、摩擦式、硅油式等多种形式,常用的是橡胶式扭转减震器。

橡胶式扭转减震器如图 2-46 所示。惯性盘通过橡胶层 4 与减震器圆盘 3 粘接在一起,当曲轴发生扭转震动时,通过带轮毂 2 带动减震器圆盘 3 一起振动,而惯性盘的转动惯量较大,瞬时角速度较均匀,所以橡胶层发生扭转变形,从而消耗曲轴扭转震动的能量,消减扭震。

目前轿车发动机使用的扭转减震器一般都不单独设惯性盘,而是利用曲轴带轮兼作惯性盘,带轮和减震器制成一体(称减扭震带轮)。无惯性盘扭转减震器如图 2-47 所示,带轮通过内层的橡胶与固定盘粘接在一起,曲轴产生扭转震动时,固定盘随曲轴一起振动,因带轮转动惯量较大,夹在带轮与固定盘之间的橡胶层发生变形,从而消耗曲轴扭转震动的能量,减轻了曲轴的扭转震动。

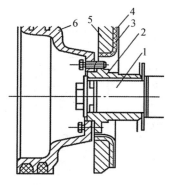

1—曲轴前端;2—带轮毂;
3—减震器圆盘;4—橡胶层;
5—惯性盘;6—带轮

图 2-46　橡胶式扭转减震器

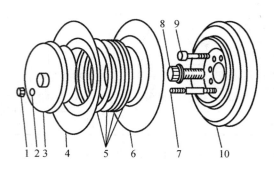

1—螺母;2—垫片;3—带轮固定盘;
4、6—带轮;5—调节垫片;7—双头螺栓;
8—大螺栓;9—螺栓;10—带轮总成

图 2-47　无惯性盘扭转减震器

(二) 曲轴的维修

曲轴常见的损伤有轴颈磨损、弯曲变形,严重时出现裂纹,甚至断裂。

1. 曲轴裂纹的检修

曲轴裂纹一般发生在轴颈两端过渡圆角处或油孔处,裂纹较严重时,可通过观察或用锤子轻轻敲击平衡重从发出的声音来判断。检查裂纹最好的方法是在专用的磁力探伤仪上进行磁力探伤。曲轴裂纹可进行焊修,但一般是更换新件。

2. 曲轴弯曲的检查与修理

曲轴弯曲是指主轴颈的同轴度误差大于 0.05 mm。若连杆轴颈分配角误差大于 0°30′,则称为曲轴扭曲。

曲轴弯曲的检查如图 2-48 所示。将曲轴放在检测平板上的 V 形支架上,百分表指针抵在中间主轴颈上,转动曲轴一圈,百分表指针的摆差(径向圆跳动误差)一般应不超过 0.04～0.06 mm。曲轴弯曲较轻(径向圆跳动误差小于 0.10 mm)时,一般可经磨削曲轴后消除。弯曲严重的曲轴必须进行校正,必要时更换曲轴。

在压力机上冷压校正曲轴的方法如图 2-49 所示,将曲轴放在平台的 V 形块上,使曲轴弯曲的拱面向上,用叉形压头压在两连杆轴颈上(应垫铜皮保护),使曲轴下面两个百分表指针抵到轴颈上,然后开动压力机,根据百分表显示,当加压变形量达到预定值时停止加压,保持 2～3 min 即可。

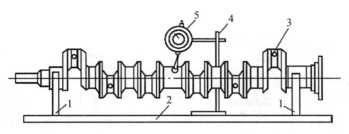

1—V形支架；2—平板；3—曲轴；4—百分表支架；5—百分表

图 2-48　曲轴弯曲的检查

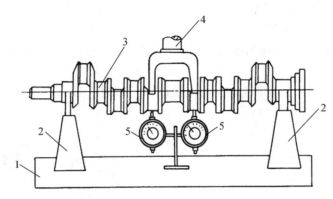

1—平台；2—V形块；3—曲轴；4—叉形压头；5—百分表

图 2-49　冷压校正曲轴

注意：校正曲轴时，加压的压力方向应与曲轴轴线垂直，加压要均匀；加压变形量应视曲轴材料而定，中碳钢锻造的曲轴为原变形量的 30～40 倍，铸铁铸造的曲轴为原变形量的 15～30 倍。为了防止校正后变形又恢复，可进行回火热处理。

3. 曲轴磨损的检查与修理

曲轴主轴颈和连杆轴颈的磨损是不均匀的，且磨损部位有一定的规律性。主轴颈和连杆轴颈最大磨损部位相互对应，而连杆轴颈的磨损部位在主轴颈一侧，且连杆轴颈的磨损比主轴颈严重。曲轴轴颈沿轴向还有锥形磨损。经探伤检查允许修复的曲轴，必须再进行轴颈磨损量的检查。

曲轴轴颈的磨损可用外径千分尺测量其直径来确定，测量部位如图 2-50 所示。轿车发动机曲轴轴颈的圆度和圆柱度超过 0.012 5 mm 时应进行磨削修理，轴颈直径达到其使用极限时应更换曲轴。

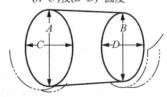

图 2-50　曲轴轴颈磨损检查测量部位

4. 曲轴轴向间隙的检查与调整

检查曲轴的轴向间隙时，可将百分表指针抵在飞轮或曲轴的其他断面上，用撬棒前后撬动曲轴，百分表指针的最大摆差即为曲轴轴向间隙。也可用塞尺插入止推片与曲轴的承推面之间，测量曲轴的轴向间隙。

曲轴轴向间隙一般为 0.07～0.17 mm，允许极限一般为 0.025 mm。间隙过大或过小，可通过更换止推片来调整。

二、飞轮的构造与维修

(一)飞轮的功用

飞轮的主要功用是:储存做功行程中的部分能量,以便在其他行程带动曲柄连杆机构工作;保证曲轴运转均匀,克服短时间的超负荷;通过飞轮齿圈与启动机小齿轮啮合,以便启动发动机;通过飞轮将发动机的动力传递给离合器或自动变速器。

(二)飞轮的构造

飞轮是一个转动惯量较大的金属圆盘,飞轮外缘一般较厚,以保证在有足够转动惯量的前提下,尽可能减轻飞轮质量。飞轮的外缘压装有启动用的齿圈。飞轮通过螺栓与曲轴后端凸缘连接,为保证飞轮与曲轴安装位置正确,一般用定位销或不对称螺栓孔来保证。

飞轮上一般有一缸点火正时标记,以便校准点火正时。各类型发动机的正时标记有不同的形式,如图 2-51、图 2-52 所示。

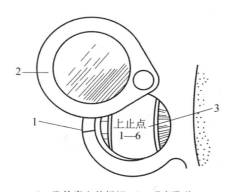

1—飞轮壳上的标记;2—观察孔盖;
3—飞轮上的标记

图 2-51 CA6102 发动机飞轮正时标记

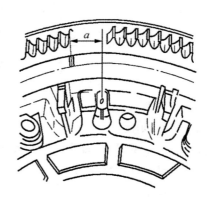

图 2-52 一汽捷达轿车发动机飞轮正时标记

(三)飞轮的维修

飞轮的缺陷主要有工作面磨损、齿圈磨损或折断。

飞轮齿圈有断齿或齿端冲击耗损,与启动机齿轮啮合困难时,应更换齿圈或飞轮组件。

飞轮工作面有严重的烧灼或磨损沟槽深超过 0.50 mm 时,应进行修正。必要时应更换飞轮。

注意:飞轮工作面的磨削总量不能超过 1 mm,更换新的飞轮时应刻上正时标记,新飞轮与曲轴安装后应进行动平衡试验。

飞轮齿圈若有损坏,必须更换。更换时,可用铜冲将旧的齿圈从飞轮上拆下;安装新齿圈时,先将齿圈加热(不要超过 400 ℃),再用锤子将齿圈敲到飞轮上。

齿圈有倒角的一面应朝向曲轴。

任务实施

一、任务准备

1. 工作准备

洁具：准备□　清洁□

毛巾：准备□　清洁□

逃生门：位置明确□　通道畅通□

灭火器：红色□　黄色□　绿色□　处理意见：

5S：整理□　整顿□　清洁□　清扫□　素养□

2. 工具准备

常用工具一套。

3. 实训安排

（1）工作组。

每小组由4～6名学生组成，指定学生分别负责安全监督、项目实训、数据记录，其余学生观摩学习；教师负责安全与技术指导，组织学生轮换操作。

参照上述分工，本小组人员安排如下：

（2）工具、设备准备。

根据本次工作内容与目标，确定所需工具、设备为桑塔纳发动机曲轴。

4. 安全事项

（1）进入课堂必须着工作服且不允许穿拖鞋。□

（2）人身安全。□

（3）设备工具安全。□

二、实施步骤

1. 学习准备

车辆维修手册、计算机、检修工具、测量工具、发动机实物或台架。

2. 学习过程

图　解	步骤、作业内容及技术要求
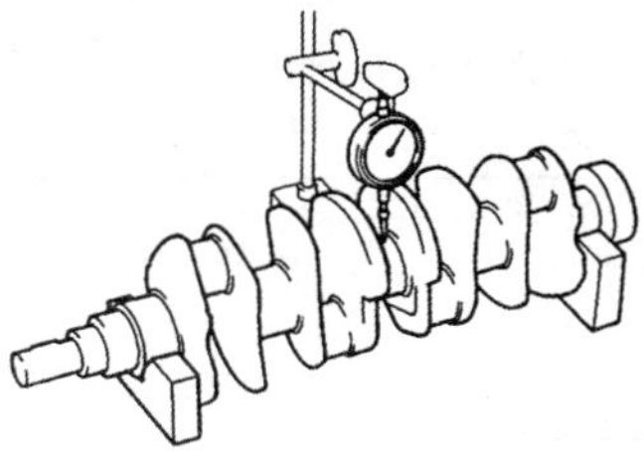	曲轴的检验主要有裂纹的检验、变形的检测和磨损的检测。 　1. 裂纹的检验。 　曲轴清洗后，首先应检查有无裂纹。检查方法有两种：一种是磁力探伤法；另一种是浸油敲击法，即将曲轴置于煤油中浸一会儿，取出后擦净表面并撒上白粉，然后分段用小锤解释敲击。如有明显的油迹出现，则该处有裂纹。

续 表

图 解	步骤、作业内容及技术要求
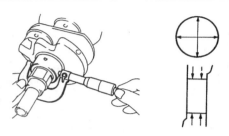	2. 变形的检测。 曲轴弯曲变形的检验应以两端主轴颈的公共轴线为基准,检查中间主轴颈的径向圆跳动误差。检验时,将曲轴两端主轴颈分别放置在检验平板的 V 形块上,将百分表指针垂直地抵在中间主轴颈上,慢慢转动曲轴一圈,百分表指针所示的最大摆差即为中间主轴颈的径向圆跳动误差值。该值若大于 0.15 mm,应予以校正;若小于 0.15 mm,可结合磨削主轴颈时进行修正。 曲轴扭曲变形的检验可在曲轴磨床上进行,也可将曲轴两端同平面内的连杆轴颈转到水平位置,用百分表分别测量这两个连杆轴颈的高度。在同一方位上,两个连杆轴颈的高度差即为曲轴扭曲变形量。
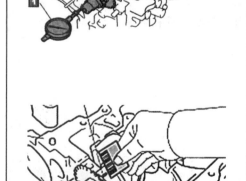	3. 磨损的检测。 首先检视轴颈有无磨痕,然后利用外径千分尺测量曲轴各轴颈的直径,从而完成圆度和圆柱度的测量。在同一轴颈的同一横截面内的圆周上进行多点测量,取其最大直径与最小直径差的一半,即为该轴颈的圆度误差。在同一轴颈的全长范围内,轴向移动千分尺,测其不同截面的最大值与最小值,其差值之半即为该轴颈的圆柱度误差。曲轴主轴颈和连杆轴颈的圆度、圆柱度误差不得大于 0.025 mm,超过该值,应按修理尺寸对轴颈进行磨削修理。 4. 曲轴轴向间隙的检测。 将曲轴撬向一端,用百分表检查主轴承的轴向间隙(配合间隙),新的轴承轴向间隙为 0.07~0.17 mm,磨损极限值为 0.25 mm。轴向间隙超过极限值时,应更换第三道主轴承两侧的半圆止推环。 5. 曲轴径向间隙的检测。 对已装好的发动机,可用塑料间隙测量片检查径向间隙。 (1) 拆下曲轴轴承盖,清洁曲轴轴承和曲轴轴颈。 (2) 将塑料间隙测量片放在轴颈或轴承上。 (3) 装上曲轴主轴承盖,并用 65 N·m 力矩紧固,不得使曲轴转动。 (4) 拆下曲轴主轴承盖,测量挤压过的塑料间隙测量片的厚度。新轴承径向间隙应为 0.03~0.08 mm,磨损极限值为 0.17 mm。超过磨损极限时,应更换相应轴承。 6. 飞轮的检修。 检查飞轮工作表面是否有明显的划伤沟槽,用直尺、厚薄规或百分表检查飞轮的平面度,应不大于 0.20 mm,否则应更换飞轮。 飞轮齿圈、轮齿磨损严重或出现裂纹时,应予以更换或者修补。

三、清洁及整理

整理:所用工量具□

清洁场地:座椅□ 地板□ 工作台□ 零件盘□ 工位场地□

一、检查曲轴弯曲量

检查曲轴弯曲量：

曲轴弯曲量	应不大于
曲轴弯曲量测量值	

二、测量曲轴的主轴颈和连杆轴颈的圆度和圆柱度

测量曲轴的主轴颈和连杆轴颈的圆度和圆柱度：

圆度	标准极限为
圆柱度	标准极限为

当超过标准要求时应如何修理？

1. 曲轴主轴颈圆度和圆柱度测量

	测量位置	1	2	最大圆柱度
曲轴主轴颈 1	A			
	B			
	圆度			
曲轴主轴颈 2	测量位置	1	2	最大圆柱度
	A			
	B			
	圆度			
曲轴主轴颈 3	测量位置	1	2	最大圆柱度
	A			
	B			
	圆度			
曲轴主轴颈 4	测量位置	1	2	最大圆柱度
	A			
	B			
	圆度			
曲轴主轴颈 5	测量位置	1	2	最大圆柱度
	A			
	B			
	圆度			

2. 连杆轴颈圆度和圆柱度测量

连杆轴颈 1	测量位置	1	2	最大圆柱度
	A			
	B			
	圆度			

连杆轴颈 2	测量位置	1	2	最大圆柱度
	A			
	B			
	圆度			

连杆轴颈 3	测量位置	1	2	最大圆柱度
	A			
	B			
	圆度			

连杆轴颈 4	测量位置	1	2	最大圆柱度
	A			
	B			
	圆度			

3. 曲轴径向间隙测量

曲轴主轴颈	主轴承座孔直径	曲轴径向配合间隙
1		
2		
3		
4		
5		

如何用塑料测量片检查径向间隙(图 2-53)?

塑料测量片的测量范围如下表所示:

测量范围	色别	型号
0.025～0.076 mm	绿	PG-1
0.050～0.150 mm	红	PR-1
0.100～0.230 mm	蓝	PB-1

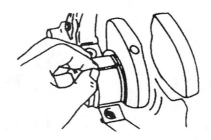

图 2-53　在曲轴轴颈上放置塑料测量片

轴承径向间隙	标准极限为
轴承径向间隙测量值	

当径向间隙超过磨损极限时如何修理?

4. **曲轴轴向间隙检查**(图 2-54)

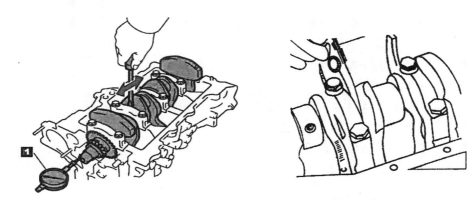

图 2-54　检查曲轴轴向间隙

轴承轴向间隙	标准极限为
轴承轴向间隙测量值	

当轴向间隙超过极限值时如何修理?

学后测评

一、选择题

1. 龙门式曲轴箱的特点是（　　）。
   A. 曲轴轴线高于缸体下平面　　　　　　B. 曲轴轴线低于缸体下平面
   C. 曲轴轴线与缸体下平面在同一平面上　D. 没有任何关系

2. 安装缸盖螺栓时应（　　）。
   A. 由中央向四周　　　　　　　　　　　B. 由四周向中央
   C. 分次逐步地以规定扭力扭紧　　　　　D. 一次拧紧即可

3. 测量气缸直径时,当量缸表指示到（　　）时,即表示测杆垂直于气缸轴线。
   A. 最大读数　　　B. 最小读数　　　C. 中间值读数　　　D. 任意读数

4. 活塞大多采用铝合金材料的原因是铝合金（　　）。
   A. 质量小　　　B. 导热性好　　　C. 热膨胀系数大　　　D. 强度高

5. 正确的安装扭曲环的方向是（　　）。
   A. 外切口向上,内切口向下　　　　　　B. 外切口向上,内切口向上
   C. 外切口向下,内切口向下　　　　　　D. 外切口向下,内切口向上

6. 活塞的最大磨损部位是（　　）。
   A. 头部　　　B. 裙部　　　C. 顶部　　　D. 环槽

7. 曲轴设置平衡重的目的是（　　）。
   A. 平衡离心力及力矩　　　　　　　　　B. 平衡往复惯性力
   C. 平衡气体力　　　　　　　　　　　　D. 增加强度

二、简答题

1. 发动机缸体镶入缸套有何优点？什么是干式缸套？什么是湿式缸套？
2. 如何对缸套进行正确的鉴定？
3. 绘简图说明活塞环的泵油过程。
4. 连杆大头的定位方式有哪些？
5. 什么是全浮式活塞销和半浮式活塞销？
6. 曲轴为什么要进行轴向定位？怎样定位？
7. 曲轴的扭转减震器有何作用？
8. 飞轮的功用是什么？

项目三 配气机构结构的认知与维修

项目描述

发动机在运转过程中排出废气和充入新气,这一过程称为换气,它是决定发动机动力、经济和排放性能的关键环节。配气机构按照发动机各缸的工作顺序和工作循环的特性,适时打开、关闭各缸进、排气门,实现换气过程,以保证发动机持续运转。现代发动机还配备有可变进气和可变配气相位系统,改变发动机在不同工况下的进气通路和配气相位,提高发动机的动力、经济、排放性能以及低速稳定性。

配气机构是发动机的重要组成部分,其工作性能的好坏直接影响发动机的动力性和燃油经济性。本项目旨在分析不同形式配气机构的组成特点和工作原理,让同学们掌握发动机配气相位、气门间隙的检查和调整方法,并能正确地拆装配气机构各组件。

学习目标

1. 知识目标

(1) 掌握配气机构的作用与分类。
(2) 掌握配气机构的组成。
(3) 掌握气门间隙的检查和调整方法。
(4) 了解配气相位及影响因素。
(5) 掌握配气机构的拆卸和检修方法。

2. 技能目标

(1) 掌握气门间隙的检查和调整方法。
(2) 掌握配气机构的拆卸和检修方法。

任务一 配气机构的认知

任务目标

- 掌握配气机构的各部件组成及作用。
- 掌握配气机构的布置形式及驱动方式。

- 了解配气相位及其影响因素。

任务引入

捷达轿车在急速时,发动机发出连续不断、有节奏的"嗒嗒"声。当汽车正常行驶时,响声随着发动机转速的升高而升高,而且变得杂乱。汽车在高速公路上匀速行驶时,发动机温度变化,响声没有明显变化。

必备知识

一、概述

(一)配气机构的作用和组成

1. 配气机构的作用

配气机构的作用是:按照发动机的工作需要,定时地开启或关闭进、排气门,使可燃混合气(汽油机)或纯净空气(柴油机)及时进入气缸,或使气缸内的废气及时排出,实现换气。

2. 配气机构的组成

发动机配气机构基本上可分成两部分:气门组和气门传动组。

气门组用来封闭进、排气道,主要零件包括气门、气门座、气门弹簧、气门导管等。气门组的组成与配气机构的形式基本无关,但结构大致相同。

气门传动组是从正时齿轮开始至推动气门动作的所有零件,其作用是使气门定时开启和关闭,它的组成视配气机构的形式不同而异,主要零件包括正时齿轮(正时链轮和链条或正时皮带轮和皮带)、凸轮轴、挺柱、推杆、摇臂轴和摇臂等。

在发动机工作过程中,为防止配气机构零件受热膨胀而导致气门关闭不严,摇臂与气门尾端有一定的间隙(气门间隙)。在装有液力挺柱的配气机构中,不需留气门间隙。

由于四冲程发动机每完成一个工作循环,曲轴转两圈,而各缸只进、排气一次,即凸轮轴只需转一圈,所以曲轴与凸轮轴的传动比为 2∶1。

(二)配气机构的分类和工作原理

1. 配气机构的分类

发动机配气机构形式多种多样,其主要区别是气门布置形式和数量、凸轮轴布置形式和驱动方式。

(1) 按气门布置形式分类。

按气门布置形式分类,可分为侧置气门和顶置气门,其中顶置气门应用最广泛,侧置气门已被淘汰。以下配气机构如果不特别说明,则都为顶置气门。

一般发动机都采用每缸两气门,即一个进气门和一个排气门的结构。为了进一步提高气缸的换气性能,许多中、高级新型轿车的发动机上普遍采用每缸多气门结构,如三气门、四气门、五气门等,其中以四气门为多见。如图 3-1 所示为捷达车发动机每缸五气门(三个进气门、两个排气门)结构。

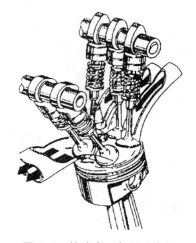

图 3-1 捷达车五气门示意图

气门数目的增加,使发动机的进、排气通道的断面面积大大增加,同时提高了充气效率,改善了发动机的动力性能。

(2) 按凸轮轴布置形式和驱动方式分类。

① 下置凸轮轴式。

大多数载货汽车和大中型客车发动机都采用这种结构形式,如图 3-2 所示。气门组由气门、气门导管、气门弹簧、气门弹簧座、气门锁片等组成。气门传动组由凸轮轴、凸轮轴正时齿轮、挺柱、推杆、摇臂、摇臂轴等组成。其结构特点是凸轮轴平行布置在曲轴一侧,位于气门组下方,配气机构的工作通过曲轴和凸轮轴之间的一对正时齿轮将曲轴的动力传给凸轮轴来带动。

② 上置凸轮轴式。

上置凸轮轴式配气机构的主要特点是凸轮轴安装在气缸盖上部,气门传动组不需推杆,用凸轮轴直接驱动摇臂或气门,不仅减少了配气机构零件,而且往复运动质量大大减小,因此在轿车发动机上应用广泛。由于凸轮轴远离曲轴,一般都采用链传动或带传动。

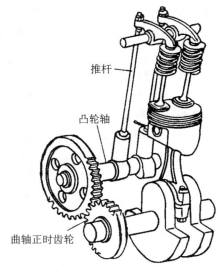

图 3-2 下置凸轮轴式

上置凸轮轴式配气机构根据凸轮轴数通常分为单上置凸轮轴式(SOHC)和双上置凸轮轴式(DOHC)两种。

a. 单上置凸轮轴式配气机构。单上置凸轮轴式配气机构有很多的布置形式,但都是用一根安装在气缸盖上的凸轮轴,通过挺柱直接(无摇臂总成)或间接(有摇臂总成)驱动所有气缸的进气门和排气门。

b. 双上置凸轮轴式配气机构。双上置凸轮轴式配气机构如图 3-3 所示,用两根凸轮轴分别驱动排成两列的进气门和排气门,此结构形式多用在多气门发动机上。与单上置凸轮轴式配气机构类似,可通过凸轮轴直接驱动气门,也可通过摇臂间接驱动气门。

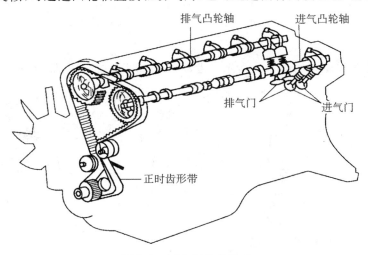

图 3-3 双上置凸轮轴式

现代轿车使用的高速发动机大多采用这种结构形式,凸轮轴仍与曲轴平行布置,但位于气门组上方,凸轮轴直接通过摇臂来驱动气门开启和关闭,省去了推杆,使气门往复运动阻力大大减小,但此种布置使凸轮轴距离曲轴较远,因此,不方便使用齿轮传动,现多采用同步齿形胶带传动,这种结构形式的气门传动组主要由凸轮轴、同步齿形胶带、挺柱、摇臂、摇臂轴等组成。

③ 中置凸轮轴式。

一些速度较高的柴油机将凸轮轴位置抬高到缸体上部,如图3-4所示。其组成与下置凸轮轴式配气机构基本相同。中置凸轮轴式配气机构推杆长度较短,甚至有些发动机省去了推杆,而由凸轮轴经过挺柱直接驱动摇臂,减小了气门传动机构的往复运动质量。侧置凸轮轴式配气机构中,凸轮轴离曲轴较远,一般采用链传动或带传动,有的也采用齿轮传动。

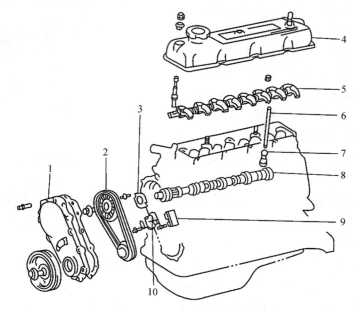

1—正时链罩;2—正时链和链轮;3—凸轮轴止推凸缘;4—气缸盖罩;5—摇臂轴总成;
6—推杆;7—液压挺柱;8—凸轮轴;9—链减震器;10—链张紧装置

图3-4 中置凸轮轴式

配气机构的工作原理如图3-5所示。发动机工作时,正时齿轮带动凸轮轴旋转,当发动

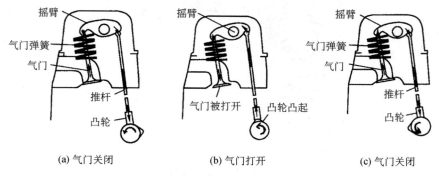

图3-5 配气机构工作原理

机需要进行换气冲程时,凸轮凸起部分通过挺柱、推杆、高速螺钉推动摇臂摆转,使得摇臂的另一端向下推开气门,并压缩气门弹簧。凸轮凸起部分的顶点转过挺柱后,凸轮对挺柱的推力减小,气门在弹簧张力下逐渐关闭,凸轮凸起部分离开挺柱时,气门完全关闭,换气冲程结束,压缩和做功冲程开始。气门在弹簧张力作用下严密关闭,使气缸密闭。

二、配气相位

用曲轴转角表示气门开启、关闭时刻和开启的持续时间,称为配气相位,如图 3-6 所示。

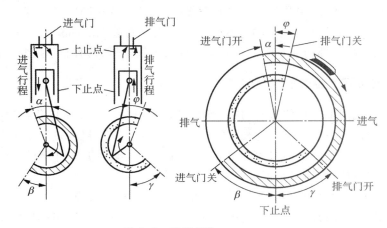

图 3-6 配气相位

1. 进气门提前角

在排气冲程接近完成时,活塞到达上止点之前,进气门便开始开启。从进气门开始开启到上止点所对应的曲轴转角称为进气门提前角,用 α 表示。一般 α 值在 10°～30°之间。进气门早开,使得活塞到达上止点开始向下移动时,进气门已有一定开度,所以可较快地获得较大的进气通道截面,减少进气阻力。

2. 进气门迟闭角

在进气冲程到达下止点时,进气门并未关闭,而是在活塞上行一段距离后才关闭。从活塞位于下止点至进气门完全关闭时对应的曲轴转角称为进气门迟闭角,用 β 表示。一般 β 值在 40°～80°之间。活塞在到达下止点时,气缸内的压力仍低于大气压力,且气流还有相当大的惯性,适当延迟关闭进气门,可利用压力差和气流惯性继续进气。进气门开启持续时间内的曲轴转角,即进气持续角为 $\alpha+180°+\beta$,约为 230°～290°。

3. 排气门提前角

在做功冲程的后期,活塞到达下止点前,排气门便开始开启。从排气门开始开启到活塞到达下止点时所对应的曲轴转角称为排气门提前角,用 γ 表示。一般 γ 值在 40°～80°之间。做功冲程接近结束时,气缸内的压力约为 0.3～0.5 MPa,做功作用已经不大,此时提前打开排气门,高温废气迅速排出,减小活塞上行排气时的阻力,减少排气时的功率损失。高温废气提早迅速排出,还可防止发动机过热。

4. 排气门迟闭角

排气门是在活塞到达上止点后,又开始下行一段距离后才关闭的。从活塞位于上止点到排气门完全关闭时所对应的曲轴转角称为排气门迟闭角,用 φ 表示。一般 φ 数值在 $10°\sim30°$ 之间。活塞到达上止点时,气缸内的压力仍高于大气压,由于气流有一定的惯性,排气门适当延迟关闭,可使废气排得更干净。排气门开启持续时间内的曲轴转角,即排气持续角为 $\gamma+180+\varphi$,约为 $230°\sim290°$。

5. 气门叠开与气门叠开角

由于进气门早开和排气门晚关,在活塞位于排气上止点附近,出现一段进、排气门同时开启的现象,称为气门叠开。同时开启的角度,即进气门提前角 α 与排气门迟闭角 φ 之和称为气门重叠角。气门叠开时气门的开度很小,且新鲜气流和废气流有各自的惯性,在短时间内不会改变流向,适当的叠开角,不会出现废气倒流进气道和新鲜气体随废气排出的现象。相反,进入气缸内部的新鲜气体可增加气缸内的气体压力,有利于废气的排出。

三、可变配气相位技术

由于进气门配气相位对发动机性能的影响比排气门大,所以各种发动机装用的可变配气相位控制机构一般只控制进气门配气相位,以免使配气机构过于复杂。此外,配气相位取决于凸轮的形状及凸轮轴与曲轴的相对位置。在发动机工作时,变换驱动凸轮或改变凸轮轴与曲轴相对位置,均可实现配气相位的调节。

目前,车用发动机装用的可变配气相位控制机构主要有:日本本田车 VTEC 可变配气正时(相位)及气门升程电子控制机构、德国奔驰车系可变配气相位控制机构、德国大众车系可变配气相位控制机构和德国宝马车系可变气门控制机构等。现以日本本田、德国奔驰、德国宝马为例。

1. 本田车可变配气正时(相位)及气门升程电子控制机构

(1) VTEC 机构的组成。

VTEC 机构的组成如图 3-7 所示。同一缸的两个进气门有主、次之分,即主进气门和次进气门。每个进气门通过单独的摇臂驱动,驱动主进气门的摇臂称为主摇臂,驱动次进气门的摇臂称为次摇臂,在主摇臂、次摇臂之间装有一个中间摇臂,中间摇臂不与任何气门直接接触,三个摇臂并列在一起组成进气摇臂总成。凸轮轴上相应有三个不同升程的凸轮分别驱动主摇臂、中间摇臂和次摇臂,凸轮轴上的凸轮也相应分为主凸轮、中间凸轮和次凸轮;在凸轮形状设计上,中间凸轮的升程最大,次凸轮的升程最小,主凸轮的形状适合发动机低速时主进气门单独工作时的配气相位要求,中间凸轮的形状适合发动机高速时主、次双进气门工作时的配气相位要求。

正时板的功用是:正时活塞处于初始位置和工作位置时,靠回位弹簧使正时板插入正时活塞相应的槽中,使正时活塞定位。

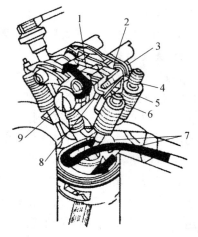

1—正时板;2—中间摇臂;3—次摇臂;
4、5—同步活塞;6—正时活塞;
7—进气门;8—主摇臂;9—凸轮轴

图 3-7 VTEC 机构的组成

进气摇臂总成如图 3-8 所示，在三个摇臂靠近气门的一端均设有液压缸孔，液压缸孔中装有靠液压控制的正时活塞、同步活塞、阻挡活塞及弹簧。正时活塞一端的液压缸孔与发动机的润滑油道连通，ECU 通过电磁阀控制油道的通、断。

VTEC 配气机构与普通配气机构相比，在结构上的主要区别是：凸轮轴上的凸轮较多，且升程不等，进气摇臂总成的结构复杂。排气门的工作情况与普通配气机构相同。

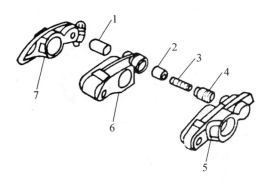

1、2—同步活塞；3—弹簧；4—正时活塞；5—主摇臂；6—中间摇臂；7—次摇臂

图 3-8　进气摇臂总成

（2）VTEC 机构的工作原理。

可变配气相位控制系统的功能是：根据发动机转速、负荷等变化来控制 VTEC 机构工作，改变驱动同一气缸两进气门工作的凸轮，以调整进气门的配气相位及升程，并实现单进气门工作和双进气门工作的切换。

发动机低速运转时，VTEC 机构电磁阀不通电，使油道关闭，机油压力不能作用在正时活塞上，在次摇臂液压缸孔内的弹簧和阻挡活塞作用下，正时活塞和同步活塞 A 回到主摇臂液压缸孔内，与中间摇臂等宽的同步活塞 B 停留在中间摇臂的液压缸孔内，三个摇臂彼此分离，如图 3-9 所示。此时，主凸轮通过主摇臂驱动主进气门，中间凸轮驱动中间摇臂空摆；次凸轮的升程非常小，通过次摇臂驱动次进气门微量开启，其目的是防止次进气门附近积聚燃油。配气机构处于单进、双排的气门状态，单进气门由主凸轮驱动。

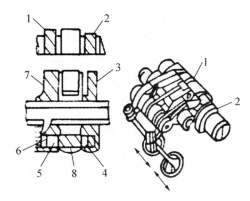

1—主凸轮；2—次凸轮；3—次摇臂；4—阻挡活塞；5—同步活塞 A；
6—正时活塞；7—主摇臂；8—同步活塞 B

图 3-9　发动机低速运转时 VTEC 机构的工作状态

当发动机高速运转,且发动机转速、负荷、冷却液温度及车速达到设定值时,计算机控制电路向 VTEC 机构电磁阀供电,使电磁阀开启,来自润滑油道的机油压力作用在正时活塞一侧,由正时活塞推动两同步活塞和阻挡活塞移动,两同步活塞分别将主摇臂与中间摇臂、次摇臂与中间摇臂插接成一体,成为一个同步工作的组合摇臂,如图 3-10 所示。此时,由于中间凸轮升程最大,组合摇臂受中间凸轮驱动,两个进气门同步工作,进气门的配气相位和升程与发动机低速时相比,其升程、提前开启角和滞后关闭角均增大。

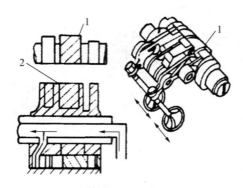

1—中间凸轮;2—中间摇臂
图 3-10 发动机高速运转时 VTEC 机构的工作状态

当发动机转速下降到设定值时,计算机控制电路切断 VTEC 机构电磁阀电流,正时活塞一侧的机油压力降低,各摇臂液压缸孔内的活塞在回位弹簧作用下回位,三个摇臂又彼此分离而独立工作。

(3) VTEC 控制系统电路。

VTEC 控制系统电路如图 3-11 所示。发动机电子控制单元 ECU 根据发动机转速、负荷、冷却液温度和车速信号控制 VTEC 机构电磁阀。电磁阀通电后,通过压力开关给计算机提供一个反馈信号,以便监控系统工作。

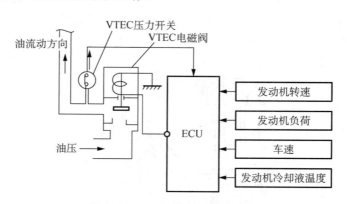

图 3-11 VTEC 控制系统电路图

(4) VTEC 机构的检修。

在维修时,拆下 VTEC 机构电磁阀总成后,检查电磁阀滤清器。若滤清器有堵塞现象,应更换滤清器和发动机润滑油。电磁阀密封垫一经拆下,必须更换新件。拆开 VTEC 机构电磁阀,用手指检查电磁阀的运动是否自如,若有发卡现象,应更换电磁阀。

发动机不工作时,拆下气门室罩盖,转动曲轴,分别使各缸处于压缩上止点位置,用手按压中间摇臂,应能与主摇臂和次摇臂分离单独运动。用专用堵塞堵住油道减压孔,拆下机油压力检查孔处的密封螺栓,通入压力为 400 kPa 的压缩空气,用手推动正时片端部,使其向上移动 2~3 mm。当转动曲轴,使气缸内活塞处于压缩上止点位置、三个摇臂并列平行时,从三个摇臂的缝隙中观察同步活塞的结合情况,同步活塞应将三个摇臂连接为一体,用手按压中间摇臂应不能单独运动。当停止输入压缩空气时,再推动正时片,使其向上移动,摇臂内的同步活塞应迅速回位。进气摇臂总成的工作情况若不符合上述要求,应分解检查进气摇臂总成,必要时成组更换进气摇臂总成。

例如,日本本田车系轿车在使用过程中出现故障码 21,说明 VTEC 电磁阀或其电路有故障,应按以下步骤进行检查:

① 清除故障码并重新启动发动机,必要时上路测试;再次调取故障码,若不再有故障码 21,说明 VTEC 机构存在间歇性故障,一般是电磁阀线路连接不良所致。

② 关闭点火开关,拆开 VTEC 机构电磁阀线束插接器,测量电磁阀线圈的电阻,标准电阻值应为 14~30 Ω;否则,应更换 VTEC 机构电磁阀。

③ 若电磁阀电阻值符合规定标准,检查 VTEC 机构电磁阀与 ECU 之间的连接线路是否有短路或断路故障。

④ 若上述检查均正常,接好 VTEC 机构电磁阀线束插接器,拆下电磁阀上的 M10 螺栓,将专用接头和压力表连接到电磁阀上。然后启动发动机,当达到正常工作温度后(冷却风扇转动),检查发动机转速分别为 1 000 r/min、2 000 r/min 和 4 000 r/min 时的机油压力。若机油压力均高于 49 kPa,则说明 VTEC 机构电磁阀不能开启,应进行更换。

若上述机油压力均低于 49 kPa,则关闭点火开关,拆开 VTEC 机构电磁阀线束插接器,用蓄电池直接给电磁阀通电。然后启动发动机,测量转速时的机油压力。机油压力应达到 250 kPa 以上,否则说明机油泵工作不良或润滑系统有泄漏。

⑤ 用换件法检查 ECU 是否有故障,必要时更换 ECU。

2. 德国奔驰车系可变配气相位控制机构

德国奔驰车系 V12 发动机装用的可变配气相位控制机构如图 3-12 所示。该发动机共有两根进气凸轮轴和两根排气凸轮轴,采用链传动。它是通过改变进气凸轮轴与曲轴相对位置来实现配气相位调节的。进气凸轮轴链轮与凸轮轴连接凸缘之间装有调节活塞,使链轮与凸轮轴之间形成非刚性连接;ECU 根据发动机转速信号、车速信号和挡位信号,通过电

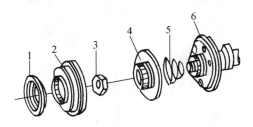

1—端盖;2—凸轮轴链轮;3—固定螺母;4—调节活塞;5—螺旋锥形弹簧;6—凸轮轴

图 3-12 德国奔驰车系 V12 发动机装用的可变配气相位控制机构

磁线圈和衔铁分别对左右两根进气凸轮轴配气相位进行控制;发动机工作时,ECU控制电路使线圈通电,线圈产生的磁场力通过衔铁对调节活塞施加转动力矩,使进气凸轮轴沿其旋转方向相对其驱动链轮转过一定角度,该凸轮轴驱动的进气门配气相位提前;反之,线圈断电时使配气相位推迟。

3. 德国宝马车系可变配气相位控制机构

Valvetronic系统能改变进气门的正时与升程,气门升程是连续可变的。可变升程机构安装位置如图3-13所示,其结构如图3-14所示。该机构在进气凸轮轴和摇臂之间增加了中间推杆,并且在缸盖上增加了一根偏心轴,在偏心轴上有与中间推杆对应数目的偏心凸轮。中间推杆通过其顶部的滚轮依靠在偏心凸轮上,其中部通过滚轮支撑在进气凸轮上,其足部的弧线工作区域与摇臂的滚轮接触。扭转弹簧上端固定在缸盖上,下端固定在中间推杆的足部,因此中间摇杆的运动由偏心凸轮和进气凸轮共同控制。气门液压挺柱将中间推杆足部的弧线区域与摇臂滚轮的接触保持在零间隙。在偏心轴中部装有扇形齿轮,该齿轮与伺服电动机的齿杆组成一对蜗杆机构。伺服电动机是步进电动机,通过驱动扇形齿轮,可使偏心轴在0°～170°的范围内连续转动。

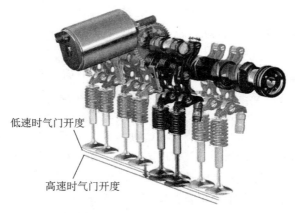

图3-13 德国宝马车系可变正时机构安装位置

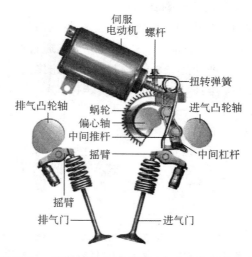

图3-14 德国宝马车系气门可变升程机构的组成

当偏心轴不动时,中间摇杆的顶部滚轮支撑在偏心凸轮上,中部滚轮在进气凸轮的驱动下,使中间推杆围绕某个中心旋转,则中间推杆的足部驱动滚轮完成进气门的开启与关闭。当进气凸轮轴固定不动时,中间推杆支撑在进气凸轮上,偏心轴旋转一定的角度,则中间推杆的足部跟滚轮接触弧线工作区域发生变化。偏心轴旋转的角度不同,则中间摇杆的旋转中心也不同,导致工作区域不同,气门的升程也就不同。偏心轴旋转角度越大,中间推杆旋转的幅度越大,进气门的升程也就越大。当偏心轴旋转到初始位置(0°)时,进气凸轮转动到凸顶与中间推杆接触,此时气门升程达到最小(0.2 mm);当偏心轴旋转到极端位置(170°)时,进气凸轮转动到凸顶与中间推杆接触,此时进气门升程达到最大(9.7 mm),这样就可以在 0~9.7 mm 范围内无级改变气门升程,如图 3-15 所示。此外,这个系统中进气和排气凸轮相对凸轮轴位置的转动角度分别达到 6°。

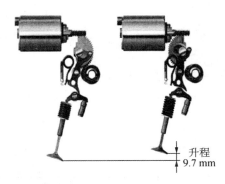

图 3-15 德国宝马车系可变气门升程机构的调节范围

在 Valvetronic 系统中可改变节气门升程承担节气门的任务,该系统有一个单独的电子控制单元,电子控制单元通过接收加速踏板位置的信号,控制伺服电动机旋转,它能在很短的时间(0.3 s)内无级地改变进气门的升程。在负荷较低的发动机工况下,Valvetronic 控制气门开度较小,吸入的空气量较少,燃油使用量较少;当发动机负载增加,Valvetronic 控制气门开度较大,吸入的空气量较大,燃油吸入量多,做功较多,输出动力更大。在正常工作时,发动机进气量由 Valvetronic 控制,节气门全开。节气门只在发动机出现问题时进入紧急模式后才控制发动机进气量。由于节气门全开,使得空气进入气缸畅通无阻,不会在进气门背面产生负压,也极大地减少了发动机进气损失,最终达到提高燃油经济性和提升发动机效能的目的。

一、任务准备

1. 工作准备

洁具:准备□　清洁□

毛巾:准备□　清洁□

逃生门:位置明确□　通道畅通□

灭火器:红色□　黄色□　绿色□　处理意见:

5S：整理□　整顿□　清洁□　清扫□　素养□

2. 工具准备

常用工具一套、世达工具一套、标记笔一支、抹布若干。

3. 实训安排

（1）工作组。

每小组由 4～6 名学生组成，指定学生分别负责安全监督、项目实训、数据记录，其余学生观摩学习；教师负责安全与技术指导，组织学生轮换操作。

参照上述分工，本小组人员安排如下：

（2）工具、设备准备。

根据本次工作内容与目标，确定所需工具、设备为发动机拆装翻转台架一台。

4. 安全事项

（1）进入课堂必须着工作服且不允许穿拖鞋。□

（2）人身安全。□

（3）设备工具安全。□

二、实施步骤

图　　解	步骤、作业内容及技术要求
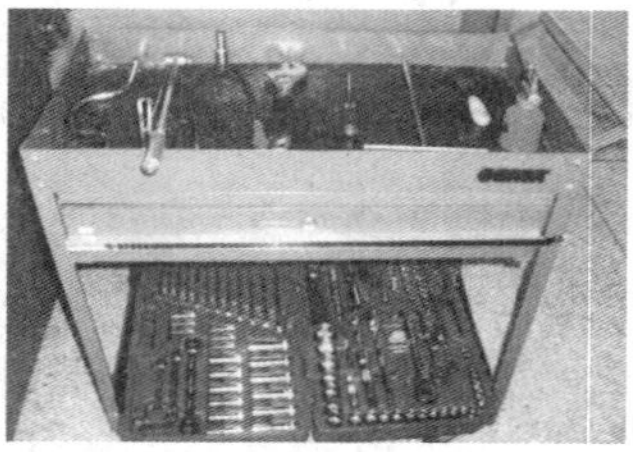	1. 准备工作。 （1）工具准备齐全，摆放整齐，场地保持清洁。 （2）备好常用拆装工具、工具柜、抹布若干以及维修手册。 （3）备好发动机台架。
	2. 拆卸配气机构。 （1）取下正时上罩盖。
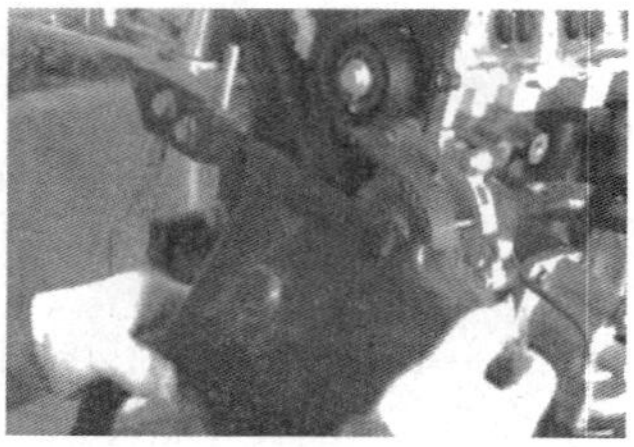	（2）取下正时下罩盖。

图　解	步骤、作业内容及技术要求
	（3）松开曲轴正时调整孔螺栓。
	（4）用发动机正时工具插入正时孔中并拧紧，用扳手转动曲轴带盘中的大螺母，使曲轴旋转。同时慢慢拧入发动机正时工具，直到曲轴不能转动为止。
	（5）松开张紧轮固定螺栓，取下张紧轮固定螺栓，并取下张紧轮。
	（6）取下正时带。 注意：取下正时带时，正时带运转方向以发动机曲轴运转方向和正时带箭头方向为参考。
	（7）用凸轮轴正时工具卡在凸轮轴的卡槽内。

续表

图解	步骤、作业内容及技术要求
	（8）用 18 号套筒松开凸轮轴正时齿轮的固定螺栓。
	（9）用十字旋具松开正时齿轮内挡板的固定螺栓。
	（10）取下正时齿轮内挡板。
	（11）按照由两边向中间对角的顺序，拆下凸轮轴轴承盖的固定螺栓。
	（12）取下凸轮轴轴承盖。

续　表

图　解	步骤、作业内容及技术要求
	（13）取出凸轮轴总成。
	（14）取出液压挺柱体。
	（15）用专用维修工具，压缩气门弹簧，并拆卸两个定位锁片。
	（16）拆卸弹簧座圈、气门弹簧、气门。所有拆下的零件按照顺序摆放好。
	（17）用专用工具拉出气门油封。用同样的方法拆卸其他弹簧座圈、气门弹簧、气门等部件，并依次放好。

续　表

图　解	步骤、作业内容及技术要求
	3. 配气机构的安装。 （1）安装气门油封。 （2）安装气门。 （3）安装气门弹簧。
	（4）安装气门弹簧上座、气门锁块。
	（5）安装液压挺柱和摇臂。
	（6）安装进气凸轮轴。
	（7）安装排气凸轮轴。

续 表

图 解	步骤、作业内容及技术要求
	（8）安装凸轮轴轴承盖及油封。
	（9）按照对角方向由中间向两端的顺序拧紧凸轮轴轴瓦盖螺栓。注意：力矩为(8.5±1.5) N·m。
	（10）装上内挡板，用十字旋具拧紧正时齿轮内挡板的固定螺栓。
	（11）安装凸轮轴正时齿轮，并拧上其固定螺栓。
	（12）安装惰轮，并拧上其紧固螺栓。

续 表

图 解	步骤、作业内容及技术要求
	（13）松开张紧轮固定螺栓，并转动到最小张紧位置。
	（14）安装正时带，转动张紧轮，转动到调整内六角和固定螺栓大约在同一水平线时停止，并拧紧固定螺栓。
	（15）安装正时下罩盖。
	（16）安装正时上罩盖。

三、清洁及整理

整理：所用工量具□

清洁场地：座椅□　地板□　工作台□　零件盘□　工位场地□

填写实验报告单。

任务二 气门组的检修

任务目标

- 认识气门组的作用以及组成。
- 掌握气门组的主要结构。
- 掌握气门组等零件的拆装及检修方法。

任务引入

汽车在运行时发现发动机气缸盖罩内有响声,并且越来越大,根据该车产生的故障现象,初步判断为配气机构响声,经停车拆检,气门摇臂上几乎无润滑油。判断故障原因为向气门摇臂供油的油道堵塞,气门摇臂与气门头处形成了干磨,从而出现响声。因此必须进行如下操作:

(1) 清洗油道并更换机油。

(2) 打开正时齿轮塞,拆下凸轮轴,更换新套。

为了解决上述问题,必须了解配气机构的拆装工艺。

必备知识

气门组在配气机构中相当于一个阀门,其作用是准时接通和切断进、排气系统与气缸之间的通道。气门组零件主要包括气门、气门座、气门导管和气门弹簧等,如图 3-16 所示。

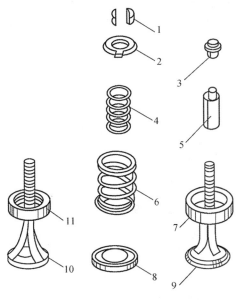

1—气门锁片;2—气门弹簧上座;3—气门油封;4—气门内弹簧;5—气门导管;6—气门外弹簧;
7—进气门座;8—气门弹簧下座;9—进气门;10—排气门;11—排气门座

图 3-16 气门组零件

一、气门的构造与维修

(一)气门的构造

气门由头部和杆部两部分组成,如图 3-17 所示,气门头部与气门座配合,可实现密封气缸的进、排气通道的作用,气门杆部则主要为气门的运动导向。

1. 气门头部

气门头部由顶部和密封锥面组成,如图 3-18 所示。

① 气门头部形状。气门头部形状一般有平顶、凹形顶和球面顶等。平顶结构的气门具有结构简单、制造方便、受热面积小等优点,多数发动机的进气门和排气门均采用此形状。凹形顶气门的进气阻力小、质量小,适合做进气门。球面顶气门的排气阻力小、耐高温能力强,适合做排气门。

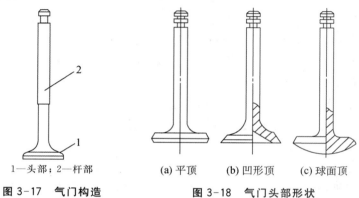

1—头部;2—杆部

图 3-17 气门构造　　　　图 3-18 气门头部形状

② 气门锥面与锥角。气门头部与气门座接触的工作面是与杆身同心的锥面。通常将这一锥面与气门顶平面的夹角称为气门锥角。气门锥角一般为 45°,有些发动机的进气门锥角为 30°,如图 3-19 所示。

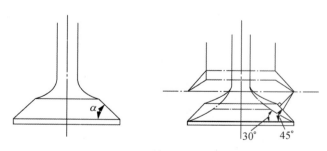

图 3-19 气门锥角

③ 气门头的边缘应保持一定的厚度,一般为 1~3 mm,以防止工作中被冲击损坏和被高温烧蚀。

2. 气门杆的构造

气门杆呈圆柱形,在气门导管中往复运动,表面经热处理后磨光,以保证与导管的配合精度。气门杆身的尾部形状主要取决于弹簧座在气门上的固定方式,如图 3-20 所示。

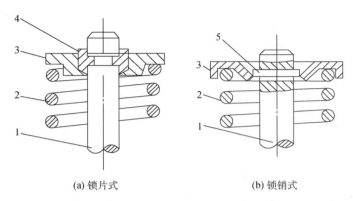

(a) 锁片式　　　　　(b) 锁销式

1—气门杆；2—气门弹簧；3—气门弹簧座；4—锁片；5—锁销

图 3-20　弹簧座在气门上的固定方式

(二) 气门的维修

1. 技术要求

气门的主要技术要求如下：

(1) 一般要求气门圆柱面高度，进气门不小于 0.6 mm，排气门不小于 1.0 mm。

(2) 气门杆磨损极限为不大于 0.08 mm。

(3) 气门杆与导管的配合间隙标准值，进气门为 0.03~0.10 mm，排气门为 0.05~0.10 mm；使用极限，汽油机为 0.2 mm，柴油机为 0.25 mm。

(4) 气门锥面工作面宽度标准值，汽油机进气门为 1.2~2.0 mm，排气门为 1.5~2.3 mm；使用极限，进气门为 2.5 mm，排气门为 3.0 mm。柴油机进气门为 2.0~2.5 mm，排气门为 2.5~3.0 mm；使用极限，进气门为 3.0 mm，排气门为 3.5 mm。

2. 气门的检修

气门的检修主要包括检视气门工作面磨损、烧蚀情况，测量气门杆磨损量和气门杆与导管的配合间隙，检视气门圆柱面高度。如果不符合技术要求，直接更换气门，一般不做修理。

3. 气门的拆装

如图 3-21 所示，拆装气门时，必须先使用专用气门拆装钳压缩气门弹簧，然后拆下或装上气门锁片或锁销，并慢慢放松气门弹簧即可，拆下的气门必须做好标记并按顺序摆放，以免破坏气门与气门座及气门导管的配合。气门锁片或锁销很小，应注意不要丢失。

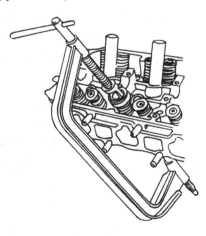

图 3-21　气门的拆装

4. 气门杆弯曲的检查与修理

对气门杆弯曲变形进行检查，如图 3-22 所示。若弯曲变形超过允许极限，应校正或更换气门。气门杆弯曲校正应在压床上进行冷压校正，方法是：使弯曲拱面向上，用压床使其产生反变形，校压量一般为实际弯曲变形量的 10 倍，保持 2 min。气门杆的弯曲变形量用直线度误差表示，一般应不大于 0.03 mm。

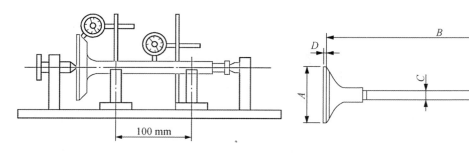

图 3-22 气门杆弯曲的检查

A—气门头部直径；B—气门总长度；
C—气门杆直径；D—气门头部厚度

图 3-23 气门尺寸

5. 气门磨损和烧蚀的检查与修理

气门磨损情况可通过测量各尺寸进行检查，如图 3-23 所示。若测得尺寸不符合规定，应更换气门。

二、气门导管的构造与维修

（一）气门导管的构造

气门导管的功用是给气门的运动导向，并将气门杆所承受的热量传给气缸盖。气门导管为一空心管状结构，气门导管压装在气缸盖上的导管孔中，其外圆柱面与导管孔的配合有一定的过盈量，以保证良好的传热性能和防止松脱。有些发动机为防止气门导管脱落，利用卡环对气门导管定位。气门导管的下端伸入气道，为减少对气流造成的阻力，将伸入气道的部分制成锥形。

气门导管内孔与气门杆之间为间隙配合，为防止润滑油从气门杆与气门导管的间隙中漏入燃烧室，在气门导管的上端安装气门油封，如图 3-24 所示。

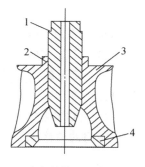

1—气门导管；2—卡环；
3—气缸盖；4—气门座

图 3-24 气门导管与气门座的构造

（二）气门导管的维修

1. 气门导管磨损的检查

气门导管磨损后会使其与气门杆的配合间隙增大，导致气门工作时摆动，关闭不严。气门导管的磨损情况可通过测量气门导管与气门杆配合间隙间接检查，配合间隙的检查有两种方法：

（1）直接测量气门导管内径和气门杆直径，并计算其配合间隙。

（2）先把气门安装在气门导管内，再将气门提起 10～15 mm（相对气缸盖平面），然后用百分表测量气门头部的摆动量，如图 3-25 所示。

2. 气门导管的更换

更换气门导管时，应用冲子和锤子将旧气门导管按规定方向（一般为气缸盖上方）拆出；如果旧气门导管装有限位卡环，拆卸前应先将其露出气门导管孔的部分敲断。此外，对于铝合金气缸盖，拆卸旧气门导管前还应加热气缸盖，以免气缸盖裂损。

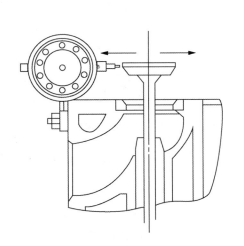

图 3-25　测量气门头部的摆动量

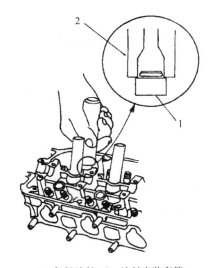

1—气门油封；2—油封安装套筒

图 3-26　气门油封的安装

拆下旧气门导管后，应根据新导管外径适当铰削气门导管孔，使气门导管与气门导管孔有适当的过盈量，一般为 0.015～0.065 mm。

安装新气门导管前，应先用 60 ℃～80 ℃ 的热水或喷灯加热气缸盖，然后用冲子和锤子将新气门导管敲入气门导管孔，气门导管伸出进、排气道的高度应符合规定。气门导管安装好后，应铰削气门导管内孔，使气门导管与气门杆配合间隙符合标准。

3. 气门油封的更换

润滑油无泄漏但消耗异常，一般是活塞与气缸配合间隙过大或气门油封漏油所致。更换气门油封时，应使用专用工具安装气门油封。

注意：有些发动机进气门油封与排气门油封是不同的，如广州本田轿车的进气门油封的弹簧为白色，而排气门油封的弹簧为黑色，安装时不能装错，如图 3-26 所示。

三、气门座的构造与维修

(一) 气门座的构造

进、排气道口直接与气门密封锥面接触的部位称为气门座，如图 3-27 所示。其功用是与气门配合，使气缸密封。

为保证气门与气门座可靠密封，气门座上加工有与气门相适应的锥面，气门座的锥面包括三部分，如图 3-28 所示。45°（或 30°）锥面是与气门密封锥面配合的工作面，宽度 b 为 1～3 mm，15°锥面和 75°锥面是用来修正工作面位置和宽度的。

(二) 气门座的维修

1. 气门座的铰削

气门座的铰削通常用气门座铰刀进行手工加工。气门座铰刀是由多只不同直径、不同锥角的铰刀组成的，如图 3-29 所示。

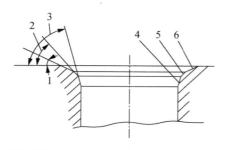 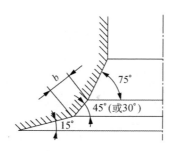

1—气门座端面斜角；2—气门座工作面斜角；3—气门座孔斜角；
4—气门座孔面；5—气门座工作面；6—气门座端面

图 3-27　气门座　　　　　　　　图 3-28　气门座锥面

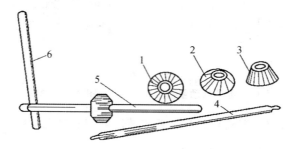

1、2、3——气门座铰刀；4—气门导管铰刀；5—铰刀；6—铰刀手柄
图 3-29　气门座与气门导管铰刀

气门座一般应先粗铰、后精铰，铰削方法如下：

（1）修理气门座前，应检查气门导管，若不符合要求，应先更换或修理气门导管，以保证气门座与气门导管的中心线重合。

（2）选择气门座铰刀。按气门头部直径和气门座各锥面角度，选择一组合适的气门座铰刀。按气门导管内径，选择合适的气门座铰刀杆，铰刀杆插入气门导管时应转动灵活而不松旷。

（3）先用 45°（或 30°）的粗铰刀加工气门座工作锥面，直到全部露出金属光泽为止。

注意：铰削时，两手握住手柄，垂直向下用力，并只做顺时针方向转动，不允许倒转或只在小范围内转动。

（4）用修理好的气门或新气门进行试配，根据气门密封锥面接触环带的位置和宽度进行铰削修正。若接触环带偏向气门杆部，应用 75°的铰刀修正；若接触环带偏向气门顶部，应用 15°的铰刀修正。铰削好的气门座工作面宽度应符合规定，接触环带应处在气门密封锥面中部偏气门顶的位置。

（5）最后用 45°的细铰刀精铰气门座工作锥面，并在铰刀下面垫上细砂布修磨。

2. 气门与气门座的研磨

（1）涂抹一层粗砂研磨膏于气阀锥面，气阀杆表面涂润滑油后，插入导管使气门落座。

（2）用捻子橡胶吸盘吸住气阀顶面，手持捻子柄，转动气阀研磨。在转动研磨的同时，快速提起和落下气阀。在一次转动捻子柄的过程中，气门在气门座上转动研磨一段弧度，又脱离气门座空转一段弧度，再次落座，方位改变后又研磨一段弧度，以保证周圈均匀研磨，同时避免气门锥面磨削过度形成沟槽。

（3）密封工作面均匀接触后，换用细砂研磨膏，用同样手法研磨。

（4）检视气门锥面，当形成一圈无间断、宽度一致、无明显沟槽的灰色无光环带时即停止研磨。

（5）最后用汽油清洗气阀和气阀座，不允许残留磨料。

3. 气门座圈的更换

若气门座损坏、严重烧蚀、松动或下沉 2 mm（指测量的气门顶部下沉量）以上，应更换气门座圈。若气门座是在气缸盖上直接加工的，则必须更换气缸盖。更换气门座圈时，对于铝合金气缸盖，不可用撬动的方法拆卸旧气门座圈，可用镗削加工的方法将旧气门座圈镗削只剩一薄层，此时可很容易地拆下旧气门座圈；也可将一合适的旧气门焊接到旧气门座圈上，然后敲击气门杆，拆下旧气门座圈。安装新座圈前，应对座孔加工，使新气门座圈与座孔的过盈配合量约为 0.08～0.12 mm。安装新座圈时，应将气门座圈放在固体二氧化碳（干冰）或液态氮中冷却，使其冷缩，然后再将气门座圈敲入座孔。

4. 气门密封性的检验

对气门密封性进行检验，通常有下列三种方法：

（1）在气门锥面上用软铅笔画许多素线，然后与气门座接触并转动气门，检视素线，若所画素线痕迹均被气门座工作面划断，表明符合要求；若有线条未断，表明该处密封不严。此法简称画线法。

（2）将研好的气门插入导管，用适当的力提起气阀，拍击气门座。检视气阀密封工作面，若留下明亮的连续光环，即达到密封要求。此法俗称拍打法。

（3）检查气门与气门座是否紧密接触，用煤油或汽油浇在气门顶面上，检视气门与气门座接触处有无明显渗漏，若无渗漏现象，即认为密封合格。此法又称浸油法。

四、气门弹簧的构造与检查

（一）气门弹簧的构造

气门弹簧的功用是使气门关闭并与气门座压紧，同时还可在气门开启或关闭过程中，使气门传动组零件紧密连接，防止因惯性力分离而产生异响。气门弹簧的类型如图 3-30 所示。

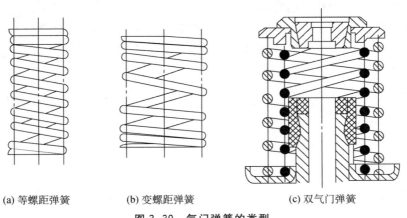

图 3-30 气门弹簧的类型

等螺距弹簧是最简单的一种弹簧,但使用中容易因震动而折断。变螺距弹簧各圈之间的螺距不相等,安装时其螺距较小的一端应朝向气缸盖。

采用内外两个气门弹簧时,两弹簧的旋向相反,以防止工作时一个弹簧卡入另一个弹簧中,一般内弹簧弹力比外弹簧小,如图 3-31 所示。

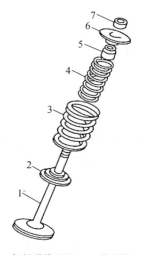

1—气阀;2—气阀弹簧下座;3—外弹簧;4—内弹簧;
5—气阀油封;6—气阀弹簧上座;7—弹簧座锁片

图 3-31 双气门弹簧

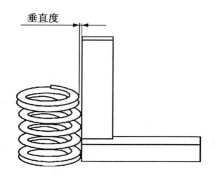

图 3-32 气门弹簧垂直度的检查

(二) 气门弹簧的检查

气门弹簧由于长期受压缩,产生塑性变形而导致自由长度变短、弹力减弱、簧身歪斜,严重时可能出现弹簧折断。对气门弹簧的检查主要有:观察有无裂纹或折断,测量弹簧自由长度和垂直度,测量弹簧弹力。气门弹簧不能维修,必要时只能更换。

气门弹簧的自由长度可用卡尺进行测量。对气门弹簧垂直度进行检查,如图 3-32 所示,气门弹簧的垂直度一般应不大于 1.5～2.0 mm。若气门弹簧的自由长度或垂直度不符合标准,应更换气门弹簧。

对气门弹簧的弹力进行检查,用检验仪对气门弹簧施加压力,在规定压力下的气门弹簧高度(或规定气门弹簧高度下的压力)应符合标准,否则应更换气门弹簧,如图 3-33 所示。

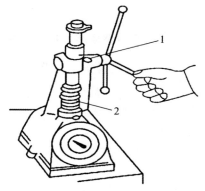

1—弹簧检测仪;2—气门弹簧

图 3-33 气门弹簧弹力的检查

任务实施

一、任务准备

1. 工作准备

洁具:准备□ 清洁□

毛巾：准备□　清洁□
逃生门：位置明确□　通道畅通□
灭火器：红色□　黄色□　绿色□　处理意见：
5S：整理□　整顿□　清洁□　清扫□　素养□

2. 工具准备

常用工具一套、世达工具一套、标记笔一支、抹布若干、百分表、游标卡尺、螺旋测微器（千分尺）、磁性表座、气门光磨机、铰刀、气门密封性检测仪、深度游标卡尺、台秤、直角尺。

3. 实训安排

（1）工作组。

每小组由 4~6 名学生组成，指定学生分别负责安全监督、项目实训、数据记录，其余学生观摩学习；教师负责安全与技术指导，组织学生轮换操作。

（2）工具、设备准备。

根据本次工作内容与目标，确定所需工具、设备为发动机拆装翻转台架一台、零件车一台、工具车一台、维修手册一套、测量工作台一个。

4. 安全事项

（1）进入课堂必须着工作服且不允许穿拖鞋。□
（2）人身安全。□
（3）设备工具安全。□

二、实施步骤

图　解	步骤、作业内容及技术要求
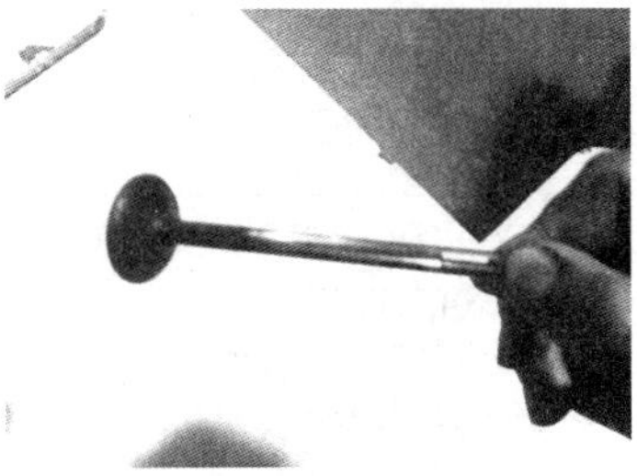	1. 气门的检修。 （1）外观检验。 　　观察气门是否有裂纹、破损或烧蚀现象，有则更换。
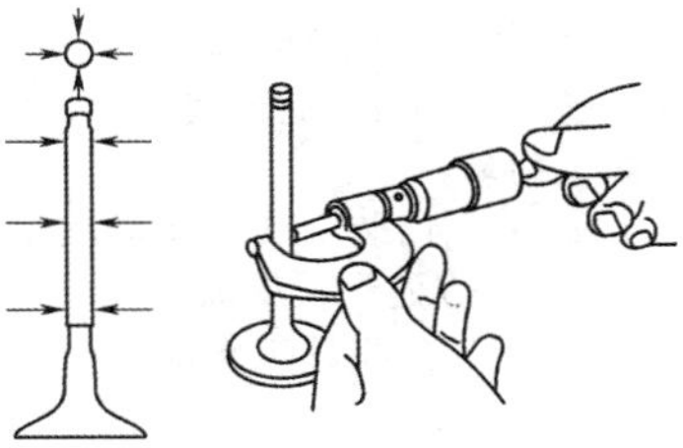	（2）气门杆磨损的检修。 　　气门杆磨损使用外径千分尺和游标卡尺测量。一般情况下，货车的气门杆的磨损量大于 0.01 mm、轿车的气门杆的磨损量大于 0.05 mm 或出现明显的台阶形磨损时，应更换气门。

续 表

图 解	步骤、作业内容及技术要求
	(3) 气门弯曲度的测量。 将气门支撑在两 V 形架上,用支撑钉顶住气门两端面。检查时将百分表触头与气门杆中间接触,转动气门杆一周,百分表摆差的一半即为气门杆的直线度误差。气门杆的直线度误差大于 0.05 mm 时应更换或校直。
	(4) 气门杆端面磨损的检修。 用 V 形架支撑气门杆,用百分表检查气门杆端面,百分表的摆差应不大于 0.03 mm。否则,可用气门光磨机将气门杆端面磨平。
	(5) 气门工作面磨损的检修。 主要检查气门的密封性,气门工作面的磨损超过极限时,可以用气门光磨机磨削后再进行研磨。
	2. 气门座的检修。 (1) 气门座外观的检修。 ① 外观检视气门座,如果气门座出现松动、下沉,则需要更换气门座。 ② 新座圈与座孔一般有 0.075～0.125 mm 的过盈量,将气门座圈镶入座圈孔内,通常采用冷缩法和加热法。 (2) 气门密封性的检查。 ① 将气缸盖倒置,气门放入气门座内,注入煤油检验。 ② 将气门装上气门弹簧,气缸盖侧置,从进、排气支管处注入煤油检验。 ③ 在气门头部工作锥面径向画铅笔线条检验。

续表

图　解	步骤、作业内容及技术要求
	④ 用气门密封检测仪检验气门密封性。
	（3）气门座的铰削。 ① 铰削气门座前，应检查气门导管，若不符合要求，应先更换或修理，以保证气门座与气门导管的中心线重合。 ② 按气门头部直径和气门座各锥面角度，选择一组合适的气门座铰刀。按气门导管内径，选择合适的气门座铰刀杆，铰刀杆插入气门导管时应转动灵活而不松旷。 ③ 先用45°的粗铰刀加工气门座工作锥面，直到工作面全部露出金属光泽。 注意：铰削时，两手握住手柄垂直向下用力，并只做顺时针方向转动，不允许倒转或只在小范围内转动。 ④ 然后用修理好的气门或新气门进行试配，根据气门密封锥面接触环带的位置和宽度进行调整铰削。接触环带偏向气门杆部，应用75°的铰刀铰削；接触环带偏向气门顶部，应用15°的铰刀修正。铰削好的气门座工作面宽度应符合规定，接触环带应处在气门密封锥面中部偏气门顶的位置。 ⑤ 最后用45°的细铰刀精铰气门座工作锥面，并在铰刀下面垫上细砂布修磨。
	（4）气门座的磨削。 气门座工作面也可用高速砂轮机进行磨削，它主要利用砂轮来代替铰刀，以小型电动机作为动力。用气门座磨光机磨气门座，速度快、质量高，对于磨削硬度高的气门座效果较好。

图　解	步骤、作业内容及技术要求
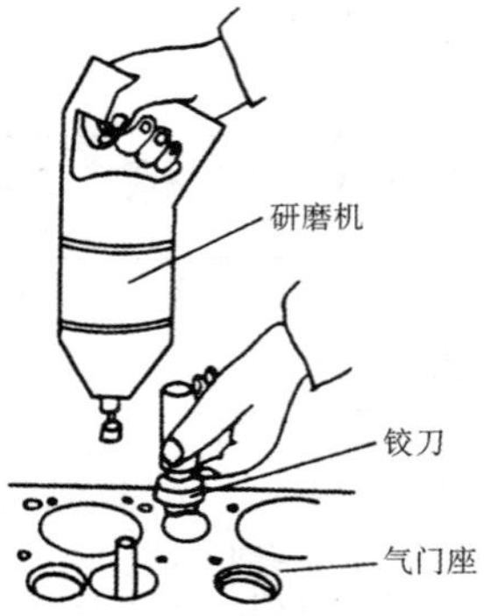 （研磨机、铰刀、气门座图示）	（5）气门座的研磨。 对于磨损较轻或气门斜面有轻微麻点或更换的气门以及经过铰削的气门座，通常都采用研磨的方法，来恢复它们配合的严密性。 ① 机动研磨法：在气门研磨机上进行。
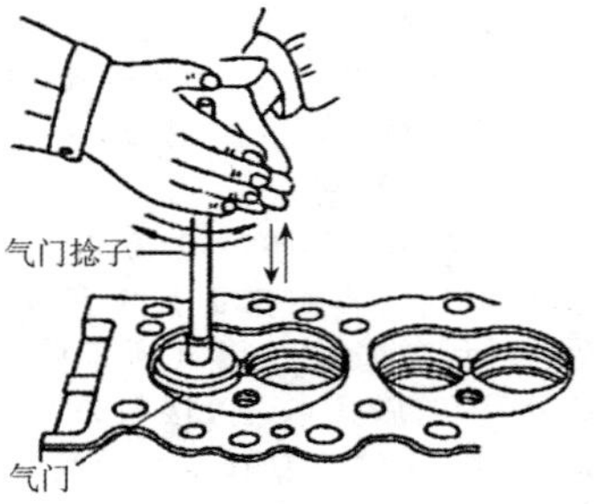 （气门捻子、气门手工研磨图示）	② 手工研磨法。 a. 研磨前，先将气门、气门座及气门导管内的积炭清除干净，并在气门上按顺序做好记号。 b. 在气门工作面上涂抹一层粗研磨砂，并在气门杆上涂上机油，然后将其插入导管内。 c. 研磨时，用手掌搓转气门捻子，带动气门在气门座上往复转动，进行研磨。 d. 当气门斜面与气门座磨出一条较整齐且无斑痕、麻点的接触环带时，洗去粗气门砂，涂上细气门砂继续研磨，等到气门斜面出现一条整齐的灰色环带时，洗去细气门砂，涂上机油继续研磨 5 min，就完成了研磨工作。研磨中，注意不要让研磨砂掉入气门导管内，以免气门杆与气门导管受到磨损。 e. 气门和气门座经过研磨后，需进行密封性能检查。
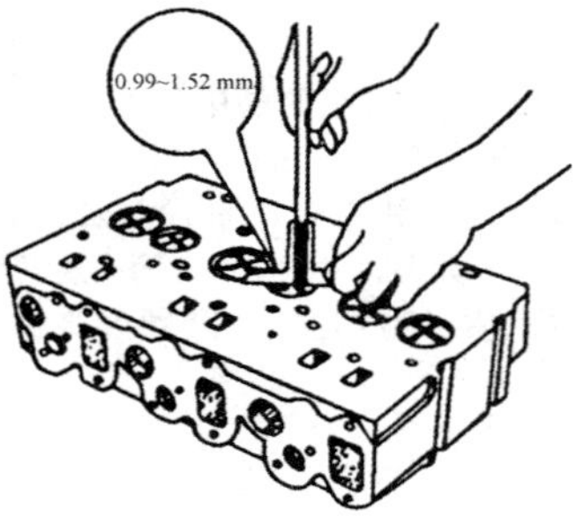 （0.99~1.52 mm 气门座圈下陷量测量图示）	（6）气门座圈下陷量的测量。 气门座经多次铰削或磨削，将导致气门与气门工作面下陷。 气门座圈下陷量的测量，可用深度游标卡尺测量气缸盖平面至气门顶平面的距离。当气门工作面下陷低于气缸盖 2 mm，或原气门座圈有裂纹、严重烧蚀或松动时，应重新镶配气门座圈。

续 表

图 解	步骤、作业内容及技术要求
	（7）气门座圈的镶配。 ① 取出旧气门座圈。 ② 检查气门座圈孔。 ③ 气门座圈与气门座圈孔为过盈配合。用冷镶法，过盈量为 0.05～0.15 mm。用热镶法，过盈量为 0.20～0.25 mm。镶入气门座圈后，上端面与基体平面平齐，高出平面部分应予修平。
	3. 气门导管的检修。 （1）气门杆与气门导管配合间隙的检查。 将气门提离气缸盖平面 15 mm 左右，用百分表触头抵在气门头的边缘处，然后左右摆动气门，百分表指针摆动读数的一半即为被测气门杆与导管的配合间隙。如该值超过使用极限时，应更换气门导管。
	（2）气门导管的镶配。 ① 选择新导管，要求导管的内径应与气门杆的尺寸相适应，其外径与导管承孔的配合应有一定的过盈。 ② 用直径小于导管外径 1.0～1.5 mm 的铜铣，压出或冲出气门导管，并清洁导管孔。 ③ 在选择好的新导管外面涂一层薄机油，然后用铜铣压入或冲入新导管。 ④ 镶入后，气门导管的压入深度 L 必须符合有关规定。
	（3）气门导管的铰削。 气门导管镶好后，应检查气门杆与气门导管的配合间隙是否符合要求，如果间隙小，可用气门导管铰刀进行铰削，以达到与气门杆的配合要求。铰削时，将铰刀放入孔内，铰刀要求正直，用扳钳夹手柄顺时针转动刀杆，双手用力要均匀，边铰边试配，直至达到规定的配合要求。
	4. 气门弹簧的检查与选配。 （1）外观检查。 从外观上检查气门弹簧是否有任何变形、裂纹或折断，如有则更换。

续　表

图　解	步骤、作业内容及技术要求
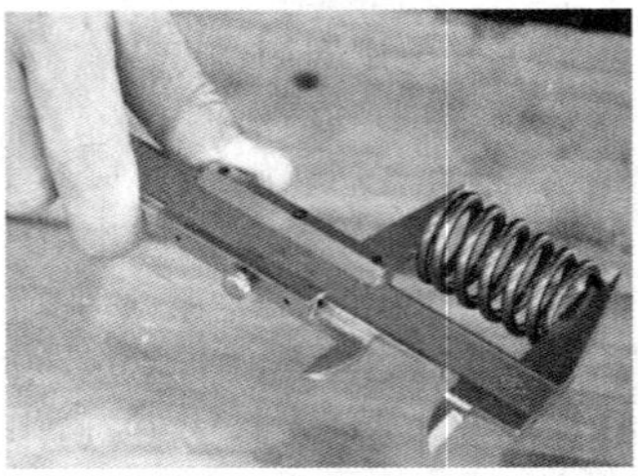	（2）气门弹簧自由长度的检查。 ① 新旧对比法。将标准弹簧与被测弹簧置于同一平板上，比较其长度差是否超出允许极限。 ② 用游标卡尺测量弹簧的自由长度。当自由长度减小值超过 2 mm 时，应予以更换。
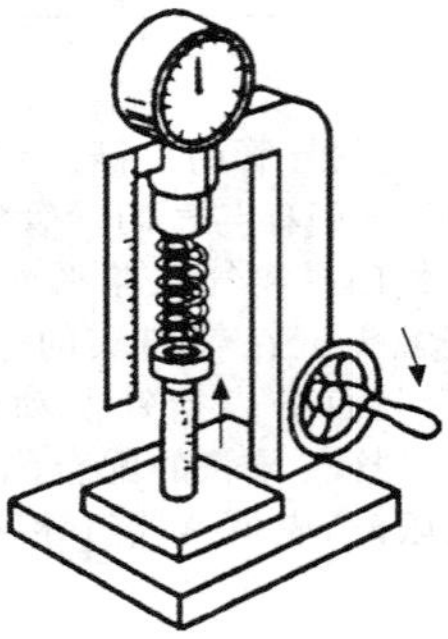	（3）弹簧弹力的测量。 用台秤测量弹簧弹力，将弹簧压至规定长度，台秤上所示弹力大小即为所测弹簧的弹力。
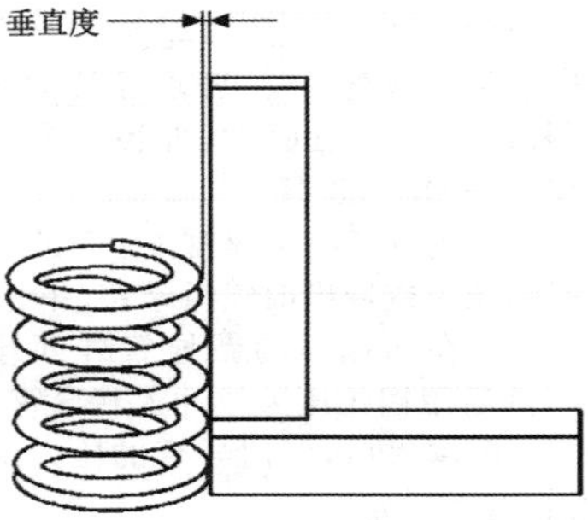	（4）气门弹簧弯曲和扭曲变形的检查。 将气门弹簧放置在平板上，用直角尺检查其弯曲量 δ 和扭曲变形。当 $\delta\leqslant1.5$ mm，弹簧轴线偏移 $\leqslant2°$ 时为合格，否则应更换。

三、清洁及整理

整理：所用工量具□

清洁场地：座椅□　地板□　工作台□　零件盘□　工位场地□

学生工作页

（1）进气门的修理尺寸（图 3-34）见下表。

进气门修理尺寸	α 为	
	a 最大为	
	b 最小为	
超过规定标准		

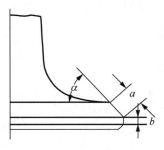

图 3-34　进气门修理尺寸

(2) 简述进、排气门修配注意事项。

(3) 用什么量具检查气门杆的弯曲度？

(4) 气门杆的弯曲度表针摆差限度（图 3-22）：

气门杆的弯曲度	表针摆差不得超过

(5) 气门杆的弯曲度表针摆差实测值：

气门杆的弯曲度实测值	表针摆差

(6) 气门杆的弯曲度表针摆差超过限度时：
使用千分表和 V 形铁，测量每个气门头部的径向圆跳动量：

气门头部的径向圆跳动量	不得大于

(7) 气门头部的径向圆跳动量实际测得值：

气门头部的径向圆跳动量	

(8) 当气门头部的径向圆跳动量超过规定限度时应如何维修？

(9) 测量每个气门头部的径向圆跳动量的目的是什么？

(10) 简述更换气门杆油封(在已装好的气缸盖上进行)的操作步骤。

(11) 简述液压挺柱的自由行程检查方法与步骤。

(12) 气门弹簧变弱,对发动机工作有何影响?

(13) 弹簧自由长度及弹簧预负荷检查:

项目	标准	限度
弹簧自由长度		
弹簧预负荷		

(14) 弹簧的垂直度检测:

气门弹簧的垂直度	不得大于								
气门弹簧的垂直度实际值									

(15) 在对气门导管检查前应做什么?

进气门导管磨损	极限值为(晃动量)
排气门导管磨损	极限值为(晃动量)

实际测量值:

进气门导管实际磨损	晃动量
进气门导管 1	
进气门导管 2	
进气门导管 3	
进气门导管 4	

排气门导管实际磨损	晃动量
排气门导管 1	
排气门导管 2	
排气门导管 3	
排气门导管 4	

（16）当磨损超过极限值时，应如何维修？

任务三　气门传动组的检修

任务目标

- 熟悉气门传动组的组成。
- 掌握气门传动组各组成部分的结构原理。
- 掌握气门传动组各组成部分的拆装及检测方法。

任务引入

正时齿轮啮合间隙过大，发动机怠速运转时，发出"嘎啦、嘎啦"的金属异响，转速越高，响声越大，高速时响声杂乱，不受断火和发动机温度的影响。当发动机怠速或用金属棒抵在齿轮室盖上听时，响声较为明显。严重时需换合适的齿轮副，以恢复其正常间隙。

必备知识

一、凸轮轴的构造与维修

气门传动组由凸轮轴、正时齿轮、挺柱、推杆、摇臂和摇臂轴等零件组成。在结构上应使进、排气门按规定的配气相位及时启闭，保证气门有足够的开度和适当的气门间隙。

（一）凸轮轴的构造

每根凸轮轴上的凸轮数量因发动机结构形式而异，如直列六缸发动机只装有一根凸轮轴，每个凸轮只驱动一个气门，每缸采用一进、一排两个气门，所以凸轮轴上有 12 个凸轮。凸轮可分为两类：驱动进气门的进气凸轮和驱动排气门的排气凸轮。各缸的进气凸轮（或排气凸轮）称为同名凸轮。以直列发动机为例，从凸轮轴前端看，同名凸轮的相对角位置按各缸做功顺序逆凸轮轴转动方向排列，夹角为做功间隔角的一半，做功顺序为 1→3→4→2 的直列四缸发动机和做功顺序为 1→5→3→6→2→4 的直列六缸发动机同名凸轮相对角位置如图 3-35 所示，根据这一规律可按凸轮轴转动方向和同名凸轮位置判断发动机做功顺序。异名凸轮相对角位置与凸轮转动方向及发动机的配气相位有关。

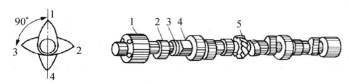

(a) 四缸发动机凸轮轴

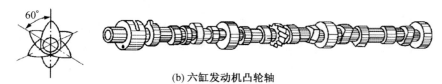

(b) 六缸发动机凸轮轴

1—凸轮轴轴颈；2、4—凸轮；3—偏心轮；5—齿轮

图 3-35 凸轮轴的构造

1. 凸轮轴的支承

在顶置配气机构中，安装凸轮轴的座孔和凸轮轴轴承一般为剖分式，凸轮轴各轴颈直径相等。有些凸轮轴的轴颈上加工有不同形状的油槽或油孔，如图 3-36 所示。

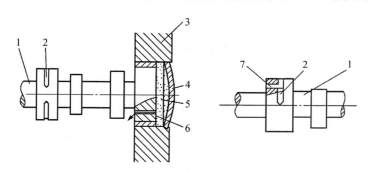

1—凸轮轴；2—节油槽；3—气缸体；4—油堵；5—空腔；6—泄油孔；7—油孔

图 3-36 凸轮轴上的油槽或油孔

2. 凸轮轮廓

气阀开启到关闭的持续时间必须符合配气相位的要求，这是由凸轮的轮廓来保证的，而且凸轮的轮廓还在很大程度上决定了气门的最大升程和升降运动规律。

3. 配气正时标记

在装配曲轴和凸轮轴时，要将正时齿轮上的标记对齐，如图 3-37 所示。

4. 凸轮轴轴向定位

为防止凸轮轴发生轴向窜动，凸轮轴都设有轴向定位装置。常见的凸轮轴轴向定位装置如图 3-38 所示，在凸轮轴第一道轴颈与正时齿轮之间装有隔圈，止动凸缘套在隔圈外面并用螺栓固定在气缸体上，这样当凸轮轴发生轴向窜动时，止动凸缘顶靠住正时齿轮的轮毂或凸轮轴第一道轴颈的端面，即起到了轴向定位的作用。为保证凸轮轴的正常转动，允许凸轮轴有一定的轴向窜动量，隔圈的厚度比止动凸缘厚度略厚，两者的差值即为凸轮轴的轴向间隙，此间隙一般为 0.08～0.11 mm。

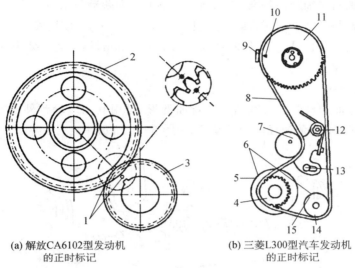

(a) 解放CA6102型发动机的正时标记　　(b) 三菱L300型汽车发动机的正时标记

1、5、6、9、10、15—标记；2—凸轮轴正时齿轮；3—曲轴正时齿轮；
4—油泵齿形带轮；7—张紧器；8—齿形带；11—凸轮轴齿形带轮；
12—张紧器安装螺母；13—张紧器调整螺栓；14—曲轴齿形带轮

图 3-37　配气正时标记

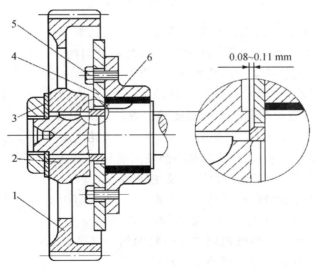

1—正时齿轮；2—正时齿轮轮毂；3—锁紧螺母；4—止推突止推突缘；5—固定螺栓；6—隔圈

图 3-38　凸轮轴轴向定位的结构

（二）凸轮轴的维修

1．凸轮轴的技术要求

凸轮轴的主要技术要求如下：

(1) 凸轮高度磨损比原设计标准值减小 1.0 mm 左右。

(2) 驱动分电器的齿轮齿厚,因磨损比标准值减薄 0.50 mm 左右。

(3) 驱动汽油泵的偏心轮磨损小于 0.8 mm。

(4) 以凸轮轴两端轴颈为基准,中间凸轮轴颈的径向跳动使用极限为 0.10 mm。

(5) 凸轮轴轴颈与轴承的配合间隙一般为 0.03~0.07 mm,使用极限为 0.15 mm。

(6) 与轴承孔的配合尺寸,铸铁基体为 0.05~0.13 mm,铝合金基体为 0.03~0.07 mm。

(注:基体指缸体或缸盖)

2. 凸轮轴的检修

(1) 凸轮轴弯曲的检修。检查凸轮轴弯曲变形,可用其两端轴颈外圈或两端的中心孔作基准,测量中间一道轴颈的径向圆跳动量,如图 3-39 所示。

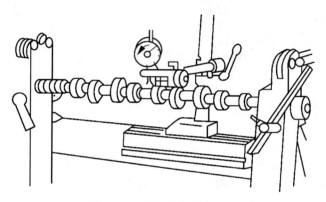

图 3-39 凸轮轴弯曲的检修

(2) 凸轮磨损的检修。凸轮的常见故障有表面磨损、擦伤和麻点剥落等,其中以磨损最为常见。凸轮的磨损是不均匀的,一般凸轮的顶尖附近磨损较严重。凸轮磨损后,凸轮高度减小,会使气门的最大升程减小,影响发动机工作时的进、排气阻力。因此,凸轮的磨损程度可通过测量凸轮的高度(H)或凸轮升程(h)来检查,凸轮的高度(H)和升程(h)如图 3-40 所示。凸轮高度可用外径千分尺或游标卡尺测量,凸轮升程为凸轮高度与基圆直径(D_0)之差。凸轮高度或升程若超过允许极限,应更换凸轮轴。

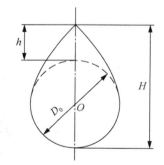

图 3-40 凸轮的高度(H)和升程(h)

(3) 凸轮轴轴向间隙的检查。如图 3-41 所示,拆下气门传动组其他零件后,用百分表测头抵在凸轮轴端,前后推拉凸轮轴,百分表指针的摆动量即为凸轮轴轴向间隙。凸轮轴轴向间隙若超过允许极限,可减小隔圈的厚度或更换止动凸缘。

(4) 凸轮轴轴颈及轴承的磨损情况可通过测量其配合间隙来检查,凸轮轴轴承间隙可参照曲轴轴承间隙检查方法进行检查。

有些发动机的凸轮轴轴颈允许修磨,当凸轮轴轴承间隙超过允许极限时,可磨削凸轮轴轴颈,并选配同级修理尺寸的凸轮轴轴承。

多数发动机凸轮轴轴颈和轴承无修理尺寸,当轴承间隙超过其允许极限时,必须更换凸

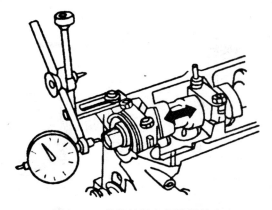

图 3-41 凸轮轴轴向间隙的检查

轮轴或凸轮轴轴承,必要时两者一起更换。对无凸轮轴轴承的,若凸轮轴座孔磨损严重,只能更换气缸体或气缸盖。

二、挺柱的构造与维修

挺柱可分为普通挺柱和液力挺柱两种,其功用一般都是与凸轮轴直接接触,将凸轮的推力传递给推杆或气门。

(一)普通挺柱的构造与维修

1. 普通挺柱的构造

普通挺柱一般应用在下置凸轮轴式配气机构或侧置凸轮轴式配气机构中,普通挺柱的构造如图 3-42 所示。普通挺柱一般为筒式结构,在发动机工作时挺柱底部与凸轮接触,为使挺柱底部磨损均匀,挺柱底部的工作面制成球面。挺柱的下端设有油孔,以便将漏入挺柱内的润滑油排出到凸轮上进行润滑。普通挺柱内孔的底部也制成球面,它与推杆下端的球面接触,以降低磨损。

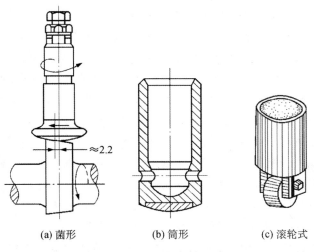

(a) 菌形　　(b) 筒形　　(c) 滚轮式

图 3-42 普通挺柱的构造

有些发动机采用可拆式挺柱导向体,如图 3-43 所示。在挺柱导向体与气缸体之间设有定位套。

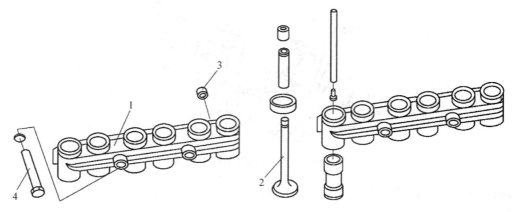

1—挺柱导向体;2—气门;3—定位套;4—螺栓
图 3-43 可拆式挺柱导向体

2. 普通挺柱的维修

普通挺柱的常见损伤是工作面损伤或磨损。挺柱外表圆柱工作面和底部工作面有轻微的损伤或麻点,可用油石修整。若发现挺柱有裂纹、工作面严重刮伤或偏磨,应及时更换。挺柱与其导向孔的配合间隙若超过允许极限,也应及时更换挺柱。

(二)液力挺柱的构造与维修

1. 液力挺柱的构造

液力挺柱能自动保持配气机构无间隙传动,从而降低噪声和磨损,而且不需调整气门间隙,在轿车发动机上应用非常广泛。

常见的液力挺柱结构如图 3-44 所示。柱塞装在挺柱体内,压装在柱塞上端的推杆支座将柱塞内腔上端封闭;柱塞弹簧将柱塞向上顶起,通过卡环来限制柱塞的最高位置;柱塞下端的单向阀架内装有单向阀,碟形弹簧使单向阀封闭柱塞内腔下端。

发动机工作时,润滑油经油道供给液力挺柱,通过挺柱体和柱塞侧面的油孔使挺柱柱塞内腔经常充满油液。液力挺柱安放在挺柱导向孔内,下端直接与凸轮接触,推杆下端支撑在挺柱上的推杆支座上。当气门处于关闭状态时,柱塞弹簧使柱塞连同推杆支座与推杆压紧,以消除配气机构的间隙,但由于气门弹簧的弹力较大,所以气门不会被顶开;同时,柱塞内腔的油液顶开单向阀,使柱塞下面的挺柱体内腔也充满油液。

当凸轮顶起挺柱体时,气门弹簧的弹力通过推杆反作用在柱塞上,由于单向阀的作用,使油液不能从挺柱体内腔流回柱塞内腔,所以挺柱体内腔油压升高,而液体的不可压缩性使挺柱将凸轮的推力传递给推杆,并通过摇臂使气门开启。在气门开启过程中,挺柱体内腔的油液会有少量从柱塞与挺柱体之间的间隙中泄漏,但不会影响配气机构的正常工作,而且在气门关闭后,挺柱体内腔油液会立即得到补充,使配气机构保持无间隙传动。

当配气机构零件受热膨胀时,挺柱体内腔的部分油液从间隙中被挤出,挺柱体内腔容积减小,挺柱自动"缩短"。反之,当配气机构零件冷缩时,柱塞弹簧顶起柱塞,挺柱体内腔容积增大，气门关闭后，增加向挺柱体内腔的补油量，液力挺柱自动"伸长"。因此，液力挺柱能自动补偿配气机构零件的热胀冷缩，始终保持无间隙传动。

在无摇臂总成的顶置凸轮轴式配气机构中，液力挺柱安装在凸轮与气门之间，此种液力挺柱的结构如图3-44所示。挺柱体由上盖与挺柱身焊接而成，柱塞与挺柱体上盖为一体；柱塞内腔通过键形槽与低压油腔连通，柱塞与液压缸间隙配合并构成高压油腔，柱塞底部加工有为高压油腔补充油液的油孔，此油孔靠球阀在补偿弹簧作用下关闭；液压缸外圆柱面与挺柱体内的导向孔间隙配合。其工作原理与前述液力挺柱基本相似，发动机工作时，各油腔内充满油液，凸轮顶动挺柱时，利用高压油腔内的油液将力传给液压缸，从而使气门开启；零件受热膨胀时，高压油腔内的油液被从柱塞与液压缸的配合间隙中挤出，挺柱自动"缩短"；气门关闭后或零件冷缩时，利用补偿弹簧使液压缸和挺柱体分别与气门和凸轮紧密接触，保持配气机构无间隙传动；高压油腔内油液不足时，气门关闭，低压油腔内的油液会顶开球阀，及时向高压油腔补充油液，如图3-45所示。

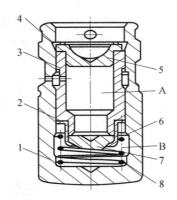

1—挺柱体；2—单向阀架；3—柱塞；4—卡环；5—推杆支座；6—碟形弹簧；7—单向阀；8—柱塞弹簧
A—柱塞内腔；B—挺柱体内腔

图 3-44 常见的液力挺柱结构

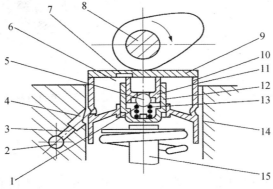

1—高压油腔；2—缸盖油道；3、4—量油孔；5—球阀；6—低压油腔；7—键形槽；
8—凸轮轴；9—挺柱体；10—柱塞焊缝；11—柱塞；12—油缸；13—补偿弹簧；14—缸盖；15—气门杆

图 3-45 液力挺柱的构造

液力挺柱的工作过程如图3-46所示。

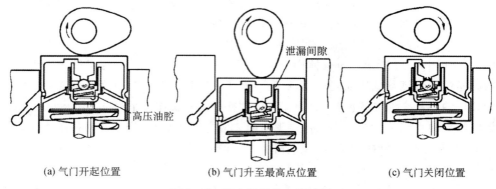

(a) 气门开起位置　　(b) 气门升至最高点位置　　(c) 气门关闭位置

图 3-46　液力挺柱的工作过程

2. 液力挺柱的维修

液力挺柱的常见故障有外表工作面磨损或损伤、挺柱内部配合表面磨损导致密封不良等。维修时,除按普通挺柱的检查项目和方法对液力挺柱体外表工作面的损伤情况、液力挺柱体与导向孔的配合间隙进行检查外,还需对液力挺柱进行密封性检查。液力挺柱密封性的检验如图 3-47 所示。

有些发动机规定用测量液力挺柱自由行程的方法检验其密封性,检验应在发动机熄火后立即进行,如图 3-48 所示,用塞尺测量挺柱与凸轮之间的间隙。若间隙超过 0.1 mm,应更换该液力挺柱。

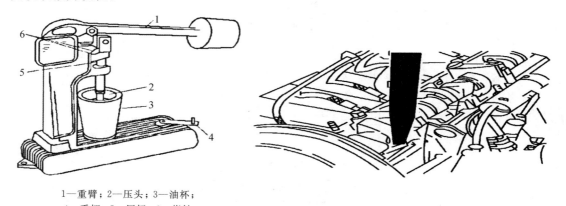

1—重臂;2—压头;3—油杯;
4—手柄;5—压杆;6—指针

图 3-47　液力挺柱密封性的检验　　　图 3-48　液力挺柱自由行程的检查

三、推杆的构造与维修

(一) 推杆的构造

下置凸轮轴式配气机构和侧置凸轮轴式配气机构中一般都设有推杆,推杆位于挺柱与摇臂之间,它是气门机构中最易弯曲的零件,且有很高的刚度,在载荷大的发动机中,推杆应尽量地做得短些。其功用是将挺柱的推力传给摇臂。推杆的类型如图 3-49 所示。

钢制实心推杆如图 3-49(a)所示,一般是同球形支座锻成一个整体,然后进行热处理。由硬铝棒制成的推杆如图 3-49(b)所示,推杆两端配以钢制的支承。图 3-49(c)、(d)都是由钢管制成的推杆。前者的球头直接锻成,然后经过精磨加工。后者的球支承则是压配的,并经淬火和磨光,以保证其耐磨性。

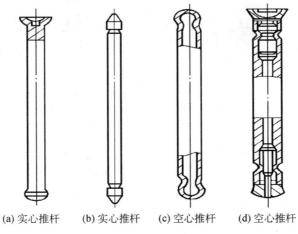

(a) 实心推杆　　(b) 实心推杆　　(c) 空心推杆　　(d) 空心推杆

图 3-49　推杆的类型

(二)推杆的维修

推杆的常见损伤是端头磨损或杆身弯曲。检查推杆两端头,若磨损严重或有损伤,应更换推杆。推杆可在平板上来回滚动并用塞尺测量其弯曲变形量,也可用百分表检查推杆的弯曲变形量,当推杆弯曲超过允许极限时,应校正或更换推杆。

四、摇臂总成的构造与维修

(一)摇臂总成的构造

摇臂总成的功用是改变气门传动组的推力方向并驱动气门开启。可通过选择摇臂两端的长度,在气门升程一定时减小凸轮升程,同时气门间隙的调整也比较方便。长、短臂臂长的比值(称为摇臂比)为 1.2~1.8。摇臂的长臂端用来推动气阀,短臂端通过气阀间隙调整螺钉与推杆接触,如图 3-50 所示。

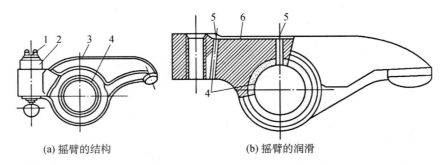

(a) 摇臂的结构　　　　　　　(b) 摇臂的润滑

1—气阀间隙调整螺钉;2—锁紧螺母;3—摇臂体;4—摇臂衬套;5—油孔;6—油槽

图 3-50　摇臂的构造

摇臂总成的拆解如图 3-51 所示。

摇臂通过衬套空套在摇臂轴上,摇臂轴通过支座固定在缸盖上。为防止摇臂轴向窜动,

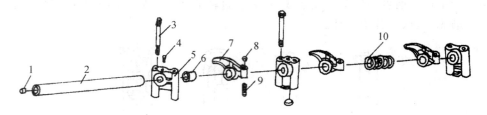

1—碗形塞；2—摇臂轴；3—螺栓；4—摇臂轴紧固螺钉；5—摇臂轴支座；
6—摇臂衬套；7—摇臂；8—锁紧螺母；9—气阀间隙调整螺钉；10—定位弹簧

图 3-51　摇臂总成的拆解

每两摇臂之间装有定位弹簧。摇臂轴为空心管状结构，润滑油从缸体上的主油道经缸体、缸盖和支座中的油道进入摇臂轴内（该轴两端用碗形塞堵死），然后经摇臂轴上的径向孔进入摇臂与轴之间进行润滑。摇臂支承孔则有油孔通向油槽，润滑油可顺此油槽流向摇臂两端，润滑两端的接合面。摇臂轴支座并非都有油道，不可装错。

（二）摇臂总成的维修

摇臂总成分解后，主要进行以下检查：

（1）检查摇臂球面接触部位的磨损情况，若有轻微的磨损沟痕，可用油石或磨光机进行修磨，磨损严重时应更换摇臂。

（2）对安装有气门间隙调整螺钉的摇臂，检查调整螺钉、锁紧螺母和摇臂上的螺孔是否完好，若有损坏应更换。

（3）对带滚动轴承的浮动式摇臂，检查其轴承，若磨损严重或损坏，应更换摇臂。

（4）对安装在摇臂轴上的摇臂，测量摇臂衬套内径和摇臂轴外径，检查其配合间隙，若间隙超过允许极限，应更换零件或总成。

（5）检查摇臂轴的弯曲变形，若超过允许极限，应校正或更换摇臂轴。

任务实施

一、任务准备

1. 工作准备

洁具：准备□　清洁□

毛巾：准备□　清洁□

逃生门：位置明确□　通道畅通□

灭火器：红色□　黄色□　绿色□　处理意见：

5S：整理□　整顿□　清洁□　清扫□　素养□

2. 工具准备

常用拆装工具一套、游标卡尺、内径量表、外径千分尺、V形铁两对、测量工作台、标记笔一支、抹布若干。

3. 实训安排

（1）工作组。

每小组由 4～6 名学生组成,指定学生分别负责安全监督、项目实训、数据记录,其余学生观摩学习;教师负责安全与技术指导,组织学生轮换操作。

参照上述分工,本小组人员安排如下:

(2) 工具、设备准备。

根据本次工作内容与目标,确定所需工具、设备为发动机台架一个、零件车一台、工具车一台、维修手册一套。

4. 安全事项

(1) 进入课堂必须着工作服且不允许穿拖鞋。□

(2) 人身安全。□

(3) 设备工具安全。□

二、实施步骤

图　解	步骤、作业内容及技术要求
	1. 凸轮轴及轴承的修理。 (1) 凸轮轴外观的检查。 ① 检查凸轮工作面有无擦伤、疲劳剥落现象。 ② 如果擦伤是沿滑动方向产生的小痕迹,而后发展成为严重的黏着损伤时应更换。
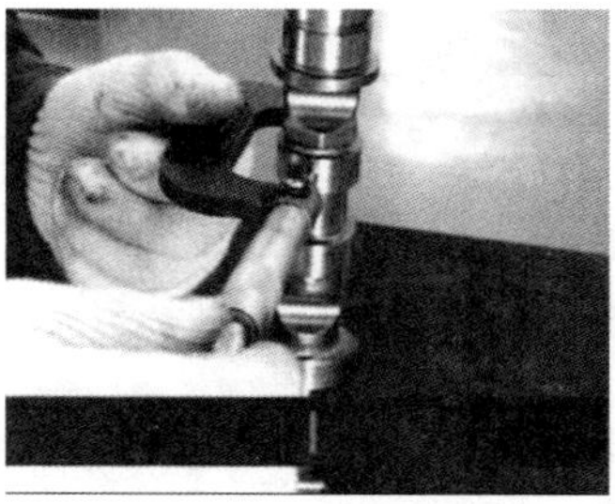	(2) 凸轮轴凸轮高度的检查。 用外径千分尺测量凸轮轴凸轮的高度,如果凸轮的高度低于允许值,应更换凸轮轴。
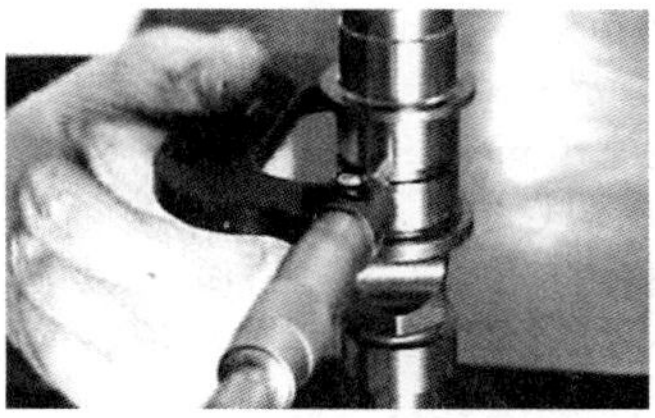	(3) 凸轮轴主轴颈磨损的检查。 检查凸轮轴主轴颈磨损情况,先用外径千分尺分别测量各主轴颈的圆度和圆柱度,若其误差超过 0.015 mm,应进行修复。修复方法可以通过涂镀后磨削或更换新件。

续 表

图　解	步骤、作业内容及技术要求
	（4）凸轮轴弯曲度的检查。 检查凸轮轴的弯曲度，可用百分表检查，以两端轴颈为支撑，检查中间两轴颈的径向圆跳动。如果不大于 0.05 mm 时，可不修理。
	（5）凸轮轴轴向间隙的检查。 首先拆去桶形挺柱，装好 1 号和 5 号轴承盖，用百分表水平抵住凸轮轴一端，测其轴向间隙。若超过 0.15 mm，则应修理或更换。
	（6）凸轮轴油膜间隙的检测。 把凸轮轴放置在气缸盖轴承座上，在各轴颈表面按轴向位置放上一小段塑料线规，装上轴承盖并按规定力矩紧固螺栓。重新拆下轴承盖，通过规尺确定油膜间隙的大小。
	2. 气门挺柱的检修。 （1）机械挺柱的检修。 （2）外观检查。 （3）当挺柱底部出现裂纹、疲劳剥落、擦伤划痕时，应更换。
	（4）挺柱与导管孔的配合间隙检查。 当挺柱与导孔的配合间隙过大时，应更换挺柱或导孔支架。 （5）液力挺柱的检修。 ① 液力挺柱与承孔的配合间隙一般为 0.01～0.04 mm，使用极限为 0.10 mm。逾期后应更换液力挺柱。 ② 液力挺柱的密封性检查。 液力挺柱的柱塞和油缸是一对精密偶件，其配合间隙不得超过 0.005 mm。若间隙过大，工作中液压油过度渗漏，会影响挺柱的正常工作长度。

续 表

图 解	步骤、作业内容及技术要求
	3. 气门推杆的检查。 （1）检查推杆杆身，表面应光滑、平直，不得有锈蚀及裂纹现象。 （2）检查气门推杆弯曲度，测量其弯曲度误差应不大于 0.30 mm，如超过规定值，应进行冷压校直。 （3）上端凹球端面和下端凸球面半径磨损应控制在 −0.01～+0.03 mm 之间。
	4. 摇臂和摇臂轴的检查。 （1）摇臂外观的检查。
	摇臂头部柱面在工作中不断与气门杆发生撞击、摩擦，易产生磨损或凹坑。 （2）摇臂和摇臂轴之间间隙的检查。 ① 用手感检查摇臂与摇臂轴的配合情况。
	② 用内径量表检查摇臂孔的直径。
	③ 用外径千分尺测量摇臂轴的直径。 ④ 计算摇臂轴和摇臂孔之间的间隙。若摇臂轴轴颈磨损量大于 0.02 mm，与摇臂的配合间隙大于 0.10 mm，应换用新件或采用涂镀法修复。 ⑤ 检查摇臂轴的弯曲变形情况，其弯曲度误差应不大于 0.20 mm，若超过此值，应冷压校直，校正后的弯曲度误差在 100 mm 长度上应不大于 0.03 mm。

续表

图 解	步骤、作业内容及技术要求
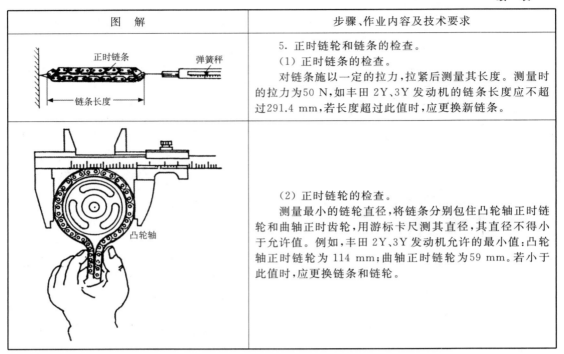	5. 正时链轮和链条的检查。 (1) 正时链条的检查。 　　对链条施以一定的拉力,拉紧后测量其长度。测量时的拉力为50 N,如丰田2Y、3Y发动机的链条长度应不超过291.4 mm,若长度超过此值时,应更换新链条。 (2) 正时链轮的检查。 　　测量最小的链轮直径,将链条分别包住凸轮轴正时链轮和曲轴正时齿轮,用游标卡尺测其直径,其直径不得小于允许值。例如,丰田2Y、3Y发动机允许的最小值:凸轮轴正时链轮为114 mm;曲轴正时链轮为59 mm。若小于此值时,应更换链条和链轮。

三、清洁及整理

整理:所用工量具□

清洁场地:座椅□　地板□　工作台□　零件盘□　工位场地□

学生工作页

(1) 检查凸轮轴的同轴度(图3-52):

凸轮轴同轴度	允许极限值为
	实际测得值为

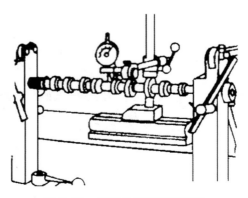

图3-52　检查凸轮轴的同轴度

110

(2) 检查凸轮轴的轴向间隙(图 3-53)：

凸轮轴轴向间隙	允许极限值为
	实际测得值为

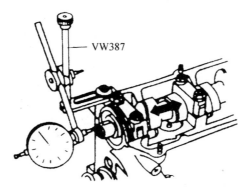

图 3-53 检查凸轮轴的轴向间隙

(3) 凸轮轴过度磨损或弯曲，发动机工作时有何现象？

(4) 凸轮轴磨损发生在哪些部位？

(5) 测量凸轮轴凸轮型面的磨损：

型面高度	标准	限度
进、排气凸轮		

测量值：

型面高度	
进、排气凸轮	
进、排气凸轮	
进、排气凸轮	
进、排气凸轮	
进、排气凸轮	
进、排气凸轮	
进、排气凸轮	
进、排气凸轮	

(6) 测量凸轮轴轴颈的磨损：

项目	标准	限度
凸轮轴径向配合间隙		
凸轮轴轴颈直径	孔直径	凸轮轴径向配合间隙
a		
b		
c		
d		
e		
f		

(7) 气门间隙的调整。

① 按图 3-54 说明，掌握用二次调整法调整四缸发动机气门间隙的方法。

1 缸压缩上止点时可调气门为： 1 缸进排，3 缸排，4 缸无，2 缸进 1　　3　　4　　2 双排不进	4 缸压缩上止点时可调气门为： 1 缸无，3 缸进，4 缸进排，2 缸排 1　　3　　4　　2 不进双排

图 3-54　二次调整法

② 调整 5A 发动机气门间隙。

标准间隙：进气门 0.15～0.25 mm（取 0.20 mm），排气门 0.25～0.35 mm（取 0.30 mm）。

计算公式如下：

新气门垫片厚度(N)＝原气门垫片厚度(T)＋原气门间隙(A)－标准气门间隙

进气：$N=(T+A-0.20)$ mm，排气：$N=(T+A-0.30)$ mm

气缸类别	第　　缸			
气门类别	进 1	进 2	排 1	排 2
原气门间隙				
原气门垫片厚度				
新气门垫片厚度				

文明生产要求：使用量具轻拿轻放，使用后擦拭干净并收回盒中，工件、量具、标准量块不得落地，工作完毕，清理、清扫场地。

学后测评

一、选择题

1. 桑塔纳的配气机构的型式属于（　　）。
   A. 顶置式　　　　B. 中置式　　　　C. 下置式　　　　D. 以上都不对

2. 四冲程发动机曲轴，当其转速为 3 000 r/min 时，同一气缸的进气门，在 1 min 内开闭次数应该是（　　）。
   A. 3 000　　　　B. 1 500　　　　C. 750　　　　D. 1 000

3. 曲轴正时齿轮与凸轮轴正时齿轮的传动比是（　　）。
   A. 1∶1　　　　B. 1∶2　　　　C. 2∶1　　　　D. 3∶1

4. 桑塔纳发动机由曲轴到凸轮轴的传动方式是（　　）。
   A. 正时齿轮传动　　　　　　　　B. 链传动
   C. 齿形带传动　　　　　　　　　D. 以上都不对

5. 一般发动机的凸轮轴轴颈是（　　）设置一个。
   A. 每隔一个气缸　　　　　　　　B. 每隔两个气缸
   C. 每隔三个气缸　　　　　　　　D. 以上都不对

二、判断题

1. 排气门的材料一般要比进气门的材料好些。　　　　　　　　　　　　（　　）
2. 下置、中置凸轮轴配气机构大多采用圆柱形正时齿轮传动。　　　　　（　　）
3. 按气门布置位置不同，可分为齿轮传动式、链条传动式、同步齿形带传动式等。
    　　　　　　　　　　　　　　　　　　　　　　　　　　　　　　　（　　）
4. 按凸轮轴位置不同，可分为下置凸轮轴式、中置凸轮轴式和上置凸轮轴式。（　　）

三、简答题

1. 配气机构的具体作用是什么？

2. 现代汽车发动机为何几乎都采用顶置式气门配气机构？

项目四 可燃混合气的形成与燃烧机理

项目描述

可燃混合气是指由气态燃油与空气组成的一种混合气,其组成和状态应能保证它在气缸内易于发火燃烧。混合气成分对发动机的动力性、经济性与排放性等有很大的影响,因此要保证车用汽油机在各种工况下都能供给适当浓度的可燃混合气,以提高发动机的经济性和动力性。

点火时刻也对发动机的动力、油耗、排放污染等产生影响,因此,为了满足各种工况的要求,使发动机工作时其动力性和经济性达到最佳、排放污染最小,还必须控制可燃混合气的发火时刻。

学习目标

1. 知识目标

（1）了解发动机各工况对可燃混合气浓度的要求。
（2）能熟练掌握电控燃油喷射系统的组成及工作原理。
（3）能熟练掌握主要传感器的结构特点和工作原理。
（4）能熟练掌握执行器的结构和工作原理。
（5）了解可燃混合气的燃烧过程。
（6）能熟练掌握电控点火系统的组成及工作原理。
（7）能熟练掌握电控点火系统主要元件的功用、结构。

2. 技能目标

（1）能建立对燃料供给系统的整体认识。
（2）能建立对电控点火系统的整体认识。

任务一 可燃混合气的形成与结构认知

任务目标

- 了解发动机各工况对可燃混合气浓度的要求。

项目四 可燃混合气的形成与燃烧机理

- 能熟练掌握电控燃油喷射系统的组成及工作原理。
- 能熟练掌握主要传感器的结构特点和工作原理。
- 能熟练掌握执行器的结构和工作原理。

任务引入

客户报修:售后服务经理接到客户张先生反映,他的汽车出现动力不足的现象,经排查,发现是节气门位置传感器故障,需要更换。制订更换节气门位置传感器的计划,完成此任务,提交一份执行报告并归档。

必备知识

一、可燃混合气

汽油在燃烧前必须与空气形成可燃混合气,可燃混合气是按一定比例混合的汽油与空气的混合物。其成分对发动机的动力性、经济性与排放性等都有很大的影响。

1. 可燃混合气浓度

可燃混合气中燃料含量的多少称为可燃混合气浓度。常用空燃比和过量空气系数表示混合气的浓稀程度。

(1)空燃比。

对于混合气浓度,欧美各国及日本一般都直接以其中所含空气与燃料的质量比——空燃比来表示,常用符号 λ 表示,即

$$\lambda = \frac{空气质量}{汽油质量}$$

理论上,1 kg 汽油完全燃烧需要空气 14.7 kg,故对于汽油机而言,空燃比为 14.7∶1 的可燃混合气称为理论混合气。若可燃混合气的空燃比小于 14.7∶1,则意味着其中汽油含量有余(亦即空气含量不足),称之为浓混合气。同理,空燃比大于 14.7∶1 的可燃混合气则称为稀混合气。

(2)过量空气系数。

在我国除用空燃比表示混合气成分外,还常用过量空气系数表示混合气的浓稀程度,常用符号 α 表示,即

$$\alpha = \frac{燃烧\ 1\ kg\ 燃料实际供给的空气质量}{理论上完全燃烧\ 1\ kg\ 燃料所需要的空气质量}$$

由上面的定义可知:无论使用何种燃料,凡过量空气系数 $\alpha=1$ 的可燃混合气即为理论混合气;$\alpha<1$ 的为浓混合气;$\alpha>1$ 的则为稀混合气。

2. 可燃混合气浓度对发动机性能的影响

可燃混合气的比例成分对发动机性能的影响可通过试验得出。在发动机转速一定和节气门全开的条件下,流经可燃混合气形成装置的空气量即为一定值。此时通过改变汽油量孔的尺寸以改变供油量,即可得到过量空气系数不同(即浓度不同)的可燃混合气。分别以

不同 α 值的可燃混合气供入发动机,并测出相应的发动机功率和燃料消耗率。试验结果表明,发动机功率 P_e 和燃料消耗率 g_e 都随着过量空气系数 α 的变化而变化,如图4-1所示。

(1) 标准混合气 $\alpha=1$。

理论上能够完全燃烧的混合气,其中所含的氧气正好使全部燃料燃烧完毕。实际上这种成分的混合气在气缸中不能得到完全的燃烧,这是因为:

① 气缸中混合气的浓度,由于混合时间和空间的限制,不可能均匀分布,有可能使部分燃料来不及和空气混合就排出气缸。

② 由于气缸中总有一小部分的废气排不出去,它阻碍了汽油分子与空气分子的结合,影响了火焰中心的形成和火焰的传播。

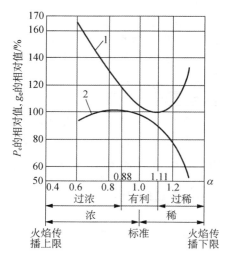

1—燃油消耗率；2—发动机功率

图4-1 可燃混合气成分对发动机性能的影响(发动机转速不变,节气门全开)

(2) 稀混合气 $\alpha>1$。

实际上可以完全燃烧的混合气,其中所含的氧气能保证燃料全部燃烧完毕,因而经济性最好,故称经济混合气,其值多在1.05～1.15范围内。但是空气过量后燃烧速度放慢,热量损失加大,平均有效压力和汽油机功率稍有所下降。若混合气过稀时($\alpha>1.15$),因空气量过多,燃烧速度过慢,热量损失过大,导致汽油机过热、加速性能变坏。

(3) 浓混合气 $\alpha<1$。

因汽油含量较多,汽油分子密集,火焰传播快,它可保证汽油分子迅速找到空气中的氧分子并与其结合而燃烧。当 α 值在0.85～0.95范围内时,燃烧速度最快,热量损失小,平均有效压力和汽油机功率大,因此,又称功率混合气。但是,浓混合气燃烧不完全,经济性降低。若混合气过浓($\alpha<0.88$),由于燃烧不完全,产生大量的一氧化碳,在高温高压的作用下析出自由碳,导致汽油机排气冒黑烟、放炮、燃烧室积炭、功率下降、耗油量显著增大、排放污染严重。

(4) 燃烧极限。

当可燃混合气太稀($\alpha\geqslant1.4$)以及太浓($\alpha\leqslant0.4$)时,虽能点燃,但火焰无法传播,导致发动机运转不稳定,直至熄火。

3. 汽车发动机各种工况对可燃混合气成分的要求

由于汽车在使用过程中实际装载质量不是定值,路面性质及道路坡度也是多样化的,路上的车流和人流情况又十分复杂,这就使得汽车的行驶速度和牵引力经常需要做大幅度的变化。因此,作为汽车动力的汽油机的工况(负荷和转速),不可能如同用作固定动力的汽油机那样稳定,而是要经常在最大可能的范围内变化。例如,汽车在起步前或在红灯信号下短时间停车时,发动机应做怠速运转。此时负荷为零(节气门开度最小),转速最低;在汽车满载爬陡坡时,节气门应全开(全负荷),但转速并非最高;在一般道路上行驶时,行驶阻力不大,节气门只需部分开启,即发动机在中等负荷下工作,车速和发动机转速也不一定很高;有

时在平坦的路上高速行驶,发动机就可能是全负荷,转速又达到最大值。总之,汽车用汽油机工作的特点是:

① 工况变化范围很大,负荷可从 0 变到 100%,转速可从最低稳定转速变到最高转速,而且有时工况变化非常迅速。

② 在汽车行驶的大部分时间内,发动机是在中等负荷下工作的。轿车发动机负荷经常在 40%～60% 间工作,而货车发动机负荷则在 70%～80% 间工作。

车用汽油机各种使用工况对混合气成分的要求各不相同,现分述如下。

(1) 稳定工况对混合气成分的要求。

发动机的稳定工况是指发动机已经完成预热,转入正常运转,且在一定时间内没有转速或负荷的突然变化。稳定工况又可按负荷大小划分为怠速和小负荷、中等负荷、大负荷和全负荷三个范围。

① 怠速和小负荷工况。

怠速是指发动机对外无功率输出,做功行程产生的动力只用以克服发动机的内部阻力,使发动机保持最低转速稳定运转。汽油机怠速转速一般为 400～800 r/mm,转速很低,空气流速也低,使得汽油雾化不良,与空气的混合也很不均匀。节气门开度很小,吸入气缸内的可燃混合气量很少,同时又受到气缸内残余废气的冲淡作用,使混合气的燃烧速度变慢,因而发动机动力不足、燃烧不良甚至熄火。因此,要求提供较浓的混合气,即 $\alpha=0.6\sim0.8$。发动机负荷在 25% 以下称为小负荷。小负荷时,节气门开度较小,进入气缸内的可燃混合气量较少,而上一循环残留在气缸中的废气在气缸内气体中所占的比例相对较多,不利于燃烧,必须供给较浓的可燃混合气,即 $\alpha=0.7\sim0.9$。

② 中等负荷工况。

发动机负荷在 25%～85% 之间时称为中等负荷。发动机大部分工作时间处于中等负荷工况,要以经济性要求为主。中等负荷时,节气门开度中等,故应供给接近于相应耗油率最小 α 值的混合气,即 $\alpha=0.9\sim1.1$,这样,功率损失不多,节油效果却很显著。

③ 大负荷和全负荷。

当汽车需要克服较大的阻力(例如,上坡或在艰难的道路上行驶时)而要求发动机能发出尽可能大的功率时,驾驶员往往将加速踏板踩到底,使节气门全开,发动机在全负荷下工作。这时,要求化油器供给相应于最大功率的浓混合气($\alpha=0.85\sim0.95$)。在达到全负荷之前的大负荷范围内,化油器所供给的混合气应从以满足经济性要求为主逐渐转到以满足动力性要求为主。

综上所述,车用汽油机在正常运转时,在小负荷和中负荷工况下,要求随着负荷的增加,化油器能供给由浓变稀的混合气成分。当进入大负荷范围直到全负荷工况下,又要求混合气由稀变浓,最后能保证发动机发出最大功率。

(2) 过渡工况对混合气成分的要求。

汽车在运行中主要的过渡工况有冷启动、暖机、加速及急减速等几种。

① 冷启动。

发动机冷启动时,混合气得不到足够的预热,汽油蒸发困难。同时,发动机曲轴转速低,雾化及汽化条件不好,大部分混合物在进气管内形成油膜,不能随气流进入气缸,因而使气缸内的混合气过稀,无法引燃。因此,要求化油器供给极浓的混合气进行补偿,从而使进入气缸的混合气有足够的汽油蒸气,以保证发动机得以启动。冷启动工况要求供给的混合气的 $\alpha=0.2\sim0.6$。

② 暖机。

冷启动后,发动机各气缸开始自动运转,发动机温度逐渐上升(暖机),直到温度接近正常值。发动机能稳定地进行怠速运转。在此暖机过程中,化油器供给的混合气的过量空气系数值应当随着温度的升高,从启动时的极小值逐渐加大到稳定怠速所要求的数值为止。

③ 加速。

发动机的加速是指负荷突然迅速增加的过程。当驾驶员猛踩踏板时,节气门开度突然加大,此时空气流量和流速随之增大,致使混合气过稀。另外,在节气门急开时,进气管内压力骤然升高,同时由于冷空气来不及预热,使进气管内温度降低,不利于汽油的蒸发,致使汽油的蒸发量减少,造成混合气过稀,导致发动机不能实现立即加速,甚至有时还会发生熄火现象。为了改善这种情况,必须在节气门突然开大时,强制多供油,额外增加供油量,及时使混合气加浓到足够的程度。

④ 急减速。

当汽车急减速时,驾驶员急速抬起加速踏板,节气门迅速关闭。这时由于进气管真空度激增而使沿进气管壁面流动的油膜迅速蒸发,使混合气变浓,燃烧恶化,排气中 HC 的含量迅速增加。因此,当汽车急减速时,要减少燃油的供给量,从而避免混合气过浓。

从汽油机各种使用工况对混合气成分的要求可以看出,其有利的可燃混合气浓度随发动机负荷变化而变化的关系如图 4-2 所示。

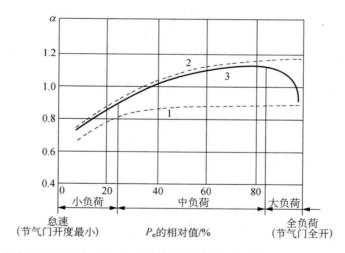

1—相应于最大功率的 α 值;2—相应于最小燃油消耗的 α 值;3—理想化油器特性

图 4-2 可燃混合气浓度随发动机负荷而变化的关系(转速一定)

二、可燃混合气的形成方式

汽油机可燃混合气的形成方式可分为化油器式和燃油喷射式,目前传统的化油器式燃油供给系统已被电控燃油喷射系统取代。采用电控燃油喷射系统,汽车发动机燃烧将更充分,从而提高发动机功率,降低油耗,实现低公害排放的目的。

(一) 电控燃油喷射系统的分类

1. 按喷油器的安装部位分类

按喷油器的安装部位分类,电控燃油喷射系统可分为缸内喷射和进气管喷射两种方式。

(1) 缸内喷射方式。

该系统将喷油器直接安装在气缸盖上,汽油直接喷入气缸,如图 4-3 所示。这种喷射技术使用特殊的喷油器,燃油喷雾效果更好,并可在缸内产生浓度渐变的分层混合气(从火花塞往外逐渐变稀)。因此,可以用超稀的混合气(急速时可达 40:1)工作,油耗和排放也远远低于普通汽油发动机。此外,这种喷射方式使混合气体积和温度降低,爆震燃烧的倾向减小,发动机的压缩比可比进气道喷射时大大提高。但喷油器直接安装在气缸盖上,必须能够承受燃气产生的高温、高压,且受发动机结构限制,因此这种方式采用较少。

(2) 进气管喷射方式。

该系统将喷油器安装在进气总管或进气歧管上,是目前采用较广泛的方式,如图 4-4 所示。

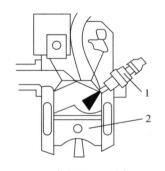

1—喷油器;2—活塞

图 4-3 缸内喷射示意图(直接喷射)

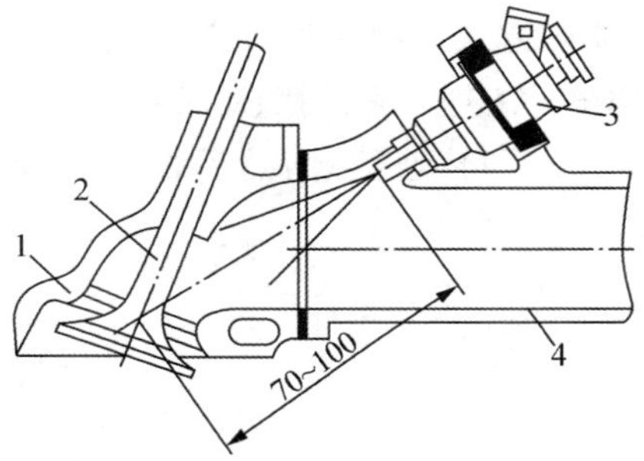

1—气缸盖;2—进气门;3—电磁喷油器;4—进气歧管

图 4-4 进气歧管喷射示意图

2. 按喷油的布置方式分类

按喷油的布置方式分类,电控燃油喷射系统可分为单点喷射和多点喷射两种方式。

(1) 单点喷射方式(SPI)。

在进气道节气门的上方安装 1~2 个喷油器,向进气歧管中喷射燃油,形成可燃混合气。这种喷射系统又被称为节气门体燃油喷射系统或集中燃油喷射系统。对混合气的控制精度比较低,各个气缸混合气的均匀性也较差,现已很少使用。

(2) 多点喷射方式(MPI)。

多点燃油喷射系统在每一个气缸的进气门前安装一个喷油器,喷油器喷射出燃油后,在进气门附近与空气混合,形成可燃混合气,这种喷射系统能较好地保证各缸混合气总量和浓度的均匀性。

3. 按喷油器的工作时间分类

按喷油器的工作时间分类,电控燃油喷射系统可分为连续喷射和间歇喷射两种方式。

(1) 连续喷射方式。

喷油器在发动机工作时连续不断地喷油,大部分燃油在进气门关闭时喷射,喷入的燃油大部分在进气管内蒸发。除早期的 K 型机械式汽油喷射系统和 KE 型机电组合式燃油喷射系统外,电控燃油喷射系统一般不采用此种喷射方式。

(2) 间歇喷射方式。

间歇喷射方式是指在发动机运转期间,将燃油间歇地喷入进气道内。采用间歇喷射方式的多点电控燃油喷射系统,又称脉冲喷射,喷油压力是恒定的,燃油喷射以脉冲方式进行,在某一时间段内喷入进气管,喷油时间的长短直接控制了喷油量的多少。电控燃油喷射系统都采用间歇喷射方式。

间歇喷射按各缸喷油器工作顺序的不同,又分为同时喷射、分组喷射和顺序喷射三种。

① 同时喷射方式。发动机曲轴每转动一周,所有气缸的喷油器同时喷油一次,发动机一个工作循环喷油两次,同时喷射方式如图 4-5(a)所示。由于所有气缸的喷油都是同时进行的,因此喷油正时与发动机的工作过程没有关系,也不需要进行气缸和活塞位置的判断。

② 分组喷射方式。把各缸喷油器分成几组,同组同时喷射,由电子控制单元控制,组与组之间以均匀的曲轴转角间隔依次喷油,分组喷射方式如图 4-5(b)所示。分组喷射方式与同时喷射方式相比,在各缸混合器质量和浓度的控制精度上有较大的提高。

③ 顺序喷射方式。顺序喷射方式也称独立喷射方式,喷油器按各缸的工作顺序,依次把汽油喷入各进气歧管。采用顺序喷射的系统,必须由传感器测得基准气缸活塞位置和行程特征,获得判缸和转速信息,然后由电子控制单元确定精确的喷油时刻,顺序喷射方式如图 4-5(c)所示。

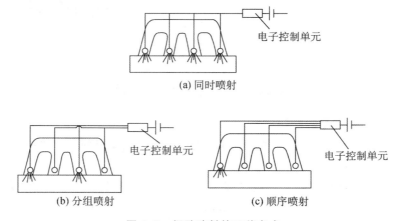

图 4-5　间歇喷射的三种方式

4. 按空气量测量方式分类

按空气量测量方式分类,电控燃油喷射系统可分为直接测量和间接测量两种。

(1) 直接测量方式(L 型系统)。

如图 4-6(a)所示,直接检测型的燃油喷射系统采用空气流量计直接测量单位时间内发动机吸入的空气量,然后电控单元根据发动机的转速计算每一循环的空气量,并由此计算出每一循环的基本喷油量。直接检测型包括体积流量方式和质量流量方式两种。

① 体积流量方式。利用翼片式空气流量计或卡门涡流式空气流量计,直接测量单位时间内发动机吸入的空气体积流量。电控单元根据已测出的空气体积和发动机转速,计算出每一循环的进气空气体积流量,并需对大气压力和温度进行修正,再计算出循环基本喷油量。这种测量方式测量精度较高,有利于提高混合气空燃比的控制精度。缺点是需要进行大气压力和温度修正。

② 质量流量方式。利用热线式空气流量计或热膜式空气流量计,直接测量单位时间内发动机吸入的空气质量流量。电控单元根据已测出的空气质量和发动机转速,计算出每一循环的进气空气质量流量,再计算出循环基本喷油量。这种测量方式除测量精度高、响应速度快、结构紧凑外,由于其测出的是空气的质量,因此,不需要对大气压力和温度进行修正。

(2) 间接测量方式(D型系统)。

如图4-6(b)所示,在间接检测空气流量方式的燃油喷射系统中,利用进气歧管绝对压力传感器检测进气歧管内的绝对压力,电控单元根据进气歧管绝对压力和发动机转速,计算出发动机吸入的空气量,并由此计算出每一循环的基本喷油量。

这种方式测量方法简单,喷油量调整精度容易控制。但是由于进气歧管压力和进气量之间函数关系比较复杂,在过渡工况和采用废气再循环时,由于进气歧管内压力波动较大,因此,这些工况空气量测量的精度较低,需进行流量修正。

直接测量和间接测量两种方式的空气供给系统示意图如图4-6所示。

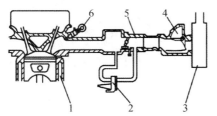 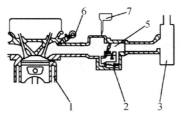

(a) 直接测量方式(L型)空气供给系统构成示意图　　(b) 间接测量方式(D型)空气供给系统构成示意图

1—发动机;2—辅助空气阀;3—空气滤清器;4—空气流量传感器;5—节气门体;
6—喷油器;7—进气歧管绝对压力传感器

图4-6　空气供给系统示意图

5. 按燃油喷射系统的控制方式分类

按燃油喷射系统的控制方式分类,电控燃油喷射系统分为机械控制式、机电结合式、电子控制式几种。

(1) 机械控制式燃油喷射系统。

机械控制式燃油喷射系统是利用机械机构实现燃油连续喷射的系统,由德国博世(Bosch)公司于1967年研制成功,在早期的轿车上采用。

(2) 机电结合式燃油喷射系统。

机电结合式燃油喷射系统是由机械机构与电子控制系统结合实现的燃油喷射系统,是在机械控制式的基础上改进而成的,仍为连续喷射系统。

(3) 电子控制式燃油喷射系统。

电子控制式燃油喷射系统是由电控单元直接控制燃油喷射的系统,它能对空气和燃油进行精确计量,控制精度高,目前被广泛应用于汽车发动机上。

6. 按有无反馈信号分类

按有无反馈信号分类,电控燃油喷射系统分为开环控制系统和闭环控制系统。

(1) 开环控制系统(无氧传感器)。将通过试验确定的发动机各工况的最佳供油参数先存入 ECU,在发动机工作时,ECU 根据系统中各传感器的输入信号判断自身所处的运行工况,并计算出最佳喷油量,通过对喷油器喷射时间的控制来控制混合气的浓度,以优化发动机的运行。

开环控制系统按预先设定在 ECU 中的控制规律工作,只受发动机运行工况参数变化的控制,简单易行,但其精度直接依赖于所设定的基准数据和喷油器调整标定的精度。喷油器及发动机的产品性能存在差异,或由于磨损等引起性能参数变化时,就不能使混合气准确地保持预定的浓度(空燃比)。因此,开环控制系统对发动机及控制系统各组成部分的精度要求高,抗干扰能力差,当使用工况超出预定范围时,不能实现最佳控制。

(2) 闭环控制系统(有氧传感器)。在该系统中,发动机排气管上加装了氧传感器,根据排气中含氧量的变化,判断实际进入气缸的混合气空燃比,再通过 ECU 与设定的目标空燃比值进行比较,并根据误差修正喷油器喷油量,使空燃比保持在设定的目标值附近。

闭环控制系统可达到较高的空燃比控制精度,并可消除因产品差异和磨损等引起的性能变化,工作稳定性好,抗干扰能力强。但是,为了使排气净化达到最佳效果,只能运行在理论空燃比(14.7∶1)附近。对启动工况、暖机工况、加速工况、怠速工况、满负荷工况等特殊工况,仍需采用开环控制模式,使喷油器按预先设定的加浓混合气配比工作,以满足发动机特殊工况的工作要求。

(二) 电控燃油喷射系统的优点

电控燃油喷射系统的发动机由于精确地控制了混合气的浓度,因此与化油器式发动机相比有如下优点:

(1) 能提供发动机在各种运行工况下最佳的混合气浓度,使发动机在各种工况条件下保持最佳的动力性、经济性和排放性能。

(2) 电控燃油喷射系统配用排放控制系统后,大大降低了 HC、CO 和 NO_x 三种有害气体的排放。

(3) 增大了燃油的喷射压力,因此雾化效果较好。由于每个气缸均安装一个喷油器(多点喷射系统),所以各缸的燃油分配比较均匀,有利于提高发动机运转的稳定性。

(4) 当汽车在不同地区行驶时,对大气压力或外界环境温度变化引起的空气密度的变化,发动机控制模块(ECU)能及时准确地做出补偿。

(5) 在汽车加减速行驶的过渡运转阶段,燃油控制系统能够迅速地作出反应,使汽车加速、减速性能更加良好。

(6) 具有减速断油功能,既能降低排放,也能节省燃油。减速时,节气门关闭,发动机仍以高速运转,进入气缸的空气量减少,进气歧管内的真空度增大。在化油器系统中,此时会使黏附于进气歧管壁面的燃油由于进气歧管内真空度骤升而蒸发后进入气缸,使混合气变浓,燃烧不完全,排放气体中 HC 和 CO 的含量增加。而在电控燃油喷射系统中,当节气门关闭而发动机转速超过预定转速时,喷油就会减少或停止,使排放气体中 HC 和 CO 的含量减少,从而降低燃油消耗。

(7) 在进气系统中,由于没有像化油器那样的喉管部位,因而进气阻力减小。再加上进气管道的合理设计,就能充分利用吸入空气惯性的增压作用,增大充气量,提高发动机的输出功率,增加动力性。

(8) 在发动机启动时,可以用发动机控制模块(ECU)计算出启动时所需的供油量,使发动机启动容易,暖机更快,暖机性能提高。

(三) 电控燃油喷射系统的组成

电控汽油喷射系统由空气供给系统、燃油供给系统、电子控制系统组成,如图 4-7 所示。

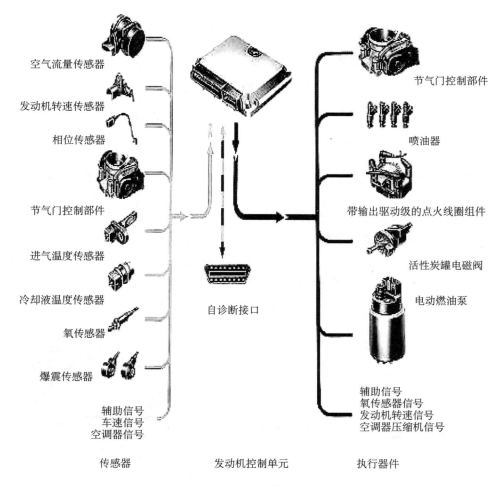

图 4-7 电控燃油喷射系统的组成

1. 空气供给系统

空气供给系统的功用是为发动机提供清洁的空气并控制发动机正常工作时的供气量,其主要由空气滤清器、空气流量传感器或进气歧管绝对压力传感器、节气门体、进气总管和进气歧管组成,如图 4-8 所示。

空气经空气滤清器过滤后,通过空气流量传感器、节气门体进入进气总管,再分配到各进气歧管。在进气歧管内,空气和从喷油器喷出的燃油混合后被吸入气缸内燃烧。

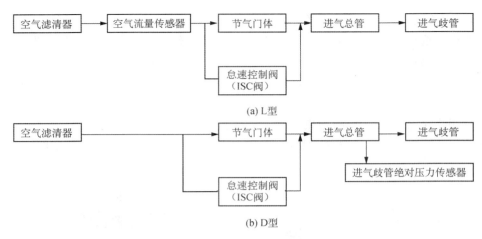

图 4-8 空气供给系统

(1) 空气滤清器。

空气滤清器的作用是滤去空气中的尘土和砂粒,以减少气缸、活塞和活塞环的磨损,延长发动机的使用寿命。

空气滤清器按滤清方式可分为惯性式、过滤式和综合式(前两种的综合)三种。目前,汽车发动机广泛采用纸质干式空气滤清器,它属于过滤式。这种滤清器具有结构简单、质量轻、成本低、使用方便、滤清效果高的优点。纸质干式滤清器滤清效率可达99.5%以上。

纸质干式空气滤清器有许多型式和形状,如图4-9、图4-10所示。滤芯是用树脂处理的微孔滤纸制成。滤芯呈波折状,具有较大的过滤面积。为保证滤芯密封,在滤芯两端装有密封圈。发动机工作时,空气由滤清器盖与外壳之间的空隙进入,经纸质滤芯过滤后,再由接管流向气缸。

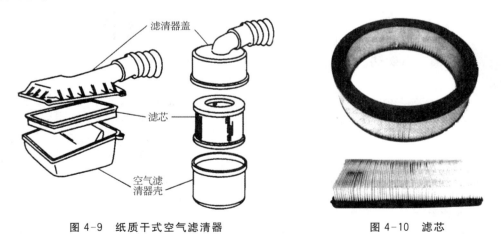

图 4-9 纸质干式空气滤清器　　　　　　　图 4-10 滤芯

空气滤清器长期使用后容易堵塞,对进气产生额外阻力,使发动机充气量和动力性降低,因此必须定期进行维护。桑塔纳2000GSI型轿车AJR发动机每行驶15 000 km需进行常规维护,即将滤芯取出用手轻拍,或用压缩空气吹去积灰,切忌接触油质,以免加大滤清阻力。每行驶30 000 km,需要更换空气滤清器。

安装空气滤清器时,应注意将密封垫正确安装在原位,以防止不清洁的空气进入气缸。橡胶密封垫易老化或损坏,当其老化或损坏时必须更换新件。

装有温控装置的空气滤清器,在维护时还应检查温控装置工作情况。拆开真空驱动装置进口的真空软管,使用手动抽气装置给真空驱动装置施加一定的真空度时,进气转换阀应被吸起;发动机未达到正常工作温度之前,使发动机怠速运转,拆开真空驱动装置进口的真空软管,用手堵住温控开关一侧的真空软管口,应能感觉有吸力,否则,应检查真空软管有无漏气,必要时更换软管。若软管不漏气,则应更换温控开关。

(2) 空气流量传感器。

空气流量传感器的作用是对进入气缸的空气量进行直接计量,并把空气流量的信息输送到ECU,以供ECU计算喷油时间(即喷油量)和点火时间。它用在L型的发动机进气系统中,安装在空气滤清器与节气门体之间,如图4-11所示。

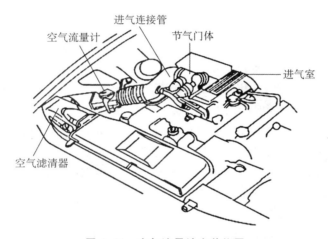

图 4-11 空气流量计安装位置

在L型电控燃油喷射系统发动机的发展历程中使用过翼片式、卡门旋涡式、热线式和热膜式等多种型式的空气流量计。翼片式、卡门旋涡式空气流量计检测空气的体积流量时需要对进气温度和大气压力进行修正,现它们已被逐渐淘汰,目前应用较多的是热式空气流量传感器。热式空气流量传感器的主要元件是热线电阻,可分为热线式(图4-12)和热膜式(图4-13)两种类型,其结构和工作原理基本相同,它们可直接检测空气的质量流量,测量精度高。

按其测量元件的安装位置不同,热线式空气流量传感器可分为两种:第一种是将热线电阻器安装在主进气道中,称为主流测量方式的热线式空气流量传感器;第二种是将热线电阻器安装在旁通气道中,称为旁通测量方式的热线式空气流量传感器。

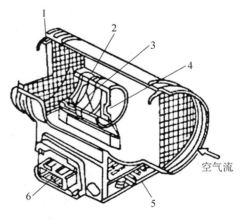

1—防护网;2—采样管;3—热线电阻器;
4—温度补偿电阻;5—控制电路板;
6—线束插接器

图 4-12 主流测量方式的热线式
空气流量传感器

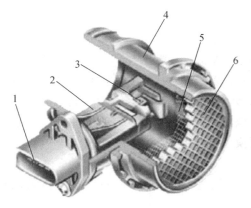

1—插头；2—混合电路盒；3—金属热膜元件；
4—壳体；5—滤网；6—导流格栅

图 4-13　热模式空气流量传感器

图 4-14　热线式空气流量传感器的工作原理

热线式空气流量传感器的工作原理如图 4-14 所示。安装在控制电路板上的精密电阻器 R_A 和 R_B 与热线电阻器 R_H 和温度补偿电阻器 R_K 组成惠斯通电桥电路。当空气流经热线电阻器时，热线电阻器温度降低，其相应的电阻值减小，使电桥失去平衡。若要保持电桥平衡，就必须增加流经热线电阻器的电流，以恢复其温度和阻值。流经热线电阻器的空气量（质量流量）不同，热线电阻器的温度变化量和电阻值的变化量不同，为保持电桥平衡，流经热线电阻器的电流也相应变化。由于精密电阻器 R_A 的电阻值是一定的，流经精密电阻器 R_A 和热线电阻器的电流相等（两电阻器串联），所以精密电阻 R_A 两端的电压随流经热线电阻器的空气量相应变化，控制电路将精密电阻器 R_A 两端的电压输送给 ECU，即可确定进气量。

热膜式空气流量传感器的结构如图 4-13 所示，其结构和工作原理与热线式空气流量传感器基本相同，不同之处在于热线式空气流量传感器采用铂丝制成热线电阻器，热膜式空气流量传感器不采用价格昂贵的铂丝热线，而是用热膜代替热线，并将热膜镀在陶瓷片上，制造成本较低，且测量元件不直接承受空气流的作用力，热膜式空气流量传感器的使用寿命较长。

（3）进气歧管绝对压力传感器（IMAPS）。

在 D 型电控燃油喷射系统中，由进气歧管绝对压力传感器测量进气管压力，并将信号输入 ECU，作为燃油喷射和点火控制的主控制信号。

进气歧管绝对压力传感器的种类较多，按其检测原理可分为压敏电阻式、电容式、膜盒式、表面弹性波式等，应用较多的是压敏电阻式和电容式两种。

压敏电阻式进气歧管绝对压力传感器如图 4-15 所示，其主要由绝对真空室、硅片和 IC 放大电路组成。硅片的一侧是绝对真空室，另一侧承受进气管内的压力，在此压力作用下使硅片产生变形。由于绝对真空室的压力是固定的（绝对压力为 0），进气管绝对压力变化时，硅片的变形量不同。硅片是一个压力转换元件（压敏电阻），其电阻值随其变形量而变化，导致硅片所处的电桥电路输出电压发生变化，电桥电路输出的电压（很小）经 IC 放大电路放大后输送给 ECU。

电容式进气歧管绝对压力传感器如图 4-16 所示，位于传感器壳体内腔的弹性膜片用金属制成，弹性膜片上、下两个凹玻璃的表面均有金属涂层，这样在弹性膜片与两个金属涂层之间形成两个串联的电容。

项目四 可燃混合气的形成与燃烧机理

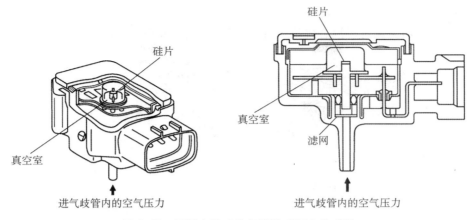

图 4-15 压敏电阻式进气管绝对压力传感器

电容式进气歧管绝对压力传感器利用电容效应检测进气管绝对压力。当发动机工作时,进气歧管内的空气压力作用于弹性膜片上,使弹性膜片产生位移,弹性膜片与两个金属涂层之间的距离发生变化,一个距离减小,另一个距离增大,在弹性膜片与两个金属涂层之间形成的两个电容的电容量一个增加,另一个则减小。电容量的变化量与弹性膜片的位移成正比,而弹性膜片的位移取决于上、下两个空腔的气体压力,只要弹性膜片上部的空腔为绝对真空,下部空腔通进气管,即可通过检测电容量的变化来检测进气歧管的绝对压力。电容量的变化量经过测量电路转换成电压信号输送给 ECU,测量电路可以是电容电桥电路或谐振电路等。

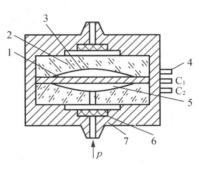

1—弹性膜片;2—凹玻璃;3—金属涂层;
4—输出端子;5—空腔;6—滤网;7—壳体

图 4-16 电容式进气管绝对压力传感器

(4) 节气门体。

节气门通过改变进气通道截面积的大小,来控制发动机的工况,并通过节气门位置传感器检测节气门开启的角度。节气门体由节气门、旁通气道、怠速空气阀、节气门位置传感器等组成。旁通气道式和直动式节气门体的结构分别如图 4-17、图 4-18 所示。

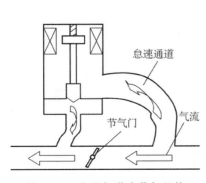

图 4-17 旁通气道式节气门体

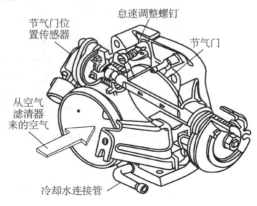

图 4-18 直动式节气门体

(5) 进气管。

进气管的作用是将可燃混合气导入各个气缸,其结构和类型如图4-19所示。

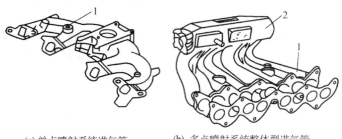

(a) 单点喷射系统进气管　　(b) 多点喷射系统整体型进气管

(c) 多点喷射系统分开型进气管

1—进气歧管；2—进气总管

图4-19　进气管

进气管一般包括进气软管、进气总管和进气歧管。进气软管用于连接空气滤清器与节气门体,进气总管用于连接节气门体与进气歧管。有些发动机的进气总管与进气歧管制成一体,有些则是分开制造,再用螺栓连接。

进气歧管用于给各缸分配空气。进气歧管用螺栓安装在气缸盖上,并在进气歧管与气缸盖之间装有密封垫,以防止漏气。

2. 燃油供给系统

燃油供给系统的功用是供给喷油器一定压力的燃油,喷油器则根据电脑指令喷油,其主要由燃油箱、电动燃油泵、燃油滤清器、油压调节器、喷油器及燃油分配管等组成,如图4-20所示。

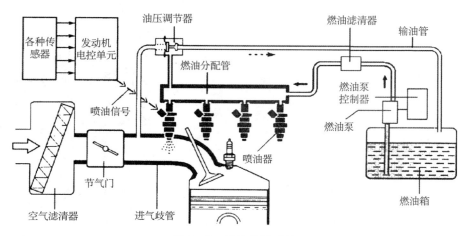

图4-20　燃油供给系统

电动燃油泵将汽油自油箱内吸出,经燃油滤清器过滤后,由油压调节器调压,通过输油管输送给喷油器,喷油器根据电脑指令向进气管喷油。电动燃油泵供给的多余汽油经回油管流回油箱。

(1) 电动燃油泵。

电动燃油泵是一种由小型直流电动机驱动的燃油泵,其作用是从油箱中吸出燃油,将油压提高到规定值,然后通过供给系统送到喷油器。燃油泵的最高输出油压为 450～600 kPa,其供油量比发动机最大耗油量大得多,多余的燃油从回油管返回油箱。电动燃油泵按其安装位置不同,可分为内装式和外装式两种。

① 内装式电动燃油泵。

内装式电动燃油泵安装在油箱中,具有噪声小、不易产生气阻、不易泄漏、安装管路较简单等优点,其应用较为广泛。有些车型在油箱内还设有一个小油箱,并将燃油泵置于小油箱中,这样可防止在油箱燃油不足时,因汽车转弯或倾斜引起燃油泵周围燃油移动,使燃油泵吸入空气而产生气阻。因此,现在大多数电控燃油喷射系统都采用内装式电动燃油泵,内装式电动燃油泵在油箱中的位置如图 4-21 所示。

常用的内装式电动燃油泵为涡轮式,其结构如图 4-22 所示。它由直流电动机、涡轮泵、单向阀、限压阀和滤网等组成。泵壳一侧有进油口,另一侧有出油口,进油口外装有滤网,以防吸入杂质。

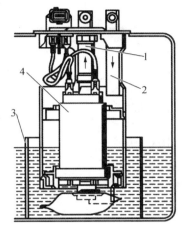

1—出油管;2—回油管;
3—小油罐;4—电动燃油泵

图 4-21 内装式电动燃油泵

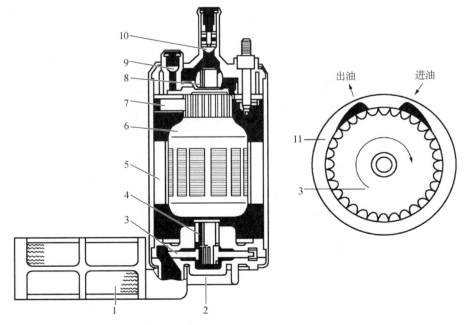

1—滤网;2—橡胶缓冲垫;3—转子;4—轴承;5—磁铁;6—电枢;7—炭刷;8—轴承;9—限压阀;10—单向阀;11—泵体

图 4-22 涡轮式电动燃油泵

② 外装式电动燃油泵。

外装式电动燃油泵大多为容积式,泵内腔容积变大处连着进油口,泵内腔容积变小处连着出油口。泵内腔容积变大时,形成一定的真空度而将汽油吸入。泵内腔容积减小时,油压升高,汽油被压出。外装式电动燃油泵串接在油箱外部的输油管路中,其优点是容易布置,安装自由度大,缺点是噪声大,且燃油供给系统易产生气阻,所以只有少数车型上应用。外装式电动燃油泵常见形式有两种:滚柱式和转子式,其结构如图4-23和图4-24所示。

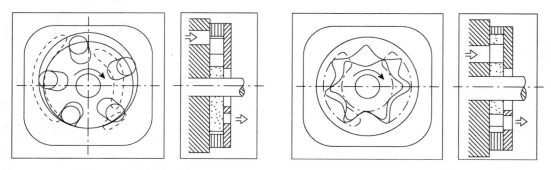

图4-23 滚柱式结构　　　　　　　　图4-24 转子式结构

(2) 燃油滤清器。

燃油滤清器安装在油泵之后的油路中,用来滤掉燃油中的杂质,减小系统内的机械磨损,防止堵塞,提高工作可靠性。其结构如图4-25所示。在电控燃油喷射系统中,一般采用的都是纸质滤芯、一次性的燃油滤清器。燃油从入口进入滤清器,经过壳体内的滤芯过滤后,清洁的燃油从出口流出。

一般汽车每行驶20 000～40 000 km或1～2年,应更换燃油滤清器。更换燃油滤清器时,应首先释放燃油系统压力,并注意燃油滤清器壳体上的箭头标记为燃油流动方向。

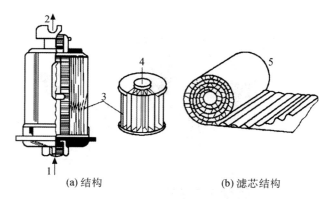

(a) 结构　　　(b) 滤芯结构

1—进油口；2—出油口；3—滤芯；4—菊花形滤芯；5—盘簧形滤芯

图4-25 汽油滤清器

(3) 燃油脉动阻尼器。

在部分电控燃油喷射系统中,输油管的一端装有脉动阻尼器,喷油器喷油时,在输油管道内会产生燃油压力脉动,燃油脉动阻尼器的作用是使压力脉动衰减,以减小这种波动,并降低噪声。燃油脉动阻尼器由膜片和弹簧组成减震结构,如图4-26和图4-27所示。发动机工作时,燃油经过脉动阻尼器膜片下方进入输油管,当燃油压力产生脉动时,膜片弹簧被压缩或伸张,膜片下方的容积略有增大或减小,从而可起到稳定燃油系统压力的作用。同时,膜片弹簧的变形可吸收脉动能量,以迅速减小燃油压力的脉动。

脉动阻尼器一般不会发生故障。需进行拆卸时,注意应首先释放燃油系统压力。

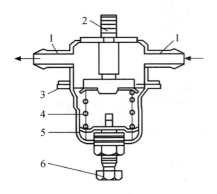

1—燃油接头;2—固定螺钉;3—膜片;
4—压力弹簧;5—壳体;6—调节螺钉

图 4-26　安装在回油管道上的燃油脉动阻尼器

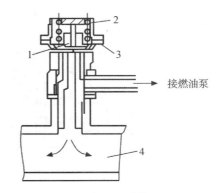

1—阀;2—弹簧;
3—膜片;4—供油总管

图 4-27　安装在供油总管上的燃油脉动阻尼器

（4）油压调节器。

喷油器的喷油量取决于喷油器的喷孔截面、喷油时间和喷油压差。因此,要精确控制燃油喷射量,在喷油器的结构尺寸一定时,必须保持恒定的喷油压差。喷油压差是指输油管内燃油压力与进气管内气体压力的差值。进气管内气体压力是随发动机转速和负荷的变化而变化的,要保持恒定的喷油压差,必须根据进气管内压力的变化来调节燃油压力。

油压调节器的主要功能是通过油压和进气负压的共同作用,使燃油分配管中的油压与进气歧管中的气压之差保持 250～300 kPa 不变,以保证喷油器喷油量的大小只与喷嘴开启时间有关,而与系统油压、进气歧管的负压等参数无关。油压调节器的结构如图 4-28 所示。

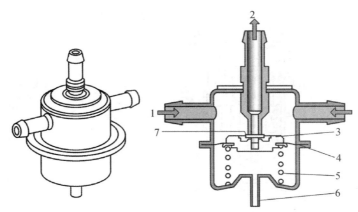

1—进油口;2—回油口;3—阀座;4—膜片;5—弹簧;6—真空接管(接进气管);7—平面阀

图 4-28　油压调节器的结构

(5) 喷油器。

喷油器根据发动机 ECU 发出的喷油脉冲信号,将计量精确的燃油适时、适量地喷入节气门附近的进气歧管内,其结构如图 4-29 所示。

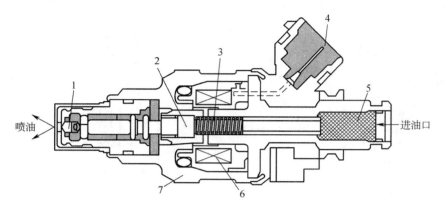

1—喷油针阀;2—衔铁;3—回位弹簧;4—电接头;5—滤网;6—电磁线圈;7—壳体

图 4-29 喷油器的结构

(6) 电磁式冷启动喷油器和温控正时开关。

① 电磁式冷启动喷油器。

电磁式冷启动喷油器的结构如图 4-30 所示。它由电磁线圈、针阀、弹簧、衔铁、旋流式喷嘴等组成。发动机低温启动时,热控正时开关使电磁线圈通电,线圈产生的吸力将阀门吸起,汽油经喷嘴喷入进气总管,混合气加浓,使发动机在低温下顺利启动。

② 温控正时开关。

温控正时开关以螺纹连接的方式安装在发动机的水路上,其结构如图 4-31 所示。温控正时开关内部有一段动断触点,其中活动触点由双金属片制成,在双金属片外围绕有加热线圈。温控正时开关对冷启动喷油器的控制原理如图 4-32 所示。

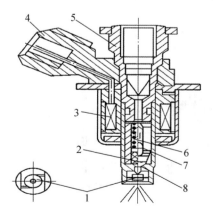

1—旋流式喷嘴;2—针阀;3—电磁线圈;4—接线座;
5—喷油入口连接器;6—弹簧;7—衔铁;8—阀座

图 4-30 电磁式冷启动喷油器的结构

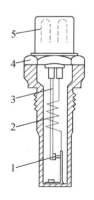

1—触点;2—加热线圈;
3—双金属片;4—壳体;5—接线柱

图 4-31 温控正时开关的结构

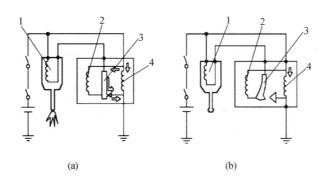

1—冷启动喷油器；2—加热线圈1；3—双金属片动触点；4—加热线圈2

图 4-32 冷启动喷油器与温控正时开关控制电路

（7）燃油分配管总成。

燃油分配管总成如图4-33所示，它用螺栓固定，安装在进气歧管下部的4个固定座上。燃油分配管与喷油器相连接，并向喷油器分配汽油。

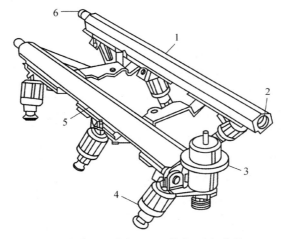

1、5—油道；2—进油口；3—燃油压力调节器；
4—喷油器；6—油压测试口

图 4-33 燃油分配管总成

3. 电子控制系统

电子控制系统主要由各传感器和控制单元组成。

（1）传感器。

电子控制系统中，传感器的数量随车型的不同而不同，即使具有相同作用的传感器也会具有不同的结构和型式。在此仅介绍常用的传感器。

① 节气门位置传感器。

节气门位置传感器安装在节气门体上，用来检测节气门开度信号，有线性输出型和开关量输出型两种。

a. 线性输出型节气门位置传感器。其结构如图4-34所示。线性输出型节气门位置传感器实际上是一个带怠速触点的滑片式变阻器。该传感器有两个随节气门轴转动的可动电刷触点,其中一个触点当节气门转动时在电阻体上滑动,引起该可变电阻的电阻值变化,从而引起输出电压的变化,该输出电压与节气门开度呈线性关系,如图 4-35 所示。

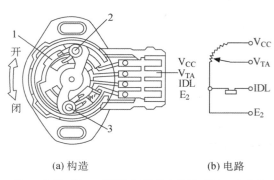

V_{CC}—电源;V_{TA}—节气门开度输出信号;IDL—怠速触点信号;E_2—地线;1—电阻体;2—检测节气门开度的动触点;3—检测怠速位置的动触点

图 4-34 线性输出型节气门位置传感器的结构和电路

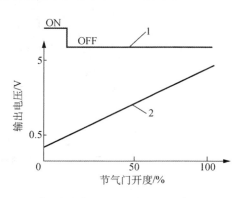

1—怠速触点信号;2—节气门开度输出电压

图 4-35 线性输出型节气门位置传感器输出特性

b. 开关量输出型节气门位置传感器。该类型节气门位置传感器仅以开、关两种状态的组合来反映节气门的开度。它的主体由一个活动触点和两个固定触点构成,两个固定触点中一个为怠速触点,另一个为功率触点,如图 4-36 所示。

② 曲轴位置传感器。

曲轴位置传感器安装的部位有曲轴前端、飞轮上、凸轮轴前端、分电器内。曲轴位置传感器用以检测曲轴转角、发动机转速和活塞上止点,是电控发动机控制点火时刻、确定曲轴位置不可缺少的信号源。

常用的曲轴位置传感器有三类:磁感应式、霍尔式和光电式。目前大多采用磁感应式和霍尔式,光电式应用较少。

a. 磁感应式曲轴位置传感器。磁感应式曲轴位置传感器的工作原理和交流发动机的类似。其基本结构和工作原理如图 4-37 所示。它由齿轮式的信号轮、永久磁铁与铁芯构成的感应头以及绕在铁芯外的感应线圈组成。

桑塔纳 2000 时代超人所用的磁感应式曲轴位置传感器如图 4-38 所示。曲轴位置传感器由电磁感应式传感器和脉冲盘等组成。

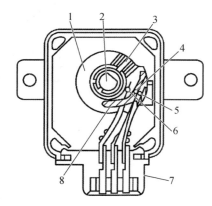

1—导向凸轮;2—节气门轴;3—控制杆;4—活动触点;5—怠速触点;6—全开触点;7—插座;8—导向凸轮槽

图 4-36 开关量输出型节气门位置传感器

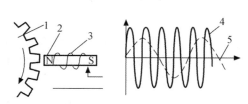

1—信号轮;2—感应头;3—感应线圈;4—高速时的输出信号;5—低速时的输出信号

图 4-37 磁感应式曲轴位置传感器的结构和工作原理图

b. 霍尔式曲轴位置传感器。

安装在分电器内的霍尔式曲轴位置传感器的基本结构和工作原理如图 4-39 所示。

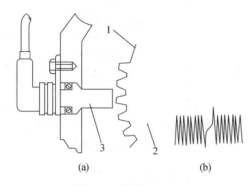

1—缺齿；2—信号轮；3—感应头

图 4-38　磁感应式曲轴位置传感器

I—霍尔元件上所加的电流；1—霍尔组件；2—叶轮

图 4-39　霍尔式曲轴位置传感器的结构和工作原理图

c. 霍尔式同步信号传感器。

图 4-40 所示的是安装在分电器内霍尔式同步信号传感器，它由脉冲环和霍尔信号发生器等组成。

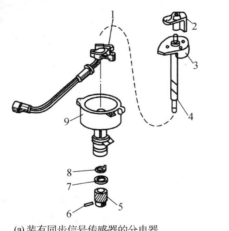
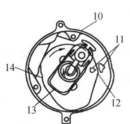

(a) 装有同步信号传感器的分电器　　(b) 同步信号传感器示意图

1—定子；2—分火头；3—脉冲环；4—轴；5—齿轮；6—柱销；7、8—垫片和垫圈；9—壳体；
10—分电器体；11—霍尔信号发生器；12—脉冲前沿；13—转子；14—脉冲后沿

图 4-40　装在分电器内的霍尔式同步信号传感器

③ 进气温度传感器。

除装用热线式空气流量传感器的电控燃油喷射系统外，其他电控燃油喷射系统都不能直接测量发动机的实际进气质量。进气温度传感器的功用就是给 ECU 提供进气温度信号，作为燃油喷射和点火正时控制的修正信号。在装用热线式空气流量传感器的电控燃油喷射系统中，有些也装有进气温度传感器，这是由于进气的密度随着温度的变化而变化。进气温度传感器采用热敏电阻作为敏感元件，其结构如图 4-41 所示。通常 D 型电控燃油喷射系统安装在进气总管内，L型电控燃油喷射系统安装在空气流量传感器内。传感器与ECU的连接如图4-42所示。

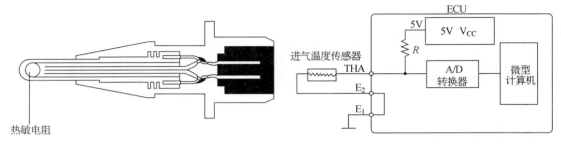

图4-41 进气温度传感器　　　　　　图4-42 传感器与ECU的接线图

ECU的电阻R与传感器串联，当热敏电阻的阻值变化时，进气温度传感器的信号（THA）的电压也随之改变。图4-43为进气温度传感器的特性曲线。

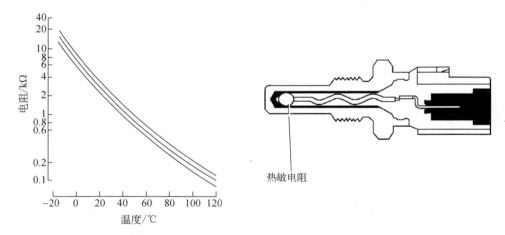

图4-43 进气温度传感器的特性曲线　　　　图4-44 冷却液温度传感器

④ 冷却液温度传感器。

冷却液温度传感器用以检测发动机冷却液的温度，修正喷油量。其外部多用金属制造，安装在水道上，其结构如图4-44所示，工作原理与进气温度传感器相同。

⑤ 氧传感器。

氧传感器通常安装在排气管或排气歧管内，有的车型在三元催化器的前后各安装一个氧传感器，有的车型仅在三元催化器之前安装一个氧传感器，此传感器称为主氧传感器，或称上游氧传感器，它的作用是测量排气中氧含量，以确定实际空燃比与理论空燃比相比是浓还是稀，向ECU反馈相应的电信号，ECU根据反馈信号修正喷油量。装在三元催化器后的氧传感器，称为副氧传感器，或称下游氧传感器，它的作用是监控三元催化器对排气净化的效率。

氧传感器分为氧化锆式和氧化钛式两种，目前应用较普遍的是氧化锆式氧传感器。氧化锆式氧传感器的基本结构如图4-45所示。它的主体是锆管，锆管固定在有安装螺纹的固定套中，锆管的内外表面都镀有一层透气的多孔性铂膜作电极。

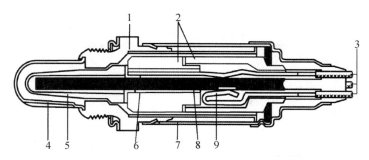

1—壳体；2—陶瓷体；3—引线；4—带有通气狭槽的保护罩；5—二氧化锆管；6—电极接触部位；
7—保护套；8—加热元件；9—加热元件夹持器

图 4-45　氧化锆式氧传感器的基本结构

氧传感器及其特征如图 4-46 所示。这两个电极间的电势差就是氧传感器要输出的信号电压。信号电压的高低取决于锆管内外表面的氧浓度差，由于内表面与大气相通，其含氧量几乎不变，因此，信号电压的高低就取决于外表面废气的残余氧浓度。

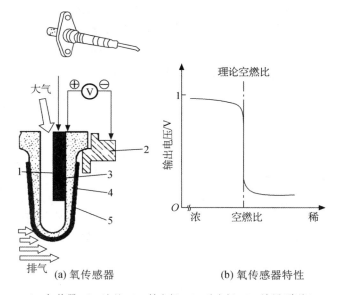

1—加热器；2—法兰；3—铂电极；4—硅电极；5—涂层（陶瓷）

图 4-46　氧传感器及其特性

（2）电子控制单元（ECU）。

图 4-47 是电子控制系统框图。ECU 中的 CPU 为中央处理单元，它是整个控制系统的核心，通常是一个单片机。ROM 是只读存储器，在其内部固化了发动机的控制程序。RAM 是随机存储器，其内容随时可由计算机改写。输入电路用以把外界的传感器信号转化成计算机可接受的数字信号，输出电路则把计算机的微弱数字信号放大，以控制喷油器等执行机构工作。

电子控制系统主要有如下几种功能：

① 燃油喷射控制功能。

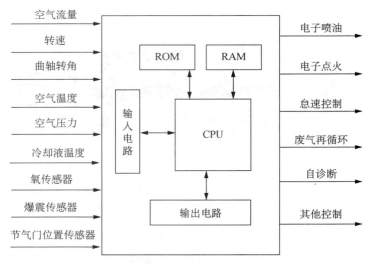

图 4-47 发动机电子控制系统框图

燃油喷射控制功能如图 4-48 所示。当发动机工作时，ECU 根据有关传感器输入的信号，经运算判断后输出控制信号，控制大功率三极管导通，使喷油器电磁线圈通电，产生电磁吸力。当电磁吸力超过针阀弹簧力和油压力的合力时，针阀开启，喷油器开始喷油。喷油器的喷油量除结构因素外，只取决于针阀的开启时间，即 ECU 给电磁线圈的通电时间。

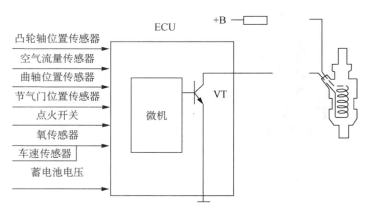

图 4-48 燃油喷射控制功能

喷油的正时控制也是由 ECU 来完成的。以下列出四缸发动机同时喷射、分组喷射和顺序喷射的正时图，如图 4-49、图 4-50、图 4-51 所示。

在装有氧传感器的反馈控制系统中，ECU 利用氧传感器检测到空燃比的反馈信号，将信号电压与基准电压进行比较，判断混合气的浓稀程度以控制喷油量，如图 4-52 所示。

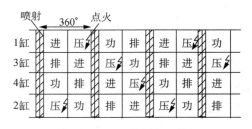

图 4-49 同时喷射正时图

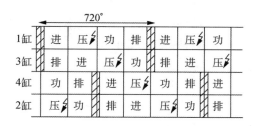

图 4-50 分组喷射正时图

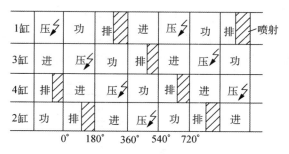

图 4-51 顺序喷射正时图

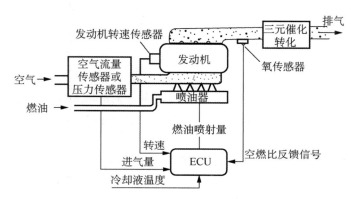

图 4-52 氧传感器反馈控制示意图

② 怠速控制。

怠速控制是指控制发动机保证低排放、低油耗的情况下有一个稳定的怠速转速，如图 4-53 所示为步进电机型怠速控制系统。

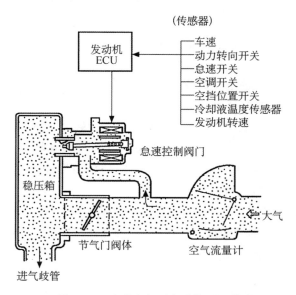

图 4-53 步进电机型怠速控制系统

一般情况下,采用发动机转速反馈形式,将发动机的实际转速与目标转速进行比较。根据比较得出的差值,去驱动步进电机,改变阀门与阀之间的距离,调节旁通空气道的空气流量,使发动机的怠速转速达到所需要的目标转速。怠速控制程序图如图4-54所示。

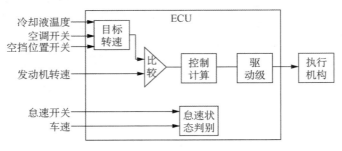

图4-54 怠速控制程序图

③ 自诊断功能。

自诊断功能是指当ECU在传感器网络中检测到任何故障和异常现象时,仪表板上的警报灯就亮。当接通自诊断开关时,ECU就将故障信息用警报灯显示出来。

④ 废气再循环控制。

NO_x是空气中的氮气与氧气在高温、高压条件下形成的。发动机排出的NO_x量主要与气缸内的最高温度有关,气缸内最高温度越高,排出的NO_x量越多。

废气再循环的目的是将适量的废气重新引入气缸参加燃烧,从而降低气缸内的最高温度,以减少NO_x的排放量。为保证发动机正常工作和性能不受过多影响,必须根据发动机工况的变化控制废气再循环量。

EGR控制系统的作用是控制废气再循环量。EGR控制系统多数为电控系统,根据其控制模式不同可分为两种类型:EGR开环控制系统和EGR闭环控制系统。循环量的大小对发动机性能影响很大,量过小时对NO_x降低作用不大,量过大时则会造成发动机性能恶化,功率下降,油耗上升。采用ECU控制循环量,能保证在不同工况下均有适量的废气进入气缸。

(四)电控燃油喷射系统的工作原理

1. 燃油压力的建立和燃油喷射的方式

油箱内的汽油被电动燃油泵吸出并加压至350 kPa左右,经燃油滤清器滤去杂质后,被送至发动机上方的燃油分配管。燃油分配管与安装在各缸进气歧管上的喷油器相通。喷油器是一种电磁阀,由计算机控制。通电时电磁阀开启,压力燃油以雾状喷入进气歧管内,与空气混合,在进气行程中被吸进气缸。

燃油分配管的末端装有油压调节器,用来调整燃油分配管中的压力,使油压保持某一定值(约250~300 kPa),多余的燃油从油压调节器上的回油口经回油管返回燃油箱。

2. 进气量的控制与测量

进气量由驾驶员通过加速踏板操纵节气门来控制。节气门开度不同,进气量也不同。利用进气歧管绝对压力传感器或空气流量传感器可记录进气量电信号的变化,并传送给计算机,计算机根据传感器信号计算出发动机进气量。

3. 喷油量与喷油时刻的确定

ECU 根据测量的进气量和转速计算出相应的基本喷油量,再根据水温传感器、进气温度传感器的信号对喷油量进行修正,得出与工况相应的精确喷油量;ECU 控制各缸喷油器在每次进气行程开始之前喷油一次,并通过调控每次喷油的持续时间来控制喷油量。一般每次喷油的持续时间为 2~10 ms。各缸喷油器每次喷油的开始时刻,由 ECU 根据曲轴转角传感器测得的第一缸上止点的位置来控制。

4. 不同工况下的控制模式

电控燃油喷射系统的计算机能根据各个传感器测得的发动机各种运转参数,判断发动机所处的工况,选择不同模式的程序控制发动机的运转,实现启动加浓、暖机加浓、加速加浓、全负荷加浓、减速调稀、强制怠速断油、自动怠速控制等功能。

一、任务准备

1. 工作准备

洁具:准备□　清洁□

毛巾:准备□　清洁□

逃生门:位置明确□　通道畅通□

灭火器:红色□　黄色□　绿色□　处理意见:

5S:整理□　整顿□　清洁□　清扫□　素养□

2. 工具准备

数字多用表、解码器、可启动电喷发动机或整车、燃油泵、汽油、棉纱、带刻度的容器一个、导线若干。

3. 实训安排

(1) 分组:班级按 3 人 1 小组划分。

(2) 每组分工:3 人小组中 1 人发指令,1 人操作,1 人记录,配合完成实训。

(3) 每组时间:每组在 18 min 内完成训练。

(4) 实训方式:按每轮两组,进行轮流训练。

4. 安全事项

(1) 车辆拉好驻车制动手柄。□

(2) 车轮前后用挡块,掩好。□

(3) 实训操作台稳固,部件齐全。□

二、实施步骤

电动燃油泵及控制电路检修(以桑塔纳 2000GSI 型轿车 AJR 发动机为例介绍)。

1. ECU 控制的油泵控制系统检查

操作步骤如下:

第一步,打开油箱盖。

第二步,打开点火开关(不启动发动机),听燃油箱中有无燃油泵电动机转动的声音。如能听到油泵运转3～5 s后停止,则控制系统工作正常。

第三步,如听不到燃油泵运转的声音,关闭点火开关后,用跨接线连接故障插头(图4-61)。

2. F_p 和 +B 两插孔短接

打开点火开关,若能听到燃油泵运转的声音,说明计算机外部燃油泵控制电路正常,故障在计算机内部。若仍听不到燃油泵运转的声音,则应检查熔断丝、继电器有无损坏,各电路有无断路或接触不良。若电路正常,则应拆检电动燃油泵。

第一步,检测熔断丝。AJR发动机燃油泵熔断丝额定电流为10 A。将熔断丝从熔断器盒中取出,检测其阻值应为0 Ω。

如果测得值为∞,说明熔断丝熔断。熔断丝熔断,说明电路中存在过载现象,应排除电路过载原因,再更换相同规格的熔断丝。如果直接更换熔断丝,会导致新的熔断丝继续熔断。

第二步,检测燃油泵继电器。燃油泵继电器常见故障有线圈烧损、触点烧蚀或触点粘连。燃油泵继电器电路如图4-55所示,其检测方法如下:

① 四脚电动燃油泵继电器的检测。

ECU控制的电动燃油泵控制系统通常采用四脚继电器,四脚电动燃油泵继电器中有两脚用于接继电器的电磁线圈,另外两脚接继电器常开触点。

用多用表电阻挡测量,继电器电磁线圈两脚之间如图4-55端子85和86应能导通,阻值应为0 Ω;常开触点两脚之间应不能导通(端子30和87),电阻阻值应为∞,否则,继电器触点粘连。

在电磁线圈两脚接上9～12 V电压,同时用多用表电阻挡测量常开触点两脚之间应能导通,如图4-56所示。若测量结果不符合要求,应更换电动燃油泵继电器。

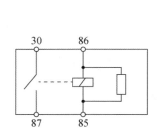

30—接电源;87—接燃油泵;
85—接ECU;86—接点火开关

图4-55 燃油泵继电器电路

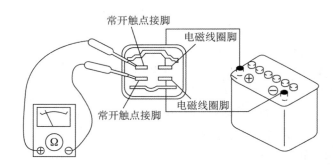

图4-56 四脚电动燃油泵继电器的检测

② 五脚电动燃油泵继电器的检测。

博世L型或D型(由开关和ECU共同控制)的电控燃油喷射系统采用五脚电动燃油泵继电器。五脚电动燃油泵继电器内有两组电磁线圈。其中一组由启动开关控制,另一组由ECU或空气流量传感器内的燃油泵开关触点控制,如图4-57(a)所示。

用多用表电阻挡测量这两组线圈,均应导通;测量常开触点两端(+B和F_p),电阻阻值应为∞,否则,继电器触点粘连,如图4-57(b)所示。

项目四　可燃混合气的形成与燃烧机理

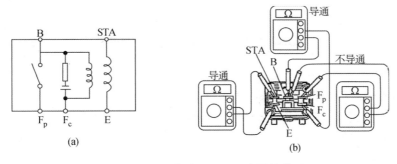

图 4-57　五脚电动燃油泵继电器的检测

分别在两组线圈两端施加 9～12 V 电压,同时用多用表电阻挡测量常开触点两脚之间应能导通。若测量结果不符合要求,应更换电动燃油泵继电器。

3. 电动燃油泵工作情况的检测

如图 4-58 所示,用外接电源直接测试燃油泵工作状态。将电动燃油泵与蓄电池相接(正负极不能接错),并使电动燃油泵尽量远离蓄电池,每次接通不超过 10 s。

注:时间过长会烧坏电动燃油泵电动机的线圈。

如电动燃油泵不转动,则应更换电动燃油泵。

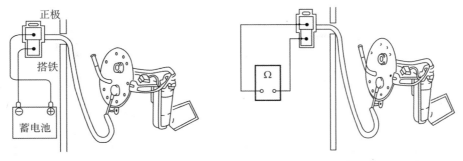

图 4-58　检测燃油泵工作状态　　　图 4-59　检测燃油泵电枢绕组的电阻

4. 燃油泵电枢绕组电阻的检测

如图 4-59 所示,用多用表测量电动燃油泵电源端子和搭铁端子间的电阻,即为电动燃油泵直流电动机电枢绕组的电阻。其阻值若不符合规定标准,则应更换燃油泵。如果经过测量发现电阻过小或过大,说明燃油泵电枢绕组存在短路、电刷接触不良或绕组有断路故障。

注:不同型号的燃油泵电枢绕组电阻不同,一般在十几欧左右。

5. 电动燃油泵供油量的检查

如果电动燃油泵马达工作正常,要对电动燃油泵供油量进行检测,电动燃油泵供油量一般是发动机工作时所需燃油量的 6～7 倍,多余的燃油经回油管流回燃油箱。

注:汽车二级维护时应检测电动燃油泵的供油量。

检测步骤如下:

第一步,关闭点火开关,拆除电动燃油泵熔断丝、继电器或导线连接器(依据车型而定),

断开电动燃油泵的电源。

第二步,启动发动机直至自行熄火,重复启动发动机 2～3 次,卸掉汽油管路中的高压。

第三步,拆除燃油分配管上的进油管,注意应在操作点处垫上抹布,用于吸收溢出的汽油。

第四步,把拆开的进油管放入一个大号量杯中。

第五步,用跨接线将电动燃油泵与蓄电池相连,此时电动燃油泵工作,泵出高压汽油。

第六步,记录电动燃油泵的工作时间和供油体积,供油量应符合车型技术要求。

一般经燃油滤清器过滤后的供油量每 30 s 为 0.6～1 L;桑塔纳 AJR 发动机电动燃油泵供油量每 30 s 应不小于 0.58 L。

注:检测燃油泵供油量时,燃油泵每次工作时间不能超过 10 s。

6. 电动燃油泵进油滤网的维护

进油口的进油滤网用来过滤燃油中较大的杂质和胶质,保护燃油泵电动机。杂质和胶质较多时会影响电动燃油泵的泵油量,严重时会导致电动燃油泵无法吸油,因此需经常清洗燃油泵滤网和汽油箱。电动燃油泵滤网破损后应更换电动燃油泵总成。

7. 使用或检测电动燃油泵注意事项

新旧燃油泵均不能在空气中进行干试,以免电刷与换向器接触不良产生火花,引起爆炸或烧损电枢绕组。

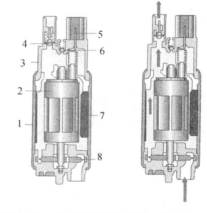

图 4-60 电动燃油泵结构及工作过程

(1)燃油泵组成、工作原理(图 4-60)。

① 组成。

1—＿＿＿＿＿;2—＿＿＿＿＿;
3—＿＿＿＿＿;4—＿＿＿＿＿;
5—＿＿＿＿＿;6—＿＿＿＿＿;
7—＿＿＿＿＿;8—＿＿＿＿＿。

② 原理。

(2)电动燃油泵控制电路(图 4-61)。

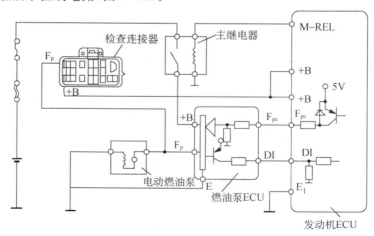

图 4-61 ECU 控制的燃油泵控制线路

项目四 可燃混合气的形成与燃烧机理

试分析燃油泵的控制过程。

任务二 可燃混合气的燃烧与组件检修

任务目标

- 了解可燃混合气的燃烧过程。
- 能熟练掌握电控点火系统的组成及工作原理。
- 能熟练掌握电控点火系统主要元件的功用、结构。

任务引入

售后经理接到客户张先生反映,他的汽车发动机运转不平稳且发动机工作灯亮起,怠速抖动。汽车维修人员通过读取故障码,初步判定某一缸点火系统不工作导致缺缸,要求检查并排除,制订维修计划,得到经理确认后,完成此任务,提交一份分析报告并归档。

必备知识

一、可燃混合气的燃烧

发动机可燃混合气的燃烧过程是将燃料的化学能转变为热能的过程。燃料燃烧完全的程度,直接影响到热量产生的多少和排出的废气的成分,而燃烧时机又关系到热量的利用程度。所以燃烧过程是影响发动机的动力性、经济性和排气污染的主要过程,同时与噪声、震动、启动性能和使用寿命也有重大关系。

燃烧过程的基本要求如下:

(1)完全。燃烧完全,才能充分利用燃油的化学能,尽量减少有害污染物的排放。

(2)及时。燃烧及时,使放热集中在上止点附近,提高热功转换能力。在上止点后 12°~15°才燃烧完毕,循环功最多。

(3)正常。正常燃烧,才能保证发动机稳定、可靠地工作。

(一)可燃混合气的燃烧过程

汽油机燃烧过程是指从点火开始到燃料基本烧完为止的过程,分为正常燃烧和非正常燃烧。

1. 正常燃烧

唯一地由火花定时点火开始,火焰前锋以正常速度传播到整个燃烧室。正常燃烧过程如图 4-62 所示。图中垂直线表示只压缩不点火的压缩线,在燃烧压力线上,点 1 为火花塞跳火点,点 2 为燃烧压力线脱离压缩压力线点,点

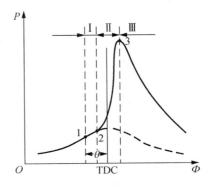

Ⅰ—延迟期;Ⅱ—显燃期;
Ⅲ—补燃期;θ—点火提前角

图 4-62 正常燃烧过程

3为最高压力点。燃烧过程的进行是连续的,为分析方便,按其压力变化的特征,可人为地将汽油机的燃烧过程分为三个阶段。

(1) 着火落后期。从火花塞跳火开始到形成火焰中心为止这段时间,称为着火落后期。如图4-62中阶段1所示。从火花塞跳火开始到上止点的曲轴转角称为点火提前角,用θ表示。火花塞跳火后,并不能立刻形成火焰中心,因为混合气氧化反应需要一定时间,当火花能量使局部混合气温度迅速升高,以及火花放电时两极电压在15 000 V以上时,混合气局部温度可达2 000 ℃,加快了混合气的氧化反应速度。这种反应达到一定的程度(所需要的时间约占整个燃烧时间的15%左右时),出现发光区,形成火焰中心。此阶段压力无明显升高。

着火落后期的长短与燃料本身的分子结构和物理化学性质、过量空气系数($\phi at=0.8\sim0.9$时最短)、开始点火时气缸内温度和压力(取决于压缩比)、残余废气量、气缸内混合气的运动、火花能量大小等因素有关。汽油机燃烧过程中,着火落后期的影响不如柴油机大。

(2) 明显燃烧期。指从形成火焰中心点2到出现最高压力点3的时间或曲轴转角。

在均值混合气中,当火焰中心形成之后,火焰向四周传播,形成一个近似球面的火焰层,即火焰前锋,从火焰中心开始层层向四周未燃混合气传播,直到连续不断的火焰前锋扫过整个燃烧室。明显燃烧期是汽油机燃烧的主要时期。明显燃烧期愈短,愈靠近上止点,汽油机经济性、动力性愈好,但可能导致压力升高率过高,工作粗暴,对排污亦不利。

混合气约80%~90%在此期间燃烧完毕,一般明显燃烧期约占20°~40°曲轴转角。最高压力点3到达的时刻,对发动机的动力性、经济性及压力升高率等都有重大影响,可用点火提前角来调整。燃烧最高压力出现在上止点后12°~15°曲轴转角,发动机的性能最好。最高压力过早,使压缩功大,过迟散热损失增大;最高压力过大,产生震动、噪音;最高压力过小,使膨胀功减少。

(3) 补燃期。从最高压力点3开始到燃料基本燃烧完为止这段时间,称为补燃期。这一阶段的燃烧主要是明显燃烧期火焰前锋扫过的区域,部分未燃烧的燃料继续燃烧;吸附在气缸缸壁上的混合气层继续燃烧;部分高温分解产物(H_2、O_2、CO等)因在膨胀过程中温度下降又重新燃烧、放热。由于活塞下行,压力降低,散热面积增大,使补燃期内燃烧放出的热量不能有效地转变为功。同时排气温度增加,热效率下降,影响发动机的动力性和经济性。因此,应尽量减少补燃。

正常燃烧时汽油机补燃现象比柴油机轻得多。补燃期燃烧速度慢,燃烧放出的热量因活塞下行不能被转化为有用的机械能,使排气温度升高。虽不能绝对消除,但通过完善燃烧过程,可尽量减少。

2. 汽油机的不正常燃烧

汽油机在正常燃烧情况下,提高压缩比可以提高汽油机的动力性和燃油经济性。而当出现不正常燃烧时,热效率及功率均要下降。同时,由于不正常燃烧使零件磨损加剧,使用寿命下降,发动机震动及噪声增大,排放污染严重,发动机过热。汽油机的不正常燃烧主要有爆燃(图4-63)和表面点火(图4-64)。

(1) 爆燃。

汽油机在燃烧过程中,火焰前锋以正常的传播速度向前推进,使得火焰前方未燃的混合气(末端混合气)受到已燃混合气强烈的压缩和热辐射作用,加速其先期反应,放出部分热量,使本身的温度急剧升高。如果火焰前锋及时到达将其引燃,直到燃烧完为止,属正常燃烧。如果火焰前锋未到达前,末端混合温度达到了自燃温度,形成新的火焰中心,产生新的火焰快速传播,这种现象称爆燃。

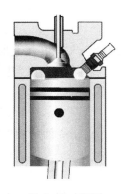
图 4-63　爆燃

图 4-64　表面点火

① 爆燃的外部特征。

气缸内发出特别尖锐的金属敲击声,亦称为敲缸。轻微敲缸时,发动机功率上升,油耗下降,但严重时会产生冷却水过热,功率下降,油耗上升,发动机磨损加剧,排放污染增加(主要是排气冒黑烟)。

② 爆燃产生的原因。

爆燃的火焰前锋面推进速度远远高于正常燃烧的火焰传播速度,轻微爆燃时火焰传播速度约为 100～300 m/s,强烈爆燃时火焰传播速度可高达 800～2 000 m/s。它使未燃混合气体瞬时燃烧完毕,局部温度、压力猛烈增加,形成强烈的压力冲击波。冲击波以超音速传播撞击燃烧室壁,发出频率达 3 000～5 000 Hz 的尖锐的金属敲击声。试验表明,发动机总充量中只要有大于 5% 的部分进行自燃时,就足以引起剧烈爆燃。从图 4-65 可以清楚地反

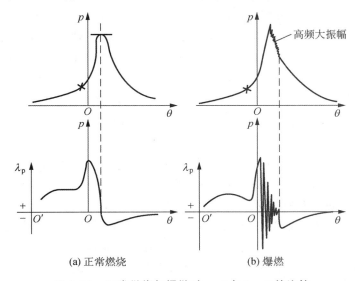

图 4-65　正常燃烧与爆燃时 p-θ 与 λ_p-θ 的比较

映出爆燃与正常燃烧的差异。

爆燃时的压力升高率 λ_p 比正常燃烧时高,有时可高达 65 MPa/°。出现最高压力后,压力波动很大,λ_p 忽大忽小,从而破坏了正常燃烧示功图。它使发动机功率下降,零件冲击载荷增加,使用寿命下降,发动机过热。

③ 危害。

由于爆燃时的压力波动,不能使燃气对活塞做功更多。汽车重载上坡时,允许有轻微的短时间的爆燃,因为轻微的爆燃可以使燃烧过程缩短,有利于提高有效热效率。但不允许严重的爆燃,严重爆燃会造成下列危害。

a. 机件过载。

强烈爆燃时的冲击波能使缸壁、缸盖、活塞、连杆、曲轴等机件的机械负荷增加,使机件变形甚至损坏。

b. 机件烧损。

汽油机燃烧终了时的温度可达到 2 000 ℃～2 500 ℃,而活塞顶、燃烧室壁及缸壁的温度仅为 200 ℃～300 ℃,除了冷却水的作用外,能够维持如此低温度的原因,还包括在这些壁面上形成了气体的附面层,它起到隔热的作用。强烈爆燃时的冲击波会破坏这一附面层,使机件直接与高温燃气接触。严重爆燃时,局部燃气温度可高达 4 000 ℃以上,这样会使活塞头部和气门等机件烧损。同时热量传给冷却水,引起发动机过热。

c. 性能指标下降。

严重爆燃时的局部高温及强烈的压力冲击波,破坏了附面层,气体向缸壁的传热量大大增加,使热效率下降,功率降低,耗油率增加。

d. 发动机磨损加剧。

由于传热损失增加,使冷却水和润滑油温度增加,润滑油润滑效果变差,零件磨损加剧。实验表明,严重爆燃时磨损比正常燃烧时大 27 倍。

e. 排气管冒黑烟,补燃增加,排气温度增加。

爆燃时局部高温引起热分解现象严重,使燃烧产物分解为 CO、H_2、O_2、NO 及游离碳的现象增多,排气冒烟严重。CO、H_2、O_2 等在膨胀过程中重新燃烧又使补燃增加,排气温度增高。爆燃产生的炭粒形成积炭,破坏活塞环、火花塞、气门等零件的正常工作,使发动机可靠性下降。

f. 轻微爆燃有利。

接近等容燃烧,热效率提高,汽车上坡时驾驶员感觉轻松。

④ 爆燃的影响因素。

a. 燃料因素。

汽油机的压缩比,应适应汽油辛烷值的要求。

b. 末端混合气的压力和温度。

发动机转速增加,进气速度加快,压缩终了气体的紊流度提高,火焰传播速度加快,爆燃程度减弱;气缸残余废气多,会使混合气自燃温度提高,着火延迟期加长,可减弱爆燃。

过量空气系数为 0.85～0.95 时,自燃温度低,着火延迟期短,爆燃最严重;点火提前角大,易爆燃;缸内积炭使热阻加大,壁面温度升高,实际压缩比增加,爆燃加重,影响混合气的温度和压力。

c. 火焰前锋传到末端混合气的时间。

提高火焰传播速度、缩短火焰传播距离,都会减少火焰前锋传到末端混合气的时间,有利于避免爆燃。燃烧室结构能使压缩终了气体紊流速度提高,火焰传播速度加快,能避免爆燃;火花塞的位置和数目使火焰行程缩短,可减少爆燃;使末端气体接触的燃烧室壁强冷却,可减少爆燃;采用小直径的气缸,不易爆燃。

(2) 表面点火。

在汽油机中,凡是不靠电火花点火而由燃烧室炽热表面(如过热的火花塞绝缘体和电极、排气门、炽热的积炭等)点燃混合气引起的不正常燃烧现象,称为表面点火。根据被炽热表面点火的火焰是否始终以正常速度进行传播,表面点火又分为早燃和后火。

① 早燃。

高温炽热表面在火花塞跳火前点燃混合气的现象,称为早燃(图 4-66)。发生早燃时,炽热表面温度较高。由于混合气使进气和压缩行程中长期受到炽热表面加热,点燃的区域比较大,一经着火,势必使火焰传播速度较高,压力升高过大。常使最高压力点出现在上止点之前,压缩功过大,发动机运转不平稳并发生沉闷的敲击声。同时,早燃的发生使散热损失增加,传给冷却水的热量增多,容易使发动机过热,有效功率下降。甚至在压缩过程末期的高温高压下会引起机件损坏。

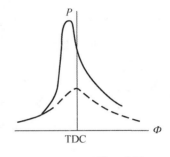

图 4-66 早燃示功图

由于早燃提前点火而且热点比火花大,使燃烧速率快,气缸压力、温度增高,发动机工作粗暴,并且由于压缩功增大,向缸壁传热增加,致使功率下降,火花塞、活塞等零件过热。

早燃会诱发爆燃,爆燃又会让更多的炽热表面温度升高,促使更剧烈的表面点火,两者互相促进,危害更大。

② 后火。

在火花塞不跳火时,混合气仍能着火,并且形成的火焰前锋仍以正常火焰传播速度向未燃气体推进,这种表面点火称为后火。

这种现象在发动机断火后出现。发动机仍像有电火花一样,继续运转,直到热点温度下降到不能点燃混合气为止,发动机才停转。

(二) 影响燃烧过程的因素

1. 汽油的品质

汽油的蒸发性与抗爆性是影响汽油机燃烧过程的主要使用性能的因素。

汽油的蒸发性用馏程和蒸气压评定。汽油的蒸发性愈强,愈容易汽化,与空气混合愈均匀,易于完全燃烧。因此,汽油要有良好的蒸发性,但蒸发性过强,在炎热的夏季、高原山区使用时,易形成供油系"气阻",甚至发生供油中断现象。

汽油的抗爆性是指汽油在发动机气缸内燃烧时抵抗爆燃的能力,用辛烷值评定。汽油的辛烷值愈高,其抗爆性愈好。汽油的牌号以辛烷值划分。

2. 混合气成分

在 $\alpha=0.8\sim0.9$ 时,由于燃烧温度最高,火焰传播速度最大,爆燃倾向最大。

在 $\alpha=1.03\sim1.1$ 时,由于燃烧完全,油耗最低,但此时缸内温度最高且空气富余,NO_x 排放量大。

使用 $\alpha<1$ 的浓混合气工作,由于必然产生不完全燃烧,所以 CO 排放量明显上升。

当 $\alpha<0.8$ 及 $\alpha>1.2$ 时,火焰传播速度缓慢,部分燃料可能来不及完全燃烧,因而经济性差,HO 排放量增多且工作不稳定。

3. 点火提前角

点火提前角过大,则在压缩过程中燃烧的混合气增多,活塞上行的压缩功增加,发动机容易过热,有效功率下降,工作粗暴程度增加。同时,爆震倾向加大。

点火提前角过小,则后燃严重,最高燃烧压力和温度下降,传热损失增多,排气温度升高,功率下降,耗油量增多。

4. 冷却水温度

冷却水温度应控制在合适范围内。水温过高或过低均会影响混合气的燃烧和发动机的正常使用。

水温过高,燃烧室壁面温度高,爆震及表面点火倾向增加。混合气温度升高,气缸充量减少,发动机动力性、经济性下降。

5. 转速

转速增加,气缸中紊流增强,火焰传播速度加快,燃烧过程缩短。由于循环时间也缩短,燃烧过程相对应的曲轴转角增加,应当相应加大点火提前角,以保证燃烧过程在上止点附近完成。转速增加时,火焰传播速度加快,爆震倾向减小。

6. 负荷

转速一定,负荷减小,进入气缸的新鲜混合气量减小,而残余废气量不变,所占比例相对增加。残余废气对燃烧反应起阻碍作用,使燃烧速度减慢。为保证燃烧过程在上止点附近完成,需增大点火提前角。

反之,转速一定,负荷增加,进入气缸的新鲜混合气量多,残余废气量所占比例相对减少,到大负荷时混合气为功率混合气,燃烧速度快,需减小点火提前角。低负荷时,爆震倾向较小。

7. 其他因素

压缩比、燃烧室的结构、气缸的直径等因素也会影响可燃混合气的燃烧。

二、点火系统

在汽油机上设有一套能在气缸内产生电火花的系统,称为点火系统。

(一) 点火系统的作用

点火系统的作用是将蓄电池或发电机的低压电转变成高压电,再按照发动机的工作顺序适时地将高压电分送给需要点火气缸的火花塞,产生电火花,以点燃可燃混合气。

(二) 点火系统的要求

1. 能产生足以击穿火花塞间隙的电压

火花塞电极间产生火花时的电压称为击穿电压,汽油机正常工作所需的击穿电压与运行工况有关。为了能可靠地点燃可燃混合气,点火系统需提供适应不同工况要求的击穿电压,目前大多数电控点火系统所能提供的击穿电压已超过 28 kV。

2. 火花必须具有足够的能量

要可靠地点燃可燃混合气,除了需要足够的击穿电压外,火花塞产生的电火花还应具有足够的能量。一般情况下,电火花的能量越大,混合气的着火性能越好。点燃可燃混合气所必需的最低能量与混合气的浓度、火花塞电极间隙击穿电压及电极形状等因素有关。为了使混合气有良好的着火性能,点火花一般应具有 50~80 MJ 的点火能量,目前电控点火系统的高能点火装置能提供的点火能量都超过 80~100 MJ。

3. 点火时刻应适应发动机工况的需要

对于多缸发动机,点火系统应按发动机的工作顺序进行点火。对于某一缸而言,电火花产生的时刻应使发动机发出的功率最大、油耗最低、排放污染最小。点火时刻用点火提前角表示。点火过早,功率下降,易爆震;点火过迟,功率、热效率降低。在发动机运行过程中,点火系统要能为发动机提供适应工况的最佳点火提前角。影响最佳点火提前角的因素很多,最主要的因素是发动机转速、负荷、冷却液温度及燃油性质等。

(1) 发动机转速。

随着转速的升高,燃烧过程所占的曲轴转角增大,提前角应增大。

(2) 发动机负荷。

随着负荷的加大,节气门开度增大,进入气缸的混合气量增多,压缩终了时混合气的压力和温度升高,同时,残余废气在气缸内所占的比例减小,混合气燃烧速度加快,这时点火提前角应适当减小。

(3) 燃料性质。

汽油辛烷值越高,抗爆性越好,点火提前角增大,反之应减小。

(4) 其他因素。

其他因素有燃烧室形状、燃烧室内温度、空燃比、大气压力、冷却液温度。

当汽油机保持节气门开度、转速以及混合气浓度一定时,汽油机功率和耗油率随点火提前角的变化而变化。对应于发动机每一工况都存在一个"最佳"点火提前角。适当的点火提前角,可使发动机每循环所做的机械功最多。

(三) 电控点火系统的组成

电控点火系统由传感器、发动机电子控制单元(ECU)及执行器三部分组成,如图 4-67 所示。事实上,由于电控点火系统是汽油机电控系统的一个组成部分,因此,除了点火系统专用的部件(如点火控制模块、点火线圈、火花塞等)和传感器(如爆震传感器)外,其他所有的传感器包括 ECU 都是共用的。

1. 点火控制器

点火控制器又称为点火模块、点火电子组件、点火器或功率放大器,是微机控制点火系统的功率输出级,它接受 ECU 输出的点火控制信号并进行功率放大,以便驱动点火线圈工作。点火控制器的电路、功能与结构根据车型的不同而不同,有的与 ECU 制作在同一块电路板上,有的为独立总成,并用线束与 ECU 相连,其电路如图 4-68 所示。

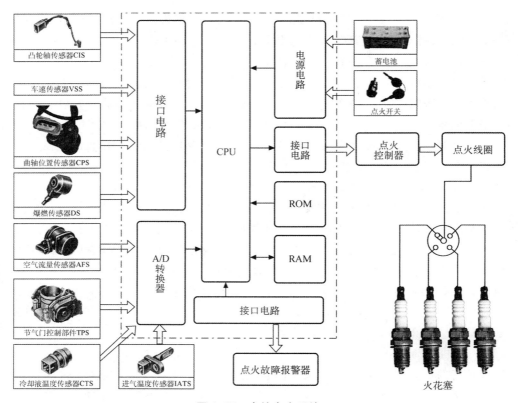

图 4-67 电控点火系统

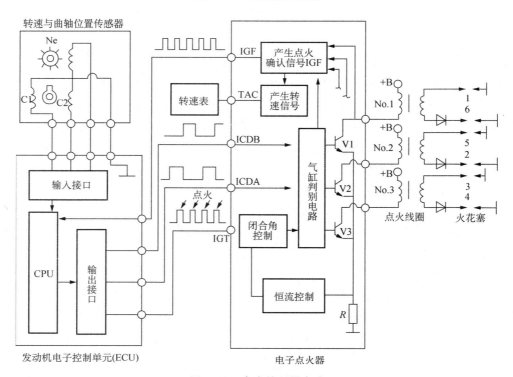

图 4-68 点火控制器电路

2. 点火线圈

点火线圈把电源的低压电转变成火花塞点火所需要的高压电。所以,点火线圈实际上是一个变压器,它主要由初级绕组、次级绕组和铁芯组成,结构如图4-69所示。

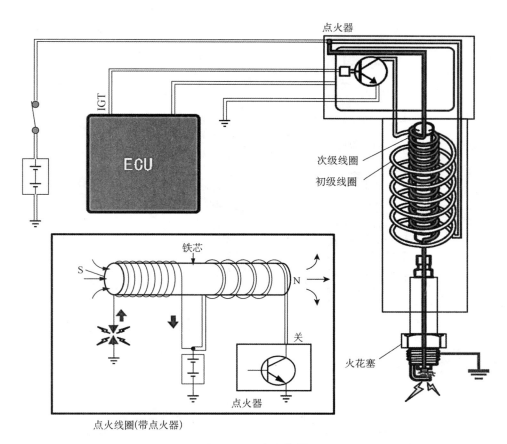

图 4-69 点火线圈

3. 火花塞

火花塞安装在燃烧室内,其功用是将高压电引入燃烧室内,在电极间形成火花,以点燃可燃混合气。其结构如图4-70所示。

(四) 电控点火系统的工作原理

电控点火系统的工作原理如图 4-71 所示,发动机 ECU 根据各种传感器的信号确定点火正时,并将点火控制信号(IGT信号)传送给点火器,再由点火器控制点火线圈初级电路的通、断,点火线圈次级线圈所产生的高压电经高压线送给火花塞进行点火。点火提前角的大小取决于 ECU 所发出的点火控制信号(IGT信号)的迟早,该信号发出早,点火提前角就大;反之,点火提前角就小。

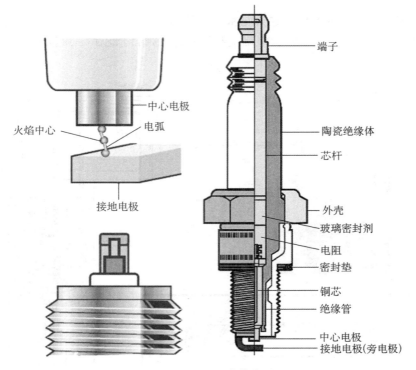

图 4-70　火花塞

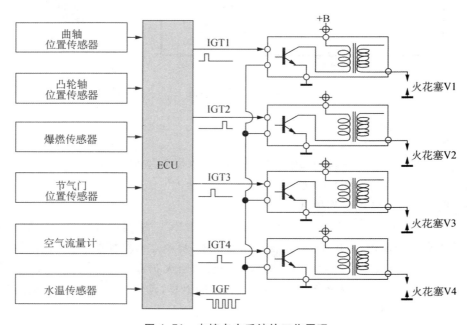

图 4-71　电控点火系统的工作原理

任务实施

一、任务准备

1. 工作准备

洁具：准备□　清洁□

毛巾：准备□　清洁□

逃生门：位置明确□　通道畅通□

灭火器：红色□　黄色□　绿色□　处理意见：

5S：整理□　整顿□　清洁□　清扫□　素养□

2. 工具准备

工具车、一字起子、指针式扭力扳手、多用表、抹布、吸铁棍等。

3. 实训安排

（1）分组：班级按 3 人 1 小组划分。

（2）每组分工：3 人小组中 1 人发指令，1 人操作，1 人记录，配合完成实训。

（3）每组时间：每组在 18 min 内完成训练。

（4）实训方式：按每轮两组，进行轮流训练。

（5）实训设备：实训中心教学车辆或离合器总成及齐全的散件实训台。

4. 安全事项

（1）车辆拉好驻车制动手柄。□

（2）车轮前后用挡块，掩好。□

（3）离合器实训操作台稳固，部件齐全。□

二、实施步骤

（1）确认点火开关位于 off 挡；挡位位于 P 挡或 N 挡；拉起手刹；排气管连接正常；打开发动机舱盖。

（2）用一字起子翘起点火线圈（注意翘的位置与受力部位）。

（3）断开点火线圈与插头的连接插头，并将拆卸的点火线圈放置归位。

（4）确保火花塞附近无异物（若有异物，用高压空气清洁）。

（5）确认火花塞套筒型号选择正确且套筒内部有橡胶或磁铁。

（6）组装火花塞套筒、加长杆、扭力扳手。

（7）用扭力扳手拧松后再用棘轮扳手取出火花塞（注意棘轮扳手旋向）。

（8）检测火花塞外观状况并记录是否合格（外观无损坏、无油污、无裂纹等）。

（9）检测火花塞中心电极与侧电极之间间隙，判断是否合格并记录（间隙为 0.9～1.1 mm）。

（10）检测火花塞裙部螺纹与接线柱之间的电阻，判断是否合格并记录（电阻大于 10 MΩ）。

（11）检测火花塞中心电极与接线柱之间的电阻，判断是否合格并记录（电阻小于 3 kΩ）。

（12）断开喷油器插头，组装火花塞点火线圈做跳火实验并记录结果。

（13）将合格的火花塞放入缸盖并用手拧紧。

(14) 用扭力扳手将火花塞紧固至 10 N·m(维修手册要求为 25 N·m,再转 90°)。
(15) 安装点火线圈并连接点火线圈插头,复位喷油器插头。
(16) 启动发动机,测试发动机怠速、加速、高速是否工作稳定平顺。
(17) 关闭发动机复位工量具。

测量结果统计

项　　目	结　　果	是否合格
火花塞外观检测		
火花塞中心电极与侧电极之间间隙		
火花塞裙部螺纹与接线柱之间电阻		
火花塞中心电极与接线柱之间电阻		
启动汽车跳火实验		

三、清洁及整理

整理:所用工量具□

清洁场地:座椅□　地板□　工作台□　零件盘□　工位场地□

学生工作页

(1) 简要说明更换火花塞的重要性和必要性。

(2) 写出点火系统中各主要部件的名称。

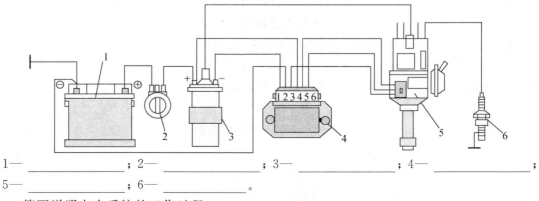

1—_____；2—_____；3—_____；4—_____；
5—_____；6—_____。

简要说明点火系统的工作过程。

(3) 写出火花塞相关部件的名称。

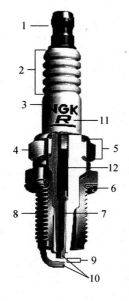

1—_____ ；2—_____ ；
3—_____ ；4—_____ ；
5—_____ ；6—_____ ；
7—_____ ；8—_____ ；
9—_____ ；10—_____ ；
11—_____ ；12—_____ 。

(4) 简述火花塞检查的主要方面。

(5) 简述火花塞在更换过程中的注意事项。

(6) 简述火花塞的更换程序。

(7) 点火系统的主要作用是（   ）。
A. 把低电压从次级绕组导入初级绕组来产生电火花
B. 产生电弧来点燃发动机气缸中的空气/燃油混合气
C. 降低了蓄电池提供的电压值，从而避免机械零件过度的损耗
D. 当活塞处于进气行程开始时产生电火花来控制排放

(8) 维修技工甲说：当初级绕组中的磁场消失时，就在点火线圈的次级绕组中诱导出高电压。维修技工乙说：点火系统次级绕组的主要作用是承载高电压来产生电火花。下列说法正确的是（   ）。
    A. 维修技工甲正确   B. 维修技工乙正确
    C. 维修技工甲和乙都正确   D. 维修技工甲和乙都不正确

(9) 维修技工甲说：点火系统初级绕组的主要作用是传导由蓄电池产生的高电压。维修技工乙说：只有在发动机启动时，初级绕组才工作。下列说法正确的是（   ）。
    A. 维修技工甲正确   B. 维修技工乙正确

C. 维修技工甲和乙都正确　　　　　　D. 维修技工甲和乙都不正确

（10）维修技工甲说：在电子点火系统中，电压被诱导进入安装在火花塞上的点火线圈的初级绕组。维修技工乙说：多个传感器把有关凸轮轴和曲轴位置与速度的信息传送给电子控制模块来控制电子点火。下列说法正确的是（　　）。

A. 维修技工甲正确　　　　　　　　　B. 维修技工乙正确
C. 维修技工甲和乙都正确　　　　　　D. 维修技工甲和乙都不正确

学后测评

一、判断题（对的打"√"，错的打"×"）

1. 空气流量传感器的作用是测量发动机的进气量，ECU 根据空气流量传感器的信号确定基本喷油量。（　　）

2. 进气歧管绝对压力传感器与空气流量传感器的作用是相当的，所以一般车上这两种传感器只装一种。（　　）

3. 机械控制式燃油喷射系统，其喷油量的多少取决于供油管中油压的高低。（　　）

4. 开关量输出型节气门位置传感器既能测出发动机怠速工况和大负荷工况，又能测出发动机加速工况。（　　）

5. 目前大多数电动燃油泵装在燃油箱内部。（　　）

6. 电控燃油喷射系统一般采用连续喷油方式。（　　）

7. 冷却液温度传感器和进气温度传感器的主体是具有正温度系数的半导体电阻。（　　）

8. 当发动机高速运行时下节气门突然关闭，ECU 将切断喷油。（　　）

9. 冷启动喷油器一般不受 ECU 控制，而是由热控正时开关控制。（　　）

二、选择题

1. 对喷油量起决定性作用的是（　　）。
   A. 空气流量传感器　　　　　　　　B. 水温传感器
   C. 氧传感器　　　　　　　　　　　D. 节气门位置传感器

2. 当节气门开度突然加大时，燃油分配管内油压（　　）。
   A. 升高　　　　B. 降低　　　　C. 不变　　　　D. 先低后高

3. 在（　　）式空气流量传感器中，还装有进气温度传感器和油泵控制触点。
   A. 翼片　　　　B. 卡门漩涡　　　C. 热线　　　　D. 热膜

4. 在多点电控燃油喷射系统中，喷油器的喷油量取决于喷油器的（　　）。
   A. 针阀升程　　　　　　　　　　　B. 喷孔大小
   C. 压力差　　　　　　　　　　　　D. 针阀开启的持续时间

5. 下列元件中（　　）不是电控燃油喷射系统中的执行器。
   A. 怠速控制阀　　　　　　　　　　B. 电磁喷油器
   C. 油压缓冲器　　　　　　　　　　D. 电动燃油泵

6. 测量空气质量流量的是（　　）式空气流量传感器。
   A. 压力　　　　B. 翼片　　　　C. 卡门涡流　　　D. 热线

项目四　可燃混合气的形成与燃烧机理

7. 装有（　　）的电控燃油喷射系统中，其控制方式属于闭环控制方式。
   A. 氧传感器　　　　　　　　　　　　B. 节气门位置传感器
   C. 温度传感器　　　　　　　　　　　D. 曲轴位置传感器
8. 下列电动燃油喷射系统中，采用机械式控制方式的是（　　）系统。
   A. K型　　　　　B. KE型　　　　　C. EFI型　　　　　D. M型
9. 如果汽车上装有主、副两个传感器，用于监测三元催化器净化效率的是（　　）。
   A. 其中任何一个　　　　　　　　　　B. 主氧传感器
   C. 副氧传感器　　　　　　　　　　　D. 两个都不是
10. 双金属片式辅助空气阀中双金属片的动作由加热线圈的（　　）或发动机的水温决定。
    A. 通电电流　　　B. 通电电压　　　C. 绕组数　　　D. 通电时间
11. 使燃油压力与进气歧管压力之差保持恒定的是（　　）。
    A. 节气门体　　　　　　　　　　　　B. 油压缓冲器
    C. 燃油压力调节器　　　　　　　　　D. 电动燃油泵

三、问答题

1. 电控燃油喷射系统有何优点？

2. 节气门阀由哪些部件组成？它们的作用是什么？

3. 体积流量型空气流量传感器有哪几种类型？各有什么特点？

4. 节气门位置传感器有几种类型？各有什么特点？

5. 燃料供给系统由哪些部件构成？它们的作用是什么？

6. 燃油压力调节器的作用是什么？

7. 简述磁感应式曲轴位置传感器的工作原理。

8. 氧化锆式氧传感器是怎样检测排气中的氧的含量的?

9. 发动机电子控制单元 ECU 由哪几部分组成?

润滑系统结构的认知与维修

 项目描述

发动机工作时,摩擦表面(如曲轴轴颈与轴承、凸轮轴轴颈与轴承、活塞环与气缸壁、正时齿轮副等)之间以很高的速度做相对运动,金属表面之间的摩擦不仅增大发动机内部的功率消耗,使零部件工作表面迅速磨损;摩擦所产生的热量还可能使某些工作零件表面熔化,导致发动机无法正常运转。因此,为保证发动机正常工作,必须对发动机内相对运动部件表面进行润滑,也就是在摩擦表面覆盖一层润滑剂(机油或油脂),使金属表面之间间隔一层薄的油膜,以减小摩擦阻力,降低功率损耗,减轻磨损,延长发动机的使用寿命。

 学习目标

1. 知识目标
(1)掌握发动机润滑系统的结构、组成与原理。
(2)掌握发动机润滑系统的各部件。

2. 技能目标
(1)能够正确更换机油滤清器。
(2)能够熟练更换机油泵。

任务一 润滑系统结构的认知

任务目标

掌握发动机润滑系统的组成、功用、润滑路线。

任务引入

了解润滑系统的作用、组成及润滑方式,是维修人员对润滑系统能进行正确拆装与检修的必备知识。

必备知识

一、润滑系统的作用

发动机运转时,各运动零件互相接触表面在做相对高速运动时会产生摩擦。这种摩擦不仅会增加发动机内部功率消耗,加速零件表面磨损,而且还会因摩擦产生热量,使得零件受热膨胀,导致其配合间隙减小、机械性能下降,甚至使零件表面熔化,导致发动机不能正常运转。

为保证发动机正常工作,延长使用寿命,应尽量减轻磨损,减小摩擦阻力,发动机上设置了润滑系统。润滑系统的基本任务就是将清洁的润滑油不断地供给各运动零件的摩擦表面进行润滑,使发动机能长期正常工作。

二、发动机润滑系统的润滑方式

根据发动机中各运动副工作条件的不同,发动机一般采用下面两种润滑方式。

1. 压力润滑

压力润滑工作时不断地将具有一定压力的润滑油送至两摩擦面之间,形成具有一定厚度的油膜来尽量隔开两摩擦零件,以保证可靠的润滑。某些承受载荷大、相对速度高的零件表面(如主轴承、连杆轴承表面等),都采用这种润滑方式。压力润滑工作可靠,润滑效果好,且对摩擦表面具有一定的净化和冷却的作用。

2. 飞溅润滑

飞溅润滑是利用发动机工作时某些运动零件(主要是连杆大端和曲轴曲柄)飞溅起来的油润滑。

三、发动机润滑系统的组成及油路

润滑系统一般由机油泵、油底壳、机油滤清器、机油散热器、各种阀、传感器和机油压力指示灯等组成。图 5-1 为桑塔纳 AJR 型发动机润滑系统结构及油路示意图。油底壳内的润滑油经集滤器滤掉粗大的机械杂质后,被机油泵压入机油滤清器后分三路送出。

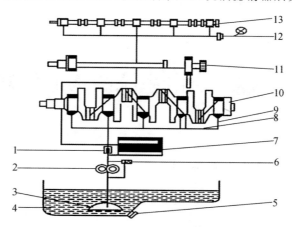

1—旁通阀;2—转子式机油泵;3—机油集滤器;4—油底壳;5—放油螺塞;6—溢流阀;7—机油滤清器;
8—气缸体主油道;9—气缸体分油道;10—曲轴;11—活塞组;12—气缸盖主油道端压力开关;13—凸轮轴

图 5-1 桑塔纳 AJR 型发动机润滑系统结构及油路示意图

项目五 润滑系统结构的认知与维修

任务二 润滑系统主要部件的拆装与检修

任务目标

- 掌握润滑系统主要部件的结构和工作原理。
- 熟悉润滑系统主要部件的检测和维修方法。
- 熟悉润滑系统常见故障的原因分析及排除方法。

任务引入

一辆桑塔纳发现其机油加满后很快减少,并且行驶过程中排气管冒蓝烟。

必备知识

一、桑塔纳 2000GSI 型轿车 AFE 型发动机润滑系统的结构与维修

桑塔纳 AFE 型发动机润滑系统的主要部件有机油泵、机油滤清器、各种阀、机油散热器以及检视设备。图 5-2 为桑塔纳 2000GSI 型轿车 AFE 型发动机的润滑系统零件分解图。

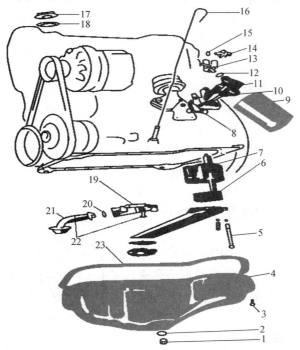

1—放油螺栓;2—O 形封圈;3—油底壳坚固螺栓;4—油底壳;5—机油泵坚长螺栓;6—机油泵齿轮;7—机油泵壳体;
8—机油滤清器衬垫;9—机油滤清器体;10—机油滤清器盖紧固螺栓;11—机油滤清器盖;12—密封圈;
13—0.18 MPa 油压开关;14—0.031 MPa 油压开关;15—密封圈;16—机油尺;17—加油口盖;18—橡胶密封垫圈;
19—带限压阀的机油泵盖;20—O 形圈;21—机油集滤器;22—机油泵盖短螺栓;23—油底壳密封垫

图 5-2 桑塔纳 2000GSI 型轿车 AFE 型发动机的润滑系统零件分解图

(一) 外齿轮式机油泵

1. 外齿轮式机油泵的结构

外齿轮式机油泵结构简单,机械加工方便且工作可靠,使用寿命长,能产生较高的供油压力,如图 5-3 所示。

2. 外齿轮式机油泵的工作原理

其工作原理如图 5-4 所示。

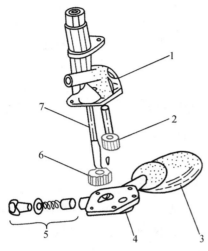

1—泵体;2—从动齿轮;3—集滤器;4—泵盖;
5—限压阀;6—主动齿轮;7—齿轮轴

图 5-3 外齿轮式机油泵

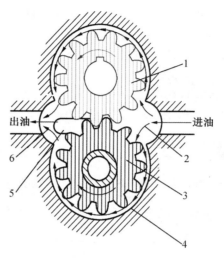

1—主动齿轮;2—进油口;3—从动齿轮;
4—泵壳;5—限压阀;6—出油口

图 5-4 外齿轮式机油泵的工作原理

3. 外齿轮式机油泵的检修

以桑塔纳 2000GSI 型轿车 AFE 型发动机为例,检修步骤如下:

(1) 检查齿轮啮合间隙。检查时,将机油泵盖拆下,在互成 120°三个位置处测量机油泵主、从动齿轮的啮合间隙。新机油泵齿轮啮合间隙为 0.05 mm,磨损极限值为 0.20 mm。

(2) 检查机油泵主、从动轮与机油泵盖接合面间的间隙。主、从动齿轮与机油泵接合面间隙的检查方法如图 5-5 所示,正常间隙应为 0.05 mm,磨损极限间隙值为 0.15 mm。

(3) 检查主动轴的弯曲度。将机油泵主动轴支承在 V 形架上,用百分表检查弯曲度。如果弯曲度超过 0.03 mm,则应对其进行校正或更换。

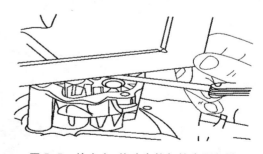

图 5-5 检查主、从动齿轮与接合面间隙

(4) 检查主动齿轮轴与机油泵壳体的配合间隙。主动齿轮轴与机油泵壳体配合间隙应为 0.03~0.075 mm,磨损极限值为 0.20 mm;否则应对轴孔进行修复或更换。

(5) 检查机油泵盖。机油泵盖如有磨损、翘曲或凹陷超过 0.05 mm 时,应进行修复或更换。

(6) 检查限压阀。检查限压阀弹簧有无损伤,弹力是否减弱,必要时应予以更换。检查限压阀配合是否良好,油道是否堵塞,滑动表面有无损伤,必要时更换限压阀。

3. 发动机机油泵的拆装

以桑塔纳 2000GSI 型轿车 AFE 型发动机机油泵为例,拆装步骤如下:

桑塔纳 2000GSI 型轿车 AFE 型发动机润滑系统零件如图 5-2 所示。

(1) 旋松分电器轴向限位卡板的紧固螺栓,拆下卡板。

(2) 拔出分电器总成。

(3) 放松并拧下两个机油泵壳与发动机机体相连的长紧固螺栓,将机油泵及吸油部件一起拆下。

(4) 拧松并拆下吸油管组件紧固螺栓,拆下吸油管组件,检查并清洗滤油网。

(5) 旋松并取下机油泵盖螺栓,取下机油泵盖组,检查泵盖上限压阀(旁通阀)。

(6) 分解主、从动齿轮,再分解齿轮和齿轮轴。

(7) 机油泵的安装与拆卸顺序相反。但安装时应更换垫片,注意各螺栓的拧紧力矩。

提示:机油泵装复后,用手转动机油泵齿轮,应转动自如,无卡阻现象。将机油灌入机油泵内,用拇指堵住油孔,转动泵轴应有油压出,并能感到压力。

(二) 内齿轮式机油泵

1. 内齿轮式机油泵的结构

内齿轮式机油泵的结构如图 5-6 所示,其主要由主动齿轮、从动齿轮、限压阀、泵盖和泵壳组成。主动齿轮为一较小的外齿轮,一般直接由曲轴驱动;从动齿轮为一较大的内齿圈。

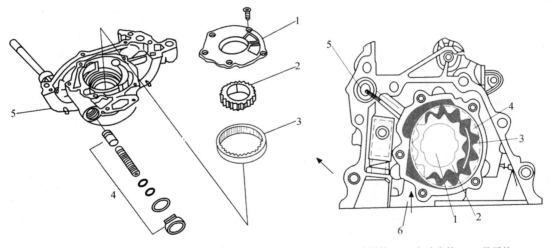

1—泵盖;2—主动齿轮;3—从动齿轮;
4—限压阀;5—泵壳

图 5-6 内齿轮式机油泵

1—油泵轴;2—主动齿轮;3—月牙块;
4—从动齿轮;5—出油口;6—进油口

图 5-7 内齿轮式机油泵的工作原理

2. 内齿轮式机油泵的工作原理

内齿轮式机油泵的工作原理如图 5-7 所示。当发动机工作时,主动齿轮随油泵轴一起转动并带动从动齿轮以相同的方向旋转。主、从动齿轮在转到进油口处时开始逐渐脱离啮合,并沿旋转方向两者形成的空间逐渐增大,产生一定的真空度,将机油从进油口吸入。随着齿轮的继续旋转,月牙块将主、从动齿轮隔开,齿轮旋转时把齿间所存的机油带往出油口。在靠近出油口处,主、从动齿轮间隙逐渐减小,油压升高,机油从机油泵的出油口送往发动机油道中,主、从动齿轮又重新啮合。

二、桑塔纳2000GSI型轿车AJR型发动机润滑系统的结构与维修

AJR型发动机润滑系统的主要部件有机油泵、机油滤清器、各种阀、机油散热器以及检视设备。图5-8为桑塔纳2000GSI型轿车AJR型发动机的润滑系统零件分解图。

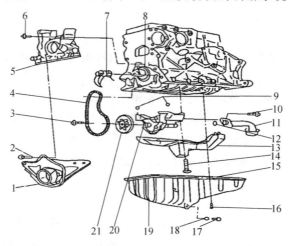

1—扭力臂;2—螺栓(拧紧力矩25 N·m);3—螺栓;4—机油泵传动链;5—曲轴前油封凸缘;6—油封凸缘固定螺栓(拧紧力矩15 N·m);7—链条张紧器;8—曲轴链轮;9—销钉;10、14、16—螺栓(拧紧力矩为14.4~16.6 N·m);11—吸油管;12—O形密封圈;13—挡油板;15—衬垫;17—放油螺塞;18—放油螺栓密封圈;19—油底壳;20—机油泵;21—机油泵链轮

图5-8 桑塔纳2000GSI型轿车AJR型发动机的润滑系统零件分解图

(一)转子式机油泵

1. 转子式机油泵的结构

转子式机油泵由机油泵壳、内转子、外转子和机油泵盖等组成,如图5-9所示。

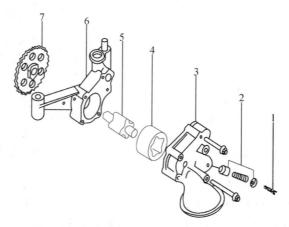

1—开口销;2—限压阀;3—机油泵盖;4—外转子;5—内转子;6—机油泵壳;7—链轮

图5-9 转子式机油泵的结构

2. 转子式机油泵的工作原理

转子齿形齿廓设计得使转子转到任何角度时，内、外转子每个齿的齿形廓线上总能互相成点接触，这样内、外转子间形成 4 个工作腔，随着转子的转动，这 4 个工作腔的容积不断变化。在进油道的一侧空腔，由于转子脱开啮合，容积逐渐增大，产生真空，机油被吸入，转子继续旋转，机油被带到出油道的一侧，这时，转子正好进入啮合，使这一空腔容积减小，油压升高，机油从齿间挤出并经过油道压送出去。这样，随着转子的不断旋转，机油就不断地被吸入和压出，如图 5-10 所示。

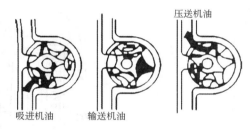

图 5-10　转子式机油泵的工作原理

3. 转子式机油泵的检修

（1）用塞尺检查外转子与泵体之间的间隙，如图 5-11 所示，标准值为 0.11～0.16 mm，若超过 0.20 mm，应换用新件。

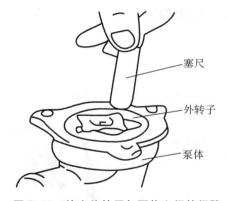

图 5-11　检查外转子与泵体之间的间隙

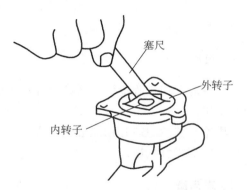

图 5-12　检查内、外转子齿顶端面间隙

（2）用塞尺检查内、外转子齿顶端面间隙，如图 5-12 所示，标准值为 0.04～0.12 mm，若超过 0.18 mm，应换用新件。

（3）用直尺和塞尺检查内转子轴向间隙，如图 5-13 所示，标准值为 0.03～0.09 mm，使用极限为 0.15 mm。

（4）检查限压阀是否有刮伤，限压阀柱塞在阀孔内有无磨损，间隙是否增大，如有，应换用新件，弹簧弹力下降，也应更换。

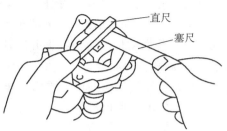

图 5-13　检查内转子轴向间隙

（二）转子式机油泵的拆装

1. 转子式机油泵的拆卸

（1）拆下油底壳。

（2）旋下图 5-14 中箭头所示螺栓。

（3）将链轮和机油泵一起拆下。

2. 转子式机油泵的安装

（1）将销钉插入机油泵上端，机油泵轴与链轮只有一个安装位置。

图 5-14 旋下螺栓

（2）安装机油泵，安装油底壳。

（3）用(22±3)N·m 的力矩拧紧链轮与机油泵的紧固螺栓，用(16±1)N·m 的力矩拧紧机油泵与气缸体的紧固螺栓。

三、机油滤清器

机油滤清器用于收集润滑系统循环油中的各种异物，如金属屑、机油中的胶质和落到机油中的积炭。

纸质滤清器的滤芯是用微孔滤纸制成的，为了增大过滤面积，微孔滤纸一般都折叠成扇形和波纹形，如图 5-15 所示。

四、集滤器

集滤器是具有金属网的滤清器，安装于机油泵进油口上。其作用是防止较大的机械杂质进入机油泵。

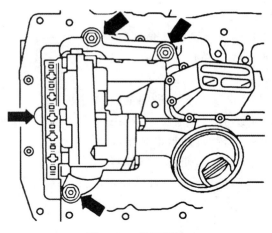

图 5-15 纸质滤清器

五、油底壳

油底壳的作用是收集并保存循环后的机油。油底壳大多采用薄钢板冲压成形。在油底壳的下部布置了一个放油螺塞，该螺塞的作用是在更换机油时泄放机油。有些发动机为防止共振并冷却机油，在油底壳上布置了许多散热筋片。

1. 油底壳的拆卸

（1）使发动机前端位于维修工作台上。

（2）放出发动机机油。

（3）拆卸离合器防尘罩板。

（4）如图 5-16 中箭头所示，旋下副梁螺栓和发动机橡胶支承。

（5）缓缓放下副梁。

（6）旋下油底上所有螺栓。

（7）拆卸油底壳，必要时用橡胶锤子轻轻敲击。

图 5-16 旋下副梁螺栓和发动机橡胶支承

2. 油底壳的安装

（1）更换油底壳衬垫。

（2）以对角线交替拧紧油底壳与气缸体的紧固螺栓。

（3）安装副梁。

（4）拧紧发动机橡胶支承。

六、机油散热器和冷却器

发动机运转时，由于机油黏度随温度的升高而变稀，降低了润滑能力，因此，有些发动机安装了机油散热器或机油冷却器，其作用是降低机油温度，保持润滑油一定的黏度。

1. 机油散热器

机油散热器由散热片、限压阀、开关、进出油管等组成，如图 5-17 所示。其结构与冷却系统散热器相似。

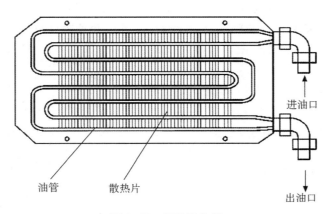

图 5-17 机油散热器

2. 机油冷却器

机油冷却器由铝合金铸成的壳体、前盖、后盖和铜芯管组成，如图 5-18 所示，将机油冷却器置于冷水路中,利用冷却水的温度来控制润滑油的温度。当润滑油温度高时,靠冷却水降温,发动机启动时,则从冷却水吸收热量使润滑油迅速提高温度。为了加强冷却效果,管外又套装了散热片。冷却水在管外流动,润滑油在管内流动,两者进行热量交换。

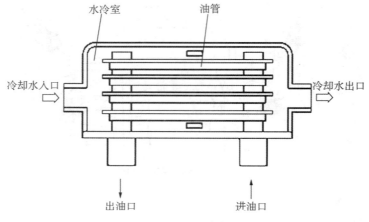

图 5-18　机油冷却器

七、油尺

油尺用来检查油底壳油量和油面的高低。它是一片金属杆,下端制成扁平状,并有刻线。机油油面必须处于上下刻线之间。

八、油压开关

发动机润滑系统有两个油压开关,一个设在油压输送路线末端 0.031 MPa 低压油压开关(棕色绝缘)上,另一个设在机油滤清器上 0.18 MPa 高压油压开关(白色绝缘)上。发动机点火后,油压指示灯亮;当油压超过 0.031 MPa 时,该指示灯熄灭。发动机低速运转(怠速)时,如果油压又回到 0.031 MPa 以下时,油压开关触点闭合,则指示灯就亮。当发动机转速大于 2 150 r/min 时,如果油压降到 0.18 MPa 以下,油压开关触点断开,报警灯闪亮,蜂鸣器同时报警。检查油压开关功能(图 5-19)的步骤如下:

(1) 拆下一个油压开关,旋进测试器,插上电线 1(蓝色)。

(2) 将测试器代替油压开关,旋进气缸盖机油滤清器盖。

(3) 将测试灯 2 夹住电线 1(蓝色)和蓄电池正极。

(4) 电线 3(棕色)接搭铁线(—)。此时 0.031 MPa 油压开关应使测试灯发亮,而 0.18 MPa 油压开关则相反。

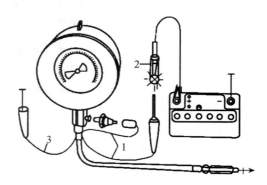

1—电线(蓝色);2—测试灯;3—电线(棕色)

图 5-19　检查油压开关

九、故障诊断与排除

（一）机油压力过高
故障现象为发动机在正常工作温度和转速下，机油压力表读数高于规定值。

1. 原因

（1）机油黏度过高。

（2）机油主油道堵塞。

（3）缸体内堵塞。

（4）机油滤清器阻塞。

（5）机油限压阀调整不当。

（6）新装发动机轴承过紧等。

2. 诊断与排除

（1）抽出机油尺，检查机油黏度是否过高。若过高，应更换合适的机油。

（2）卸下机油滤清器，检查滤芯是否因过脏导致堵塞，或旁通阀弹簧弹力过强而不能顶开，使机油压力过高。

（3）检查减压阀弹簧是否压得太紧，或弹簧弹力过强而不能顶开。有些车型减压阀活塞卡滞也不能顶起，引起机油压力升高。

（二）机油压力过低
故障现象为发动机运转过程中，机油压力指示灯亮。

1. 原因

（1）机油量少。

（2）机油黏度低。

（3）机油压力传感器失效。

（4）曲轴轴承、连杆轴承、凸轮轴轴承间隙过大。

（5）机油泵工作不良。

（6）汽油或冷却水进入油底壳。

（7）限压阀失效。

2. 诊断与排除

（1）检测机油油平面，如油平面过低，应加注机油。

（2）检查机油压力传感器及线路，如不良，应检修或更换。

（3）检查管路有无泄漏，如泄漏，应视情况修理。

（4）检查曲轴的连杆轴承的配合间隙是否过大，如间隙过大，应视情况修理。

（三）机油消耗过大
故障现象为发动机工作时，排气管冒蓝烟，发动机机油消耗量过大，发动机和油底壳接合面有渗漏。

1. 原因

（1）活塞—气缸间隙过大，导致机油窜入燃烧室。

（2）活塞环严重损伤，弹力不足，使得间隙过大，导致机油窜入燃烧室。

(3) 油底壳漏油。

(4) 曲轴箱后半部密封不严或老化变硬,导致机油渗漏。

(5) 机油加注过多,液面过高。

(6) 发动机长时间高速工作。

(7) 机油黏度太低,密封不良,机油渗漏入燃烧室。

2. 诊断与排除

(1) 检查油封及衬垫有无漏油痕迹、螺栓是否松动,若有漏油痕迹或螺栓松动,应紧固螺栓或更换衬垫、油封。

(2) 发动机高速运转,排气管冒蓝烟,且机油加注口也有大量或脉动烟雾冒出,表明活塞环及气缸磨损严重,应解体修理。若仅是排气管冒蓝烟,可能是由于气门杆与导管磨损过量,应更换。

(3) 检查机油压力是否过高,如果机油压力过高,应检查机油限压阀是否卡滞,并做适当调整。

(4) 检查曲轴箱通风管是否堵塞,并视情况修复。

一、任务准备

1. 工作准备

洁具:准备□ 清洁□

毛巾:准备□ 清洁□

逃生门:位置明确□ 通道畅通□

灭火器:红色□ 黄色□ 绿色□ 处理意见:

5S:整理□ 整顿□ 清洁□ 清扫□ 素养□

2. 工具准备

汽车发动机一台、发动机拆装架一台、汽车发动机常用拆装工具一套、专用拆装工具一套、零部件存放台、盆各一个、机油壶、润滑油、棉纱等、汽车发动机润滑系统油路示教板一块、汽车发动机常用润滑油样品一套(含汽油机机油与柴油机机油各种牌号)、发动机拆装实训录像片及相关的教学挂图等、多媒体教室一间。

3. 实训安排

(1) 分组:班级按3人1小组划分。

(2) 每组分工:3人小组中1人发指令,1人操作,1人记录,配合完成实训。

(3) 每组时间:每组在30 min内完成两个训练内容。

(4) 实训方式:按每轮两组进行轮流训练。

4. 安全事项

(1) 准备好灭火器材,并检查是否能正常使用。

(2) 在对节温器进行检查时要按照规定操作。

二、实施步骤

图解	步骤、作业内容及技术要求

润滑系统的总体拆装	1. 观察润滑系统总体组成。
	2. 润滑系统总体拆装。
	  对于机油压力传感器、机油压力表和报警开关,各机型有所不同。例如,桑塔纳汽车发动机的机油高压不足,传感器安装在机油滤清器座上;机油低压不足,传感器安装在气缸盖油道的后端。
	  安装油底壳的固定螺钉时,应注意从内到外分次拧紧油底壳各螺钉。拆装机油滤清器时应使用专用工具。

机油泵的拆装与检测
 	
(图:齿轮式机油泵结构示意图,标注有主动齿轮、出油、出油门、限压阀、进油、进油口、从动齿轮、泵壳)
	机油泵有齿轮式和转子式两种形式。
	  齿轮式机油泵的拆装与检测以桑塔纳汽车发动机为例。
	1. 观察齿轮式机油泵基本结构,它主要由一对齿轮组成。
	2. 旋松分电器轴向限位卡板的紧固螺栓,拆去卡板,拔出分电器总成。
	3. 旋松并拆卸两只用于紧固机油泵盖、机油泵体的长紧固螺栓,将机油吸油部件一起拆下。
	4. 拧松并拆下机油吸油管组件紧固螺栓,拆下吸油管组件,检查并清洗滤油网。
	5. 旋松并拆下机油泵盖短紧固螺栓,取下机油泵组件,检查泵盖上的限压阀。
	6. 分解主、从动齿轮,再分解齿轮和轴,更换垫片。
	7. 检查机油泵的磨损情况,方法如下:
	  检查机油泵盖与齿轮端面间隙:用钢尺直边紧靠在带齿轮的泵体端面上,将塞规插入二者之间的缝隙进行测量,其标准为 0.05 mm,使用极限为 0.15 mm,若不符,可以通过增减泵盖与泵体之间的垫片来进行调整。
	  检查主、从动齿轮与泵腔内壁间隙:用塞规插入二者之间的缝隙进行测量,若超过 0.3 mm 应换新件。
	  检查主、从动齿轮的啮合间隙:用塞规插入啮合齿间,分别间隔120°测量三点齿侧,标准为0.05 mm,使用极限为 0.20 mm。
	8. 将所有零件清洗干净,按分解的逆顺序进行装配。

续　表

图解	步骤、作业内容及技术要求
转子式机油泵的拆装与检测 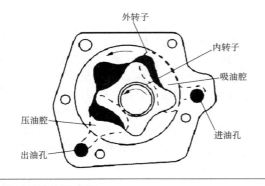	1. 观察转子式机油泵基本结构，它主要由一对内外转子组成。 2. 转子式机油泵安装位置与结构形式随不同发动机而有所不同，一般多放在发动机前端的机油泵体内，拆卸机油泵盖螺钉，即可拆卸转子式机油泵。 有的机油泵带有安全阀（限压阀），可将端部的调整螺钉旋松，即可取出安全阀及弹簧组件。有的则是不可拆卸的。 3. 转子式机油泵检测的项目、方法与齿轮式机油泵相同，不再赘述。 4. 转子式机油泵的装配顺序与安装顺序相反。
机油滤清器的拆装 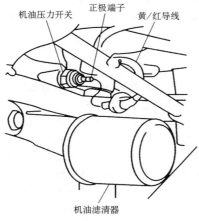 （a）不可拆卸式机油滤清器 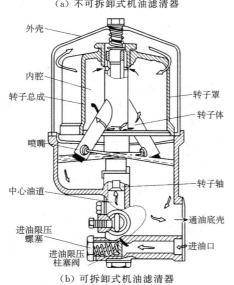 （b）可拆卸式机油滤清器	1. 机油滤清器的结构。机油滤清器分可拆卸和不可拆卸两种，不可拆卸式只能一次性使用，不能更换滤芯。 2. 机油滤清器的拆装。旋松拉紧螺帽，即可取下滤芯、壳体组件等零部件。 机油滤清器常带有机油压力调整装置，只要旋松螺母，即可旋出调压螺钉、拆卸调压弹簧和钢球阀。 其装配顺序与安装顺序相反。其机油压力调整需根据发动机要求，启动发动机，通过旋转调压螺钉进行调整。

学后测评

1. 简要叙述润滑系统的功用及基本组成。

2. 简要叙述齿轮式机油泵、转子式机油泵的结构和工作原理及维护装配要点。

3. 简要叙述转子式机油滤清器的基本组成及工作原理。

4. 发动机工作时,导致机油压力过高或过低的原因有哪些?如何诊断和排除?

5. 机油泵磨损或损坏了,要检测哪些项目?

项目六 冷却系统结构的认知与维修

项目描述

为了保证发动机正常工作,现代汽车上都装有发动机冷却系统。冷却系统可以将受热零件吸收的部分热量及时散发出去,保证发动机在最适宜的温度状态下工作。

学习目标

1. 知识目标

(1) 熟悉发动机水冷却系统循环路线。

(2) 掌握水冷却系统的作用、组成及主要零部件的构造。

2. 技能目标

(1) 掌握水泵、节温器等主要零部件的检测与维修方法。

(2) 掌握水冷却系统水温过高或过低故障诊断与排除方法。

任务一 冷却系统结构的认知

任务目标

- 掌握冷却系统的作用与类型。
- 掌握水冷却系统的组成。
- 掌握水冷却系统的工作原理。

任务引入

一辆桑塔纳轿车在夏天时发动机温度过高,我们能否把冷却液放掉,换用水冷却发动机,能否把节温器拆掉,以防止发动机温度过高?

项目六　冷却系统结构的认知与维修

必备知识

一、冷却系统概述

（一）冷却系统的作用

冷却系统的作用是把受热零部件吸收的部分热量及时散发出去，保证发动机在最适宜的温度状态下工作。汽车发动机的冷却液正常工作温度为 80 ℃～90 ℃。

（二）冷却方式

按照冷却介质不同，冷却系统可以分为风冷式和水冷式两种，如图 6-1 所示。

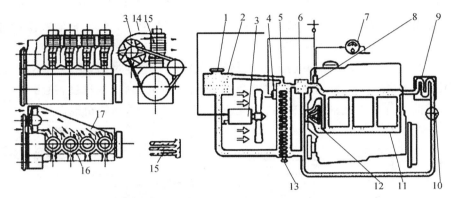

(a) 风冷式冷却系统示意图　　(b) 强制循环式水冷却系统示意图

1—散热器盖；2—膨胀箱；3—风箱；4—温控开关；5—散热器；6—节温器；7—水温表；8—温度传感器；
9—暖气水箱；10—暖气阀门；11—水套；12—水泵；13—放水开关；14—导流罩；
15—散热片；16—气缸导流罩；17—分流板

图 6-1　冷却系统的类型

风冷式冷却系统发动机以空气作为冷却介质，利用风扇形成气流，使高温零件的热量直接散发到大气中去。

水冷式冷却系统的冷却介质是"水"。通过冷却水的不断循环，从发动机水套中吸收多余的热量，并散发到大气中。

1. 风冷式冷却系统

（1）风冷式冷却系统的工作原理。

如图 6-2 所示，为了扩大散热面积，缸体缸盖表面布有散热片，它与缸体缸盖铸成一体。导流罩和分流板引导空气流，加强冷却，保证各缸冷却均匀。

（2）风冷式冷却系统的特点。

风冷式冷却系统具有结构简单、质量轻、

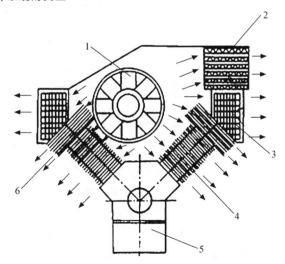

1—冷却风扇；2—传动油冷却器；3—机油散热器；
4—气缸体；5—油底壳；6—缸盖

图 6-2　风冷式冷却系统工作原理

177

故障少、无需特殊保养等优点,但由于其材料质量要求高、冷却不够均匀和可靠、消耗功率及工作噪声大,目前在汽车发动机上很少使用。

2. 水冷式冷却系统

(1) 水冷式冷却系统的工作原理。

如图 6-3 所示,通过水泵使环绕在气缸水套中的冷却液加快流动,通过行驶中的自然风和电动风扇,使冷却液在散热器中进行冷却,冷却后的冷却液再次引入水套中,周而复始,实现对发动机的冷却。

冷却液是水与防冻剂的混合物。冷却液用水最好是软水,否则将在发动机水套中产生水垢,使传热受阻,易造成发动机过热。纯净水在 0 ℃时结冰。如果发动机冷却系统中的水结冰,将使冷却液终止循环,引起发动机过热。尤其严重的是水结冰时体积膨胀,可能将机体、气缸盖和散热器胀裂。为了适应冬季行车的需要,在水中加入防冻剂制成冷却液以防止循环冷却液冻结。最常用的防冻剂是乙二醇。

冷却液的温度过高或过低都会给发动机带来危害。若温度过高,则冷却不足,充气量减少,燃烧不正常,功率下降,润滑不良,加剧磨损;若温度过低,则冷却过度,热量损失过多,热效率下降,燃油蒸气在冷气缸壁上凝结,冲洗油膜,汇入油底壳,稀释机油。

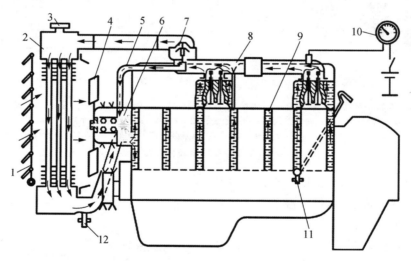

1—百叶窗;2—散热器;3—散热器盖;4—风扇;5—小循环水管;6—水泵;7—节温器;
8—出水管;9—水套;10—水温表;11—水套放水开关;12—散热器放水开关

图 6-3 强制循环式水冷却系统的工作原理

(2) 水冷式冷却系统的特点。

强制循环式水冷却系统虽然结构复杂、需定期维护,但它具有冷却强度高、均匀可靠、工作噪声小等优点,所以在汽车发动机上得到了普遍的应用。

节温器可用来控制通过散热器冷却液的流量大小,如图 6-4 所示。节温器安装在冷却液循环的通路中,一般安装在气缸盖出水口处。冷却液在冷却系统中的循环流动路线有两条,其中一条称为大循环,另一条称为小循环。当水温高时冷却液开始大循环,如图 6-4(a)所示,水经过散热器而进行循环流动;而当水温低时冷却液开始小循环,如图 6-4(b)所示,水不经过散热器而进行循环流动,从而使水温迅速达到正常值。

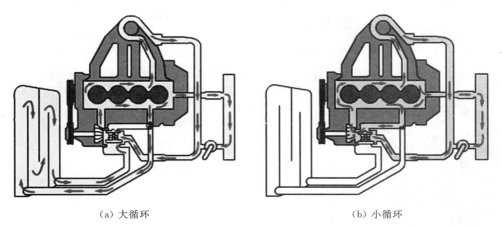

(a) 大循环　　　　　　　　　　(b) 小循环

图 6-4　冷却液大小循环

任务实施

一、任务准备

1. 工作准备

洁具:准备□　清洁□

毛巾:准备□　清洁□

逃生门:位置明确□　通道畅通□

灭火器:红色□　黄色□　绿色□　处理意见:

5S:整理□　整顿□　清洁□　清扫□　素养□

2. 工具准备

上海大众原装防冻液□　举升机□　组合工具□　扭力扳手□　冷却液收集容器□　内饰四件套□　车轮挡块□　翼子板和前格栅磁力护裙□　纱布□　毛巾□　记录表□　工具及辅料已备齐□　工具及辅料不齐□　差欠:

3. 实训安排

(1) 分组:班级按 3 人 1 小组划分。

(2) 每组分工:3 人小组中 1 人发指令,1 人操作,1 人记录,配合完成实训。

(3) 每组时间:每组在 20 min 内完成训练。

(4) 实训方式:按每轮两组进行轮流训练。

(5) 实训设备:实训中心车辆、举升机。

4. 安全事项

(1) 汽车进入工位前,将工位清理干净,准备好相关器材。□

(2) 将汽车停驻在举升机中央位置,然后车轮前后轮分别放置挡块。□

二、实施步骤

图　解	步骤、作业内容及技术要求
1. 实施准备  	（1）安装转向盘护套、变速杆手柄套和座位套。 （2）在车内拉动发动机舱盖手柄，在车外打开并支撑发动机舱盖。 （3）粘贴翼子板和前格栅磁力护裙。
2. 冷却液液面高度的检查  	注意：每周至少检查一次发动机冷却液液面高度，以便车辆保持在最佳行驶状态。 　　冷却液储液罐是透明的，冷却液储液罐通过软管与散热器相连。冷却液储液罐收集温度升高时溢出的冷却液，否则这些冷却液就会从系统中溢出。 　　要检查冷却液液面高度时，只需打开发动机舱盖，并观察冷却液储液罐，没有必要打开散热器盖。应在发动机冷却时，检查冷却液储液罐中冷却液液面高度，正常的冷却液液面高度应在"MIN"和"MAX"之间，如果发现冷却液液面高度低于"MIN"标志时，应打开冷却液储液罐盖，加注冷却液达"MAX"标志，然后重新盖好冷却液储液罐盖。
3. 冷却液的更换 	冷却液每两年或汽车行驶 40 000 km（以先到者为准），应当全部更换一次。本实训所用冷却液如左图所示。 （1）将汽车停驻在举升机中央位置。 （2）在发动机冷却后，通过以下程序拆卸散热器的盖子。 　　逆时针方向缓慢转动散热器盖至止动器。旋转散热器盖时，切勿按压，等待排空残余压力（有嘶嘶声）。当嘶嘶声停止后，继续逆时针旋转散热器盖，将其打开。 （3）将冷却液收集容器放在车辆下方，收集所有排放的冷却液。 （4）运转发动机，直到散热器上部软管发热，表明节温器阀已打开，冷却液开始流过散热器。 （5）关闭发动机，打开散热器放水塞，排出冷却液，并注意收集好。

项目六　冷却系统结构的认知与维修

续　表

图　解	步骤、作业内容及技术要求
	（6）排完后拧紧放水塞。 （7）给系统注满水并运转发动机直到散热器上部软管发热。 （8）重复第(5)、(6)、(7)步骤数次,直到排出的液体接近无色。 （9）排空系统中的水,为了充分排出,需将散热器的上部水管下端也拆开,排完水后再重新装好水管和放水塞。 （10）取下冷却液储液罐,打开冷却液储液罐盖(用手从盖子的凸缘往上掰开),排出里面的冷却液。 （11）拧紧散热器出口软管的卡箍。 （12）用肥皂水洗干净冷却液储液罐内部。 （13）将冷却液储液罐装好,并加注合格的冷却液到"MAX"位,盖好储液罐盖子。 （14）拆开与发动机连接的暖风机出水管上的排气帽,排出系统中的空气,从散热器注水口向系统加入合格的冷却液,当排气口中有冷却液流出时,装上暖风机出水管排气帽。 （15）在散热器盖打开状态下运转发动机,在散热器上部软管发热时,向散热器中再慢慢补充冷却液,直到加满。 （16）关闭发动机,盖好散热器盖。

三、清洁及整理

整理：所用工量具□

清洁场地：座椅□　　地板□　　工作台□　　零件盘□　　工位场地□

任务二　水冷却系统结构的认知与检修

任务目标

- 掌握散热器的构造与检修。
- 掌握水泵的构造与检修。
- 了解冷却强度调节装置。

任务引入

客户向售后服务经理反映,他的大众桑塔纳汽车在行驶过程中水温表显示温度超低。作为汽车维修人员,接到冷却系统的检修任务,要求检查并判断冷却系统是否有故障,制订维修计划,完成此任务,提交一份分析报告并归档。

必备知识

一、散热器的构造和检修

(一) 散热器的构造

散热器又称水箱,安装在发动机前的车架横梁上,其作用是增大散热面积,加速水的冷却。发动机水冷系统中的散热器由散热器盖、上储水室、散热器芯、下储水室和进出水管等组成,如图 6-5(a)所示。冷却液在散热器芯内流动,空气在散热器芯外通过。热的冷却液由于向空气散热而变冷,冷空气则因为吸收冷却液散出的热量而升温,所以散热器是一个热交换器。散热器一般用黄铜、铝和铝锌等材料制成。根据冷却液在散热器芯中的流动方向,散热器分为纵流式和横流式两种。轿车多用横流式,如图 6-5(b)所示,以降低发动机罩的外廓尺寸。

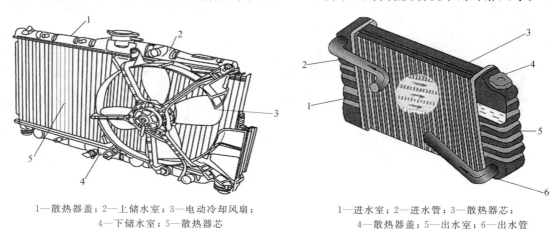

1—散热器盖;2—上储水室;3—电动冷却风扇;
4—下储水室;5—散热器芯
(a) 散热器

1—进水室;2—进水管;3—散热器芯;
4—散热器盖;5—出水室;6—出水管
(b) 横流式散热器

图 6-5 散热器结构组成图

1. 散热器芯的组成

冷却管是焊接在进、出水室之间的直管,作为冷却液流动的通道。空气流过直管的外表面,从而对管内流动的冷却液进行冷却。散热器芯由许多冷却管和散热片组成,采用散热片不但可以增加散热面积,还可以增大散热器的刚度和强度。散热器芯的结构形式有多样,常用的有管片式和管带式两种,如图 6-6 所示。

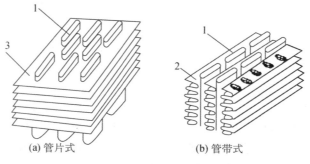

(a) 管片式　　(b) 管带式

1—冷却液管;2—散热带;3—散热片
图 6-6 散热器芯示意图

2. 冷却系统在散热器内的循环路线

发动机工作时,进入上储水室的高温冷却水通过冷却管流向下储水室的过程中,被从散热器芯缝隙中流过的空气流冷却,温度降低后重新又在水泵的抽吸下进入水套循环使用。

3. 散热器材质

散热器要求用导热性好的材料(如黄铜)制成,目前用铝材的越来越多。有些发动机散热器冷却管、储水室用黄铜制造,散热片则采用铝和锌等材料制成。

(二)散热器盖

1. 散热器盖的结构

散热器盖设有自动阀门,发动机正常工作时,阀门关闭,将冷却系统与大气隔开,构成闭式水冷却系统,使系统内压力提高到 98~196 kPa,冷却液沸点相应提高到 120 ℃左右,从而扩大了散热器与周围空气的温差,提高冷却效率,同时还可减少冷却液外溢及蒸发损失。当压力超过预定值时,压力阀开启,以防胀裂散热器。当发动机停机、压力降到大气压力以下时,真空阀开启,避免散热器被大气压力压坏。

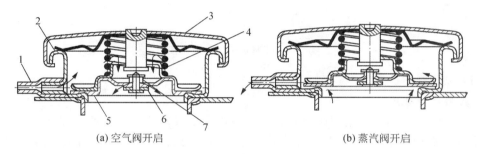

(a) 空气阀开启　　　　　　　　(b) 蒸汽阀开启

1—泄水口;2—阀座;3—加水口盖;4—蒸汽阀弹簧;5—蒸汽阀;6—空气阀;7—空气阀弹簧

图 6-7　散热器盖的结构及原理

2. 注意事项

当发动机处于热态时,打开散热器盖应缓慢小心,以防高温蒸汽喷出,将人烫伤。

(三)膨胀水箱

1. 膨胀水箱的作用和结构

膨胀水箱又称副贮水箱。其除了具备对散热器内的冷却液起到自动补偿作用外,同时具备及时将冷却系统内的蒸汽分离、避免"穴蚀"产生的功能。膨胀水箱用透明塑料制成,位置稍高于散热器。膨胀水箱上端通过水套出气管和散热器出气管,分别和缸盖水套及散热器上贮水室相通;膨胀水箱下端通过补充水管和旁通管相通。由于膨胀水箱位置稍高于散热器,因此膨胀水箱液面上方有一定的空间。

2. 膨胀水箱的工作原理

如图 6-8 所示,发动机工作时,在散热器和水套内产生的蒸汽通过水套出气管和散热器出气管,进入膨胀水箱后冷凝成液体,及时做到了水气分离。冷凝后的冷却液通过补充水管进入水泵,再次进入循环过程。

3. 冷却液

目前,大多数发动机都采用防冻液作为冷却液。防冻液冰点很低,可避免冬季使用中因结冰而导致散热器、缸体和缸盖被胀裂的现象;防冻液的沸点也比水高,更有利于发动机的正常工作。为防止防冻液的损失,在冷却系统内设置了膨胀水箱,对散热器内的防冻液启动自动补偿的作用。膨胀水箱上有两条刻线标记"MAX"(高)和"MIN"(低),在水温为50 ℃时,膨胀水箱的液面高度不得低于"MIN";室温时,膨胀水箱的液面高度不应超过"MAX"。

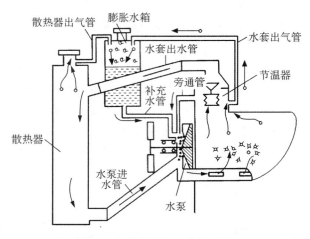

图 6-8　膨胀水箱工作原理图

(四) 散热器的检修

1. 散热器的清洗

散热器在使用过程中,会因腐蚀和积垢等原因影响发动机冷却效果。冷却系统水垢沉积后,将会使冷却液流量减小,散热器传热效果降低,导致发动机过热。清除水垢一般用以下两种方法:第一种方法是用2%左右的氢氧化钠水溶液加入发动机冷却系统中,汽车使用1~2天后将冷却液全部放出,并用清水冲洗。然后再加入同样的氢氧化钠水溶液,再使用1~2天后放出,最后用清水彻底清洗冷却系统。第二种方法是冷却系统中加满清水后,从加水口向内加入1 kg的苏打,让汽车行驶1天时间。然后将冷却系统的水放尽,再使发动机低速运转,运转时不断地从加水口加入清水(放水开关也放水),彻底将冷却系统冲洗干净。

2. 散热器密封性的检验

散热器的密封性检验可用气压表、气泵就车进行,其方法如下:

(1) 封闭散热器进、出水口,将散热器加水至加水口下方10~20 mm处。

(2) 用气泵向散热器内加压至200 kPa,压力表在5 min内压力应不下降。

(3) 检查散热器有无渗漏现象。如有渗漏,应进行修复或更换,如图6-9所示。

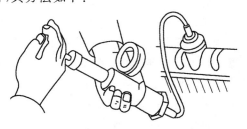

图 6-9　散热器加压检查

3. 散热器的修理

散热器常见的故障是变形、渗漏、芯管堵塞等。

(1) 散热器外形因受到碰撞引起凹陷、凸起等变形损伤,可用焊丝拉平修复。

(2) 散热器渗漏可用锡焊或粘接方法修复,贮水室裂缝的焊修方法如下:散热器贮水室裂缝可用铜焊焊修,或先在裂缝的两端钻$\phi 3.0$ mm～$\phi 3.5$ mm 的小孔(止裂孔),然后按以下方法用锡钎焊贴补:

① 选一略大于裂缝的薄铜板,厚约 0.5～0.8 mm。
② 分别在薄铜板和裂缝部位的贴合面上镀锡。
③ 将补片镀锡的一面贴于待补位置上,用烙铁加热,使两贴合面的焊锡熔合在一起。
④ 沿补片的边缘加焊料填充焊缝,使焊缝均匀光洁。

(3) 散热器芯管损坏可用接管法。修理步骤如下:
① 用尖嘴钳拆去破损芯管两边的散热片,剪下芯管的破损部分,切口剪成约 15°～30°斜口。
② 选一段比待接部分长约 5～10 mm 的接管,两端的斜口角与上同。并将两端口稍加扩张,使之恰能套住待接的芯口,然后分别在各接合口上镀锡。
③ 从散热器芯子端部插入通条,穿过镶接部分的上下口,将各接口整理平直,使之衔接部位互相贴合套位。
④ 接口处涂上焊剂,用铬铁焊接。
⑤ 芯管镶接后,用 0.3～0.6 mm 铜板制成 W 形状的卡条,卡于接管两侧,恢复散热效能。

4. 散热器盖密封性的检验

散热器盖可用手动气泵检查:使用手动气泵给散热器盖加压,使压力上升到 120～150 kPa 时,压力表读数突然下降,说明蒸汽阀打开;压力低于 10～20 kPa 时,空气阀应打开。如不符合以上要求,应更换散热器盖。例如,EQ6100 发动机蒸汽阀开启压力为 125～137 kPa。

二、水泵的构造和检修

(一) 水泵的构造

1. 水泵的工作原理

汽车发动机都采用离心式水泵。它体积小,出水量大,工作可靠。离心式水泵的工作原理如图 6-10 所示。当叶轮旋转时,水泵中的水被叶轮带动一起旋转,并在离心力作用下向叶轮边缘甩出,经与叶轮成切线方向的出水管压送到发动机的水套内。与此同时,叶轮中心处造成一定的负压而将水从进水管吸入,如此连续地作用,使冷却液在水路中不断地循环。

2. 水泵的结构

水泵一般安装在机体外,与风扇同轴驱动;也有装在机体内(内藏式)单独驱动的。离心式水泵主要由壳体、叶轮、水泵轴、支撑轴承、水封、挡水圈等组成。

(二) 水泵的检修

水泵的常见损伤有:泵壳裂纹、叶轮松

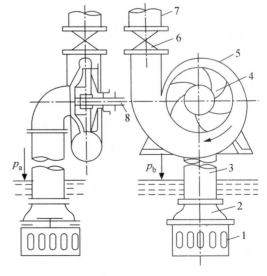

1—滤网;2—底阀;3—吸入管;4—叶轮;5—泵壳;
6—调节阀;7—排出管;8—水泵轴

图 6-10 离心式水泵的工作原理

脱或损坏、泵轴磨损或变形、水封损坏和轴承磨损等。

查看带轮与水泵轴配合是否有明显松旷，如有，表明带轮与水泵轴或带轮与锥形套配合松旷。检查风扇及带轮毂的螺栓，如松旷应拧紧；若带轮仍松摆，则可能是水泵轴松旷，应分解水泵，检查轴承。若水泵轴轴颈及其轴承磨损严重，当水泵轴的摆动量超过0.10 mm时，应更换新件。

当水泵漏水时，应检查水泵衬垫、水泵壳的泄水孔。当水泵衬垫漏水时，应先检查水泵紧固螺栓是否松动，如松动应拧紧；如仍漏水，应更换衬垫。当水泵壳的泄水孔漏水时，应分解水泵，检查水封，如损坏应更换。更换水封总成后，应进行漏水实验：堵住水泵进、出水口，将水注满叶轮室，转动泵轴，各处应不漏水。水封动环与静环接触面磨损起槽、表面剥落或破裂导致漏水时，应更换水封总成。

泵壳出现裂纹可焊修或更换新件；水泵叶轮出现破损，应更换新件。

（三）水泵的拆卸

（1）把发动机安放在维修工作台上，排放冷却液。

（2）拆下同步带上、中防护罩，将曲轴调整到第一缸上止点位置。

（3）拆卸驱动V带，拆卸风扇电动机。

（4）拆下凸轮轴上的同步带，但不必拆下曲轴V带轮。保持同步带在曲轴同步带轮上的位置。

（5）旋下螺栓，拆下同步带后防护罩，旋下水泵，将其拉出，如图6-11所示。

（四）水泵的安装

（1）清洁O形密封圈表面，用冷却液浸湿新的O形密封圈。

（2）安装水泵，罩壳上的凸耳朝下。

（3）安装同步带后防护罩。拧紧水泵、螺栓，扭力为15 N·m。

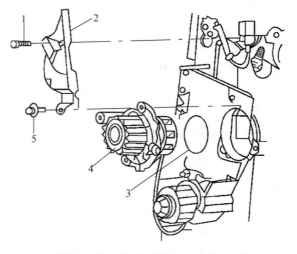

1—螺栓；2—同步带后防护罩；3—O形密封圈；
4—水泵；5—螺栓

图6-11 拆卸水泵

（4）安装同步带（调整配气相位），安装驱动V带，调整松紧度。

（5）加注冷却液。拆卸后各密封圈及密封垫也应全部换用新件。

装配水泵时各密封部件应加密封胶，装配后，用手转动带轮，应灵活且无卡滞现象；用手摇动带轮，泵轴无明显松旷；检查泄水孔应通畅；工作时无漏水现象。

三、冷却强度调节装置

发动机由于使用条件（负荷、转速和环境温度）经常变化，冷却强度也必须不断地改变，否则，会出现发动机过热或过冷现象而影响正常使用。冷却强度的调节方式有两种：一是改变通过散热器的空气量；二是改变通过散热器的冷却水量。第一种方式靠百叶窗和风扇离合器来完成，第二种靠节温器来实现。

(一) 百叶窗和风扇

1. 百叶窗

百叶窗的作用是调节散热器进风量,控制冷却强度。百叶窗安装在散热器前面,由许多活动挡板组成。驾驶员可以通过驾驶室里的拉杆来操纵百叶窗的开度,也可以由感温器根据水温的高低自动调节。当冬天环境温度较低或冷却水温度过低时,可以减小百叶窗的开度,使发动机迅速达到正常温度;当夏天环境温度较高或冷却水温度过高时,可以增大百叶窗的开度,以利散热。

2. 风扇

风扇通常安装在散热器和发动机之间,并与水泵同轴。其作用是旋转时对空气产生吸力,提高流经散热器的空气流速和流量,使流经散热器芯的冷却水加速冷却,吸收并带走发动机表面的热量,增强冷却系统对发动机的冷却作用。

不同汽车发动机冷却风扇的驱动方式不尽相同,一些发动机的风扇和发电机一起由曲轴皮带轮通过三角皮带驱动,现代轿车发动机一般采用电动风扇。

(1) 风扇的构造。

风扇的外径略小于散热器的宽度。风扇的扇风量、噪声及其所消耗的功率与风扇的直径、转速及叶片的数目、形状、安装角度等有关,叶片数目通常为4~6片。轿车发动机基本上都采用轴流式冷却风扇,其叶片横断面多为弧形。为减少叶片旋转时产生的震动和噪声,叶片间的夹角一般不相等,如图6-12所示。

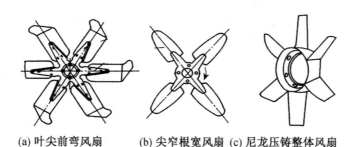

(a) 叶尖前弯风扇　(b) 尖窄根宽风扇　(c) 尼龙压铸整体风扇

图 6-12　风扇叶片

(2) 风扇的类型。

车用发动机风扇按驱动的动力可分为机械风扇和电动风扇。机械风扇装在水泵轴上,由曲轴前端带轮通过V带驱动,其速度取决于带轮的大小和曲轴的转速,这种风扇不需另外的驱动装置,如图6-13所示。其优点是结构简单,但发动机冷启动性差,机械损失大。电动风扇用蓄电池作电源,采用传感器和电路系统来控制,由直流低压电动机驱动风扇的运转,如图6-14所示。

(3) 风扇的检修。

风扇叶片出现破损、弯曲、变形后,应及时更换。由于风扇连接板强度不足或其他原因,使风扇叶片弯曲扭曲变形,破坏风扇叶片原设计的角度,使其丧失平衡性能,不但影响通过散热器的空气流速和流量,降低散热的冷却能力,甚至打坏散热器,加速水泵轴承和水封的损坏,还会大幅度地增加风扇的噪音。有条件时,风扇带轮组件应进行平衡试验,静不平衡值不得大于 20 g·cm。

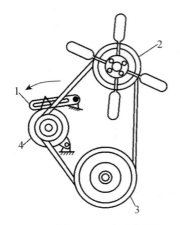

1—移动支架;2—风扇及皮带轮;
3—曲轴皮带轮;4—发电机

图 6-13　机械风扇

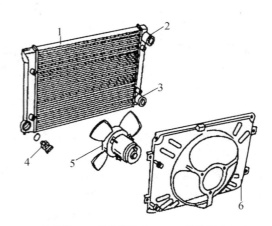

1—散热器;2—散热器进水口;3—散热器出水口;
4—温控热敏开关;5—电动风扇;6—导风罩

图 6-14　电动风扇

(二) 风扇离合器

1. 风扇离合器的工作原理和作用

目前,有不少汽车发动机采用各种自动风扇离合器控制风扇的运转与转速,改变流经散热器芯部的空气流量,从而调节冷却强度,保证发动机在最有利的温度范围内工作,提高发动机的使用寿命。同时,还可以减少风扇的功率消耗,降低发动机噪声。

2. 风扇离合器的结构形式

机械风扇控制的形式很多,目前采用的主要有硅油风扇离合器和电磁风扇离合器两种风扇控制装置。

(1) 硅油风扇离合器。

硅油风扇离合器是一种以硅油为介质,利用通过散热器芯、吹向风扇气流的温度高低改变风扇转速的风扇控制装置。硅油风扇离合器安装在风扇与水泵之间。其结构如图 6-15 所示。

(2) 电磁风扇离合器。

电磁风扇离合器是一种根据冷却水温度,通过水温感应开关和电路控制风扇运转的装置。电磁风扇离合器的结构如图 6-16 所示。电磁风扇离合器由主动和从动两部分组成。

3. 电动风扇控制装置

电控风扇与电动风扇都是由电动机驱动,但在电控风扇系统中,由 ECU 根据冷却液温度和空调开关信号,通过风扇继电器来控制风扇电动机电路的通断,以实现对风扇工作状态的控制。

电动风扇常见故障是风扇电动机或温控开关故障。检查风扇电动机应在冷却液温度低于 83 ℃ 的状态下进行。将点火开关转置"ON",风扇电动机应不工作。拆下温控开关线束插头时,风扇电动机应转动;接上温控开关线束插头时,风扇电动机应停止工作。否则,说明风扇电动机或其电路有故障。

项目六 冷却系统结构的认知与维修

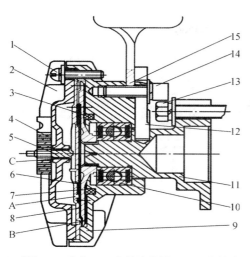

1—螺钉；2—前盖；3—密封毛毡圈；4—双金属感温器；5—阀片轴；6—阀片；7—主动板；8—从动板；9—壳体；10—轴承；11—主动轴；12—锁止片；13—螺栓；14—内六角螺钉；15—风扇；A—进油孔；B—回油孔；C—漏油孔

图 6-15 硅油风扇离合器结构示意图

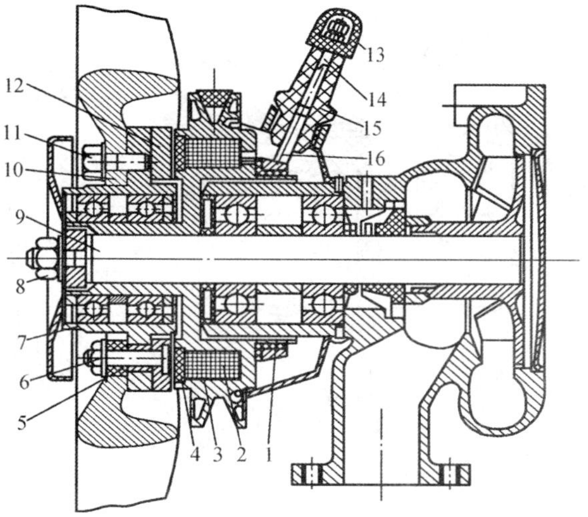

1—滑环；2—线圈；3—电磁壳体；4—摩擦片；5—弹簧；6—导销；7—风扇毂；8—螺母；9—水泵轴；10—风扇；11—螺钉；12—衔铁环；13—接线柱；14—弹簧；15—引线壳体；16—电刷

图 6-16 电磁风扇离合器结构示意图

检查风扇电动机也可以用其他方法。如图 6-17 所示，在电路中串联多用表检查风扇电动机的工作电流，如果风扇能够平稳运转且工作电流在 5~8 A 范围内，说明风扇电动机良好。

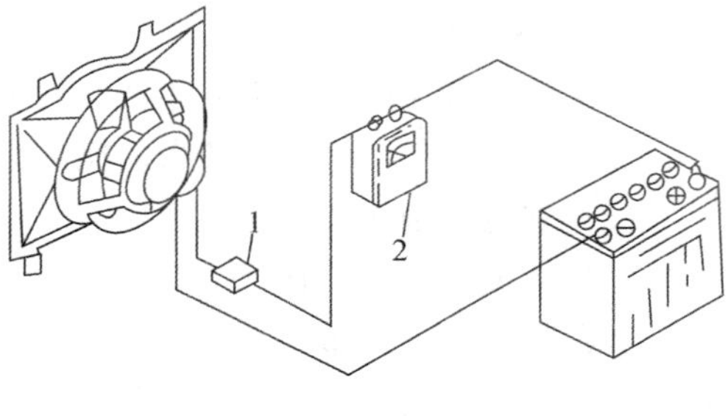

（三）节温器

1. 节温器的结构与原理

节温器根据发动机负荷大小和水温的高低自动改变水的循环流动路线，从而控制通过散热器冷却水的流量。节温器有蜡式和乙醚皱纹筒式两种，目前大多数发动机采用蜡式节温器，安装于缸盖出水口处，控制冷却液通往节温器的流量。

1—接线盒；2—多用表

图 6-17 风扇电动机的检查

蜡式节温器在橡胶管和感温元件之间的空间里装有石蜡，为提高导热性，石蜡中常掺有铜粉或铝粉。节温器外壳上端套装有主阀门，下端套装有副阀门，弹簧位于主阀门与支架下底之间。其结构如图 6-18 所示。

当冷却水温度低于 349 K(76 ℃)时，石蜡为固体，在弹簧的作用下，节温器外壳处于最上端位置，此时主阀门关闭，副阀门打开。来自发动机缸盖出水口的冷却水从副阀门进入小循环软管，经水泵又流回水套中，如图 6-18(c)所示。

当发动机冷却水温度达到 349 K(76 ℃)时，石蜡逐渐变成液态，体积膨胀而产生推力。由于节温器外壳为刚性件，石蜡迫使胶管收缩，对推杆锥状端头产生推力。因推杆固定于支架不能移动，其反推力迫使胶管、节温器外壳下移。这时主阀门开始打开，有部分冷却液经

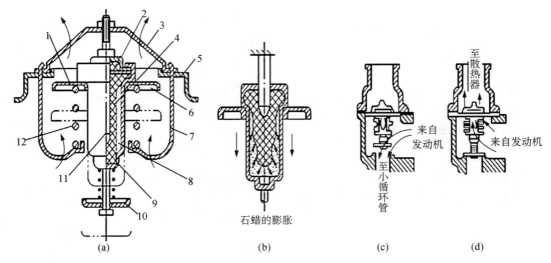

1—主阀门；2—盖和密封垫；3—上支架；4—胶管；5—阀座；6—通气孔；
7—下支架；8—石蜡；9—感应体；10—旁通阀；11—中心杆；12—弹簧

图 6-18　蜡式节温器结构及工作原理

主阀门进入散热器散热。

当水温超过 359 K(86 ℃)时,主阀门全开,副阀门刚好关闭,从缸盖出水口流出的冷却水全部经主阀门进入散热器散热。此时冷却水流动路线长,流量大,冷却强度增大,称为大循环,如图 6-18(d)所示。

当发动机内冷却水处于上述两种温度之间时,主阀门和副阀门均部分开放,故冷却水的大小循环同时存在。此时冷却水的循环称为混合循环。

2. 节温器的检修

节温器的常见故障有:使主阀门开启和全开时的温度过高,甚至不能开启;节温器关闭不严。前者将造成冷却水不能有效地进行大循环,导致发动机过热;后者将造成发动机升温缓慢,导致发动机过冷。此外,随着节温器性能的逐渐衰退,主阀门的开度将逐渐减小,造成进入大循环的冷却水流量减少,冷却系统将逐渐过热。

检查过程如下:在水杯中加热节温器,观察节温器阀门开启温度和升程,如图6-19所示。节温器开始打开温度约为80 ℃～84 ℃,结束打开温度约为95 ℃,节温器最大升程约8 mm。如不符合要求,应更换节温器。

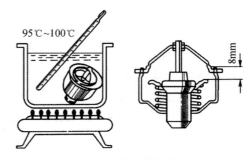

图 6-19　节温器的检查

一、任务准备

1. 工作准备

洁具：准备□　清洁□

毛巾：准备□　清洁□
逃生门：位置明确□　通道畅通□
灭火器：红色□　黄色□　绿色□　处理意见：
5S：整理□　整顿□　清洁□　清扫□　素养□

2. 工具准备

扳钳□　活动扳手□　尖嘴钳□　开□扳手□　梅花扳手□　平□起□
梅花起□　车轮挡块□　手电筒□　纱布□　毛巾□　记录表□
工具及辅料已备齐□　工具及辅料不齐□　差欠：

3. 实训安排

（1）分组：班级按3人1小组划分。
（2）每组分工：3人小组中1人发指令，1人操作，1人记录，配合完成实训。
（3）每组时间：每组在30 min内完成两个训练内容。
（4）实训方式：按每轮两组进行轮流训练。
（5）实训设备：水泵总成、压床、虎钳、节温器、温度计、酒精度、盛水的设备。

4. 安全事项

（1）准备好灭火器并检查是否能正常使用。□
（2）在对节温器检查时要按照规定操作。□

二、实施步骤

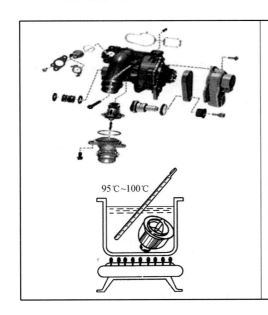

操作步骤如下：
1. 拆下O形环。
2. 拆下定位螺钉。
3. 用压床压出皮带轮。
4. 拆下叶轮和水封装置。
5. 水泵的装配应按照分解的相反顺序来进行操作。安装叶轮和新水封时，应在水封装置外围涂上液体密封剂。装配完毕，要保证叶轮在泵壳内转动自如。
6. 将节温器放入盛水的器皿中，逐渐加热，检验节温器阀门开始开启和完全打开时的温度，要求80 ℃～84 ℃开启，95 ℃完全开启。如不符合要求，说明节温器工作已经不正常。
7. 检查节温器阀门升程。当温度为100 ℃时，如果阀门升程小于8 mm，也说明节温器工作不正常。

三、清洁及整理

整理：所用工量具□
清洁场地：座椅□　地板□　工作台□　零件盘□　工位场地□

学后测评

一、判断题(对的打"√",错的打"×")

1. 为防止发动机过热,要求其工作温度越低越好。( )
2. 防冻液可降低冷却水的冰点和沸点。( )
3. 冷却系统的功用就是冷却。( )
4. 目前,汽车发动机上广泛用水冷却系统。( )
5. 水泵的作用是将冷却水从散热器下部抽出加压后送入发动机。( )
6. 冷却系统工作中冷却液温度高时实现小循环,温度低时实现大循环。( )
7. 百叶窗能加大散热器的散热面积,加速空气的流动。( )
8. 发动机的风扇可产生吸力,提高空气流经散热器的速度。因此,安装风扇时应注意方向。( )
9. 常用的冷却液添加剂只防止结冻,不起防止腐蚀的作用。( )
10. 风扇方向装反会引起冷却液温度过高。( )

二、思考题

1. 发动机为什么要保持适宜的温度?

2. 说明水冷却系统的组成及大小循环路线。

3. 如何清除散热器水垢?

4. 如何就车检查水泵的工作情况?

5. 简述蜡式节温器的作用及工作原理。

6. 发动机过热的原因有哪些,怎样诊断?

7. 发动机冷却水消耗过多的原因有哪些,怎样诊断?

8. 冷却系统维护的主要作业内容有哪些?

9. 怎样检查冷却系统的密封性?

10. 怎样检查电动风扇温控开关和节温器的性能?

项目七 发动机拆装工艺与磨合

项目描述

汽车整车大修或发动机大修时,将发动机总成从汽车上拆下,然后再将总成拆成零件进行检修。

发动机总成的拆装从工作本身来看并不需要很高的技术,也不需要复杂的设备。但若不重视这项工作,在拆装工作中容易造成零件的变形和损伤甚至无法修复。发动机总成拆装的工作质量将直接影响汽车和发动机总成的修理质量、修理速度和修理成本,所以应注意拆装工艺要求。

学习目标

1. 知识目标
(1) 了解发动机装配与调整的工作流程和相关技术要求。
(2) 掌握发动机磨合的过程和相关的规范标准。
(3) 了解发动机总成修理竣工技术条件。

2. 技能目标
(1) 掌握发动机总成的分解与装配方法。
(2) 能熟练使用有关工具、量具。
(3) 能正确进行检测维修操作,读表准确。

任务一 发动机的装配与调整

任务目标

- 掌握发动机各总成的装配与调整方向。
- 能分组完成发动机总装。
- 能对发动机主要附件进行装配。

任务引入

一辆桑塔纳更换离合器,将发动机抬下、抬上,更换离合器后,发动机仍不能启动、无高压电。经检查发现修理工将点火基准传感器插头插错。作为专业维修人员,要对发动机的装配和调整有深刻的认识并掌握其标准。

一、发动机装配注意事项

发动机装配注意事项如下:

(1) 装配前,所有零部件和总成均应经过检验或试验,以确保质量。

(2) 装配前,所有零部件、总成、润滑油路及工具、工作台等应彻底清洗,并用压缩空气吹干。

(3) 装配前,检查全部螺栓、螺母,不符合要求的应更换;气缸垫、衬垫、开口销、锁片、锁紧铁丝、垫圈等在大修时应全部更换。

(4) 不可互换的零部件,如各缸活塞连杆组、轴承盖、气门等,应按相应位置和方向装配,不得装错。

(5) 各配合件的配合应符合技术要求,如气缸活塞间隙、轴瓦轴颈间隙、曲轴轴向间隙、气门间隙等。

(6) 有关部件间的正时关系正确,工作协调,如配气相位、供油提前角、点火时刻等。

(7) 发动机上重要螺栓、螺母,如缸盖螺母、连杆螺栓、飞轮螺栓等,必须按规定扭矩依次拧紧,必要时,还应加以锁定。

(8) 各相对运动的配合表面,装配时应涂上清洁的润滑油。

(9) 保证各密封部位的严密性,无漏油、漏水、漏气现象。

应当注意,桑塔纳(1.8 L)、捷达轿车等发动机上有许多重要的螺栓采用的是塑性变形扭力螺栓,这种螺栓与普通刚性螺栓的区别如图 7-1 所示。

所谓"塑性变形扭力螺栓",就是把螺栓按规定的初扭矩拧紧之后,将螺栓相对连接件再扭转一个规定的角度,使螺栓产生一个规定的变形,并且使螺栓具有一定的预应力,起到自锁防松的目的。

例如,捷达、上海帕萨特 B5 轿车发动机连杆螺栓,就采用了这种塑性变形扭力螺栓,扭紧力矩为 30 N·m+1/4 圈(90°),即在安装时,在把螺栓初步拧紧的条件下,先以 30 N·m 的扭力将螺栓拧紧,然后再将螺栓相对于扭紧后的位置再扭转 1/4 圈(90°),如图 7-2 所示。

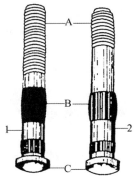

1—塑性变形扭力螺栓;2—普通钢性螺栓

图 7-1 连杆螺栓的区别与标志

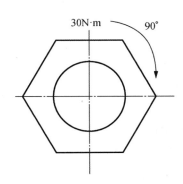

图 7-2 扭力螺栓紧固方法

另外,上海别克等轿车发动机上都采用此种螺栓。别克轿车螺栓的扭紧力矩为 20 N·m+75°。

二、装配顺序与调整

发动机装配顺序随结构的不同而有所变化,但基本工艺过程大同小异。

(一)安装气缸套

1. 试配气缸套

(1)湿式气缸套未装阻水圈时,在机体内应能用手转动,但不能有明显松旷。

(2)气缸套放入机体内,其上端面应高出机体平面一定距离。高出量不足时,可在安装孔的台肩上加铜垫或铝垫。对于多缸发动机,各缸气缸套的高出量应一致。4125A 型柴油机的高出量为 0.08~0.205 mm,S195 型柴油机的高出量为 0.07~0.17 mm。

2. 装阻水圈

将尺寸合格的阻水圈平整地装入气缸套或气缸体相应的槽内,不得扭曲或损伤。安装后的阻水圈,沿环槽圆周应均匀凸出。为了能顺利压入气缸套,又不损伤阻水圈,可在阻水圈上涂以肥皂水。

3. 安装气缸套

如果气缸套壁厚不均匀,应将壁厚较大的一侧置于承受最大侧压力的一面。用压床或其他专用工具压装气缸套。压装时用力应缓慢均匀,防止挤切阻水圈或使气缸套变形。气缸套压入后,应检查圆度和圆柱度,其误差应符合技术要求。如变形过大,应查明原因,重新安装。最后,还要进行水压试验,检验阻水圈是否安装可靠。对于干式气缸套,要注意气缸套与安装孔的清洁,不要涂机油,以免影响散热。

(二)安装曲轴与飞轮

1. 安装曲轴

(1)清洗机体与曲轴油道,并用压缩空气吹通。

(2)准备好轴瓦、止推片、曲轴后油封、轴承盖、螺栓、锁片等零件。注意各轴瓦、轴承盖应对号入座,不得错乱;止推片带贮油槽的一面朝向曲柄臂。

(3)曲轴轴颈上涂抹干净机油。

(4)在主轴承盖上依次装复各道下主轴承,如图 7-3 所示,清洁后在工作表面涂机油,依次装复到各主轴承盖上,装上主轴承盖连接螺栓。

图 7-3 将下主轴承装入主轴承盖中

(5)用扭力扳手,按从中间向两边的顺序(3、2、4、1、5)分 2~3 次拧紧各道主轴承盖的螺栓,最后拧紧至规定力矩 65 N·m,再加转 90°。

(6)将曲轴前油封装入前油封法兰的承孔中,将曲轴后油封装入后油封法兰的承孔中。装油封前在油封外表面涂一层密封胶,油封装入后在油封法兰与机体接触的一面上涂上密封胶,在油封刃口涂一层薄薄的机油。

(7)装上前、后油封法兰,以 16 N·m 的力矩拧紧前、后油封法兰固定螺栓。

(8)检测曲轴的轴向间隙,如图 7-4 所示。

检测时,用撬棒将曲轴撬向后端极限位置,在曲轴前端面处安装一只千分表,将千分表

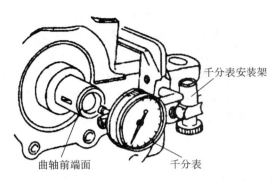

图 7-4　检查曲轴的轴向间隙

调零。再将曲轴撬向前端极限位置，千分表的摆动量即为曲轴的轴向间隙。装配新止推片的间隙为 0.07～0.21 mm，磨损极限为 0.30 mm。若曲轴轴向间隙过大，应更换止推垫片。

（9）装上曲轴后滚针轴承和中间支板。

（10）装上飞轮，对角、交叉、分次拧紧飞轮紧固螺栓，最后拧紧至规定力矩 60 N·m，再加转 90°，并予以锁止。

（11）用专用工具固定曲轴，将从动盘定位在离合器压盘和飞轮的中心，对角、交叉、分次拧紧离合器固定螺栓，最后拧紧至规定扭矩 25 N·m。

注意事项：

（1）发动机在装配前必须疏通润滑油道，以免堵塞润滑油道，否则当发动机工作后造成润滑不良，导致运动机件损坏。

（2）装复各道主轴承时，必须使主轴承的凸起与主轴承承孔的凹槽对齐。第 1、2、4、5 道装在轴承座上的轴承上有油孔和油槽，装在轴承盖上的轴承上无油孔和油槽；第 3 道上、下轴承上都有油孔和油槽。

（3）装止推片时，应使止推片有润滑油槽的一面（有减磨合金层表面）朝外。

（4）装复主轴承盖时，按原装配记号对号入座，并使主轴承盖上的凸点朝前，同时上、下主轴承上垃圾槽必定在同一侧。

（5）主轴承盖螺栓为一次性使用件，一经拆卸，必须更换。

（6）每拧紧一道主轴承盖连接螺栓，都应转动曲轴几圈，转动中不得有忽重忽轻现象，否则应查明原因，及时排除。

（7）装复油封法兰时，必须小心，不能使油封扭曲。

2. 安装飞轮

为了不破坏曲轴的平衡，飞轮与曲轴之间有严格的位置关系。安装飞轮时，应注意辨认安装记号、定位销或螺栓孔的不等距分布等。

飞轮螺栓应按规定扭矩拧紧，并用铁丝或锁片牢固锁紧。用铁丝锁紧时，正确的穿入方向是：铁丝拉紧时，有使螺栓顺时针方向转动的趋势，即向"紧"的方向转动。

（三）安装活塞连杆组件

1. 安装前的检查

先不装活塞环，将活塞连杆组装入气缸内，拧紧连杆螺栓，检查以下项目：

(1) 活塞偏缸的检查。转动曲轴,应无过大阻力及活塞偏向缸壁一侧的现象。

检查方法:用塞尺分别检查活塞处于上止点和下止点时与缸壁之间的间隙。要求活塞顶部与缸壁在曲轴前后方向上的间隙基本一致,其差值一般不大于 0.1 mm。

(2) 活塞上止点位置的检查。为保证一定的压缩比,应检查活塞处于上止点时活塞顶距气缸体上平面的距离。若距离过小,有可能顶撞气门,且使压缩比增大,发动机工作粗暴;若距离过大,压缩比下降,发动机功率下降。活塞上止点位置若不符合要求,应查找出原因,排除故障后,方可继续装配。

2. 活塞环的检查与修整

(1) 活塞环安装位置与方向的确定。安装时,应确定镀铬环、平环、锥形环、扭转环、油环等各种活塞环的环槽位置和方向,如图 7-5 所示。一般镀铬环、内切槽(朝上)扭转环放在第一道环槽内,油环放在油环槽内;锥形环的小端朝上,扭转环的外切槽朝下。有的活塞环上刻有朝上记号。

(2) 相邻活塞环的开口应错开 90°～180°,并避开活塞销方向和最大侧压力方向。

3. 活塞连杆组的安装

(1) 在各摩擦表面涂以清洁的机油。

(2) 确认活塞连杆组的顺序和安装方向后,摆好活塞环开口位置,用专用工具收紧活塞环,将活塞连杆组从上面装入气缸内。装入时,可用木榔头轻轻敲击活塞顶,并注意引导连杆大端靠向连杆轴颈。

图 7-5　检查活塞环的开口

(3) 首先确认连杆轴承盖(瓦)的顺序和安装方向,将其套在连杆轴颈上,按规定扭矩拧紧连杆螺栓。

安装活塞环和连杆轴承时应注意活塞、连杆的安装方向,活塞环的组合方式及环的安装方向。如图 7-6 所示为富康轿车发动机活塞连杆组装配示意图。

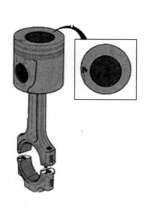

图 7-6　活塞连杆组装配标记

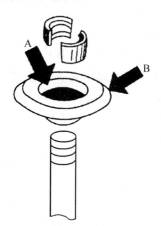

图 7-7　三槽结构的气门杆

(四) 安装气门组零件

(1) 将气门油封压装于气门导管上,安装时,油封需压到位,防止油封变形或损坏。

(2) 在新气门导管外表面涂抹机油,从气缸盖上端将气门导管压入气缸盖。
(3) 用专用工具装上气门油封,装上气门、气门弹簧、气门弹簧座。
(4) 用专用气门弹簧压具压下气门弹簧,将两个锁片安装在气门杆尾部的环槽内,松开专用气门弹簧压具,用橡胶锤轻轻敲击气门杆顶端,以保证锁片锁止到位。
(5) 用同样方法依次装复其他气门组零件,检查气门密封性。

桑塔纳发动机气门杆锁块为三槽结构。这种气门必须装用相配套的气门锁片和气门弹簧座,如图 7-7 所示。气门锁片内有相应的凹槽,气门弹簧座表面镀铜或铬,有约 1.5 mm 斜边 A 和外边 B。修理时一个凹槽和三个凹槽气门可以混装,但每种气门只能装用规定的气门锁片和气门弹簧。

(五) 安装凸轮轴

桑塔纳、捷达发动机凸轮轴的安装顺序如下:
(1) 装上各缸火花塞。
(2) 清洁和润滑液力挺柱、凸轮轴轴承、凸轮轴轴颈表面。
(3) 按原位置装回液力挺柱,保证对号入座。
(4) 将凸轮轴装回气缸盖上,转动凸轮轴,使第 1 缸进、排气凸轮朝上。
(5) 依次装复各凸轮轴轴承盖,保证对号入座,拧上凸轮轴轴承盖连接螺母。
(6) 先对角、交替、分次拧紧第 2、4 轴承盖连接螺母,拧紧至规定力矩 20 N·m;再对角、交替、分次拧紧第 5、1、3 道轴承盖连接螺母,拧紧至规定力矩 20 N·m,如图 7-8 所示。
(7) 装上凸轮轴密封圈。
(8) 将半圆键装到凸轮轴上,压回凸轮轴同步带轮,以 100 N·m 的力矩拧紧紧固螺栓。
(9) 装上霍尔传感器,以 10 N·m 的力矩拧紧霍尔传感器固定螺栓。

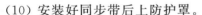

图 7-8 安装凸轮轴

(10) 安装好同步带后上防护罩。

注意事项:
(1) 气门、液力挺柱、凸轮轴轴承盖必须装复原位,保证对号入座。
(2) 安装液力挺柱前,应检查凸轮轴的轴向间隙,磨损极限为 0.15 mm。
(3) 装入气门后,必须检查气门密封性。气门只能进行研磨,不能进行修复。若研磨后仍然漏气,必须更换气门。
(4) 必须按规定的顺序拧紧凸轮轴轴承盖固定螺母。
(5) 安装凸轮轴轴承盖时,必须保证中心对准。
(6) 凸轮轴密封圈一经拆卸,必须更换。
(7) 安装好凸轮轴后,30 min 之内不得启动发动机,否则液力挺柱液压补偿元件没有进入工作状态,气门将敲击活塞。

(六) 安装气缸盖与摇臂总成

(1) 安装气缸盖螺栓。气缸盖螺栓要拧到底,且高度符合要求,并与气缸体上平面垂直。

（2）安装气缸垫。安装时，要注意对正缸垫与缸体的油孔和水孔，还要注意其卷边的安装方向：对于铸铁缸盖，卷边朝缸盖；对于铸铝缸盖，卷边朝缸体。例如，桑塔纳发动机气缸垫上标有"Up"（上）字样的一面必须朝缸盖。

（3）拧紧缸盖螺栓。按规定扭矩和顺序分2～3次拧紧螺栓。拧紧的顺序为从中心向四周按对角线对称拧紧，如图7-9所示。

（4）安装气门推杆和摇臂总成。注意疏通和对正摇臂支座、摇臂轴与缸盖的油孔，检查油孔密封垫；拧紧摇臂支座紧固螺母。

注意事项：

（1）在安装气缸盖之前，要将曲轴转到第1缸上止点位置。

图7-9 气缸盖螺栓拧紧顺序

（2）气缸垫若有损坏，必须更换。

（3）安装气缸垫时，有配件号的一面必须可见，并保证气缸垫与气缸盖上的所有水道孔、油孔、螺栓孔对准。

（4）气缸盖螺栓一经拆卸，必须更换。

（5）装入气缸盖螺栓前，必须清理气缸盖螺栓盲孔，保证孔内没有杂物，气缸盖螺栓螺纹处要涂上机油。

（七）安装配气相位正时链条

（1）配气相位正时是为了确保配气和点火（喷油）正时。如图7-10所示，一般在曲轴齿轮、凸轮轴齿轮、喷油泵齿轮及中间齿轮（或正时皮带轮、正时皮带、中间轴惰轮）上刻有记号，装配时只需对好记号即可。柴油机的中间齿轮上有三个记号，分别与曲轴齿轮、凸轮轴齿轮及喷油泵齿轮对应，应注意其记号的不同。

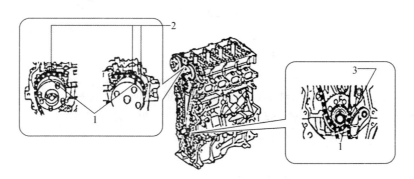

1—正时标记；2—标记板（橙色）；3—标记板（黄色）

图7-10 正时标记

（2）无记号或记号模糊不清时正时齿轮的安装。

① 转动曲轴，使第一缸活塞处于上止点位置。上止点位置可通过飞轮记号（飞轮上一般有上止点记号和供油提前记号）来确定；也可在火花塞（喷油器）安装孔中插铁丝，使铁丝触及活塞顶，慢慢转动曲轴，找到活塞上止点位置。

② 根据配气相位,反转曲轴一定角度（进气门提前开启角）。对于有齿圈的飞轮,可通过角度与齿数的换算,确定应该转过的飞轮齿圈齿数。

③ 按照工作时的转向,顺转凸轮轴,使第一缸处于进气门开启临界状态（进气门推杆上升至消除气门间隙的位置）。

④ 装上中间齿轮,转动曲轴,复查配气相位。

⑤ 无正时记号时喷油泵齿轮的安装。

a. 转动曲轴至第一缸压缩上止点位置。

b. 根据供油提前角的大小,反转曲轴相应角度（可通过飞轮记号或飞轮齿数确定所需转动的角度）。

c. 按照工作时的转向,顺转油泵轴至第一缸处开始供油。此前需装好喷油泵,接好低压油管,排放空气,转动喷油泵轴数圈至泵内充满柴油;然后在第一缸出油阀紧座上安装测时管,慢慢转动喷油泵轴,观察管内油面开始上升的瞬间,也可直接在出油阀紧座上观察油面涌动的瞬间。

d. 装上中间齿轮,转动曲轴,复查供油时刻。

⑥ 在正时齿轮上打上记号。

（八）安装齿形胶带

桑塔纳、捷达发动机齿形胶带的安装方法如下:将齿形胶带套在曲轴齿轮和中间轴齿轮上;曲轴三角皮带盘用一只螺栓固定;凸轮轴正时齿轮的标记应与气门室罩平面对齐（转动凸轮轴时,曲轴曲拐不可置于上止点）;曲轴三角皮带盘的上止点记号和中间轴齿轮上的记号应对齐;将齿形胶带套到凸轮轴正时齿轮上;转动张紧轮,以便张紧齿形胶带;用拇指和食指捏住凸轮轴齿轮和中间轴齿轮中间处的齿形皮带,可以转90°。

（九）安装气门室罩

在干净的气缸盖密封表面上涂适量密封胶,在密封胶开始固化以前,将气门室罩安装在气缸盖上,如图7-11所示,安装气门室罩紧固螺钉,以6.37 N·m力矩交叉拧紧。

图7-11 气门室罩

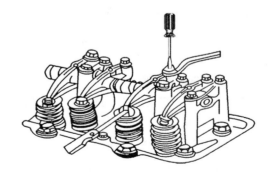

图7-12 气门间隙的检查调整

（十）检查并调整气门间隙

富康等发动机采用机械气门式配气机构,按规定检查并调整气门间隙。调整时可以采用两次法,也可用逐缸调整法,如图7-12所示。

桑塔纳、捷达发动机配气机构采用液压挺柱,如图7-13所示,可自动补偿气门间隙,因而也就不存在气门间隙的调整问题。液压挺柱磨损后必须更换新的。注意在安装新的液压挺柱时,发动机在 30 min 内不要转动。

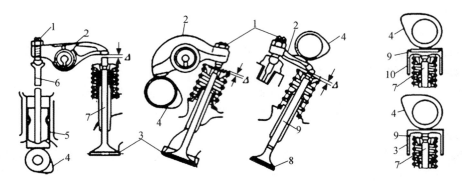

1—调整螺钉;2—摇臂;3—气门座;4—凸轮;
5—挺柱;6—推杆;7—气门杆;8—气门头;9—垫块;10—挺柱
图 7-13 气门间隙及其调整装置

(十一)安装与调整发动机前端 V 形皮带

按 V 形皮带安装顺序将皮带装到皮带轮上,调整发动机前端 V 形皮带的紧度。用拇指压下 V 形皮带,检查 V 形皮带的最大挠度:新 V 形皮带约 2 mm,旧 V 形皮带约 5 mm。

调整步骤如下:松开紧固发电机及张紧板的所有螺钉;用扭矩扳手旋转螺母,张紧 V 形皮带;按规定力矩拧紧固定螺母;按规定力矩拧紧发电机与底座的固定螺钉。

(十二)安装机油泵及油底壳

将第一缸活塞置于压缩冲程的上止点,然后装入机油泵。把机油泵及出油管装在气缸体上,最后在油底壳结合面上涂抹密封胶,均匀拧紧油底壳固定螺栓,如图 7-14 所示。

(十三)安装进、排气歧管

将进、排气歧管装在气缸盖上,依次均匀拧紧螺栓。

(十四)安装发动机附件

发动机附件如图 7-15 所示,最后安装火花塞、机油滤清器、水泵、发电机、空气滤清器、启动机以及供油系统、润滑系统、冷却系统等外部附件和管线。

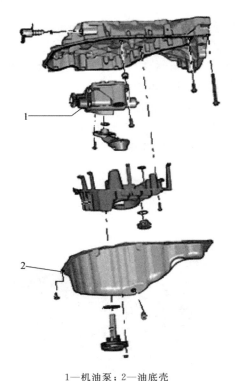

1—机油泵;2—油底壳
图 7-14 机油泵及油底壳装配图

项目七 发动机拆装工艺与磨合

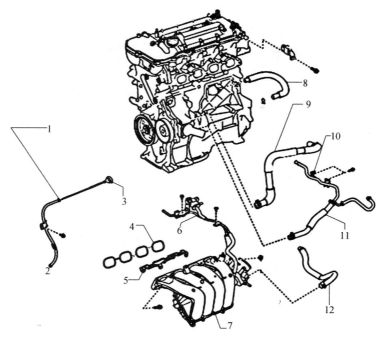

1—机油尺分总成；2—O形圈；3—机油尺；4—衬垫；5—进气歧管撑条；6—空气管；
7—进气歧管；8—通风软管；9—进水软管；10—1号水旁通管；11—3号水旁通管；12—水旁通管

图 7-15　发动机各附件

任务二　发动机的磨合

任务目标

- 理解发动机磨合的意义与方法。
- 了解磨合设备的构造与工作原理。
- 掌握发动机磨合试验的方法与基本要求。

任务引入

由于加工和装配误差，新车各运动部件的摩擦阻力在开始运转时总比正常情况下大得多，汽车使用初期的磨合（也称走合）效果，对汽车的使用寿命、工作可靠性和经济性都会产生很大的影响。所以，新车使用时必须严格执行磨合规定。

必备知识

一、磨合试验的目的

改善零件摩擦表面几何形状和表面物理力学性能的运转过程，称为磨合。大修的发动机，组装后必须进行磨合。总成磨合是修理工艺过程的一个重要工序,是有关总成从修理装配状态转入工作状态的过渡。磨合质量对总成修理质量和大修间隔里程有着重大的影响,因此,大修后未经磨合的发动机是不允许投入使用的。使用前进行磨合试验,可以达到下述目的:

(1) 改善配合件的表面质量,使其能承受相应的负荷。
(2) 减少初始阶段的磨损量,保证正常的工作间隙,延长使用寿命。
(3) 修理过程中若发现缺陷,应及时排除。
(4) 调整各机构,使其工作协调,动力性和经济性好。
(5) 检验修理质量。
(6) 测定发动机功率、油耗和转速。

二、磨合试验设备

发动机的冷磨合一般在测功机上进行。测功设备的型号很多,其中 SG115M 型水力测功机,性能稳定,测量精度高,既能测功,又能对发动机进行冷、热磨合。与油耗仪配套使用,还可测定发动机耗油率。该测功机如图 7-16 所示,其主要组成部分如下:

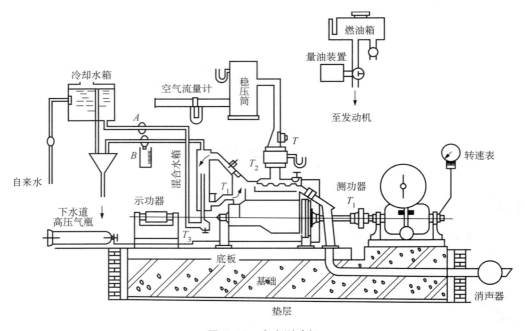

图 7-16 水力测功机

(1) 测功部分。它由制动鼓、量秤机构、测速机构等组成。
(2) 冷磨合部分。它由电动机、摩擦离合器、变速箱和单向离合器组成。
(3) 发动机支座部分。它由两个平板和四个支架组成,用以支承和固定发动机。
(4) 附属部分。它由供水系统、供油系统、万向传动装置组成。

三、磨合规范

发动机磨合分冷磨合与热磨合两个阶段。发动机冷磨合与热磨合的目的是为了细化发动机在修理、装配中各零件间摩擦表面的粗糙度,以获得更为良好的配合。冷磨合是由外部动力驱动总成或机构的磨合,发动机自行运转的磨合称为热磨合。发动机的磨合质量在材料、结构、装配质量等条件已定的情况下,主要取决于磨合时期的转速、载荷、磨合时间和润滑油品质。因此,磨合转速、载荷和磨合时间组成了发动机的磨合规范。

(一)冷磨合规范及工艺

发动机冷磨合是依靠外力带动发动机做一定转速的旋转,在各种速度下运转进行的磨合。

1. 冷磨合转速

冷磨合起始转速一般选用 400～600 r/min(即 $0.20n_e$～$0.25n_e$, n_e 指额定转速,即发动机在负荷一定的情况下达到最大功率时的转速),冷磨合终止转速为 1 200～1 400 r/min($0.40n_e$～$0.55n_e$)。若起始转速过低,由于曲轴溅油能力不足,机油泵输油压力过低,难以满足配合副的很大摩擦阻力和摩擦热对润滑、冷却和清洁能力的需求,极易造成配合副破坏性损伤。由于高摩擦阻力和高摩擦热的限制,起始转速不能过高。

发动机磨合的关键是气缸与活塞环、活塞与曲轴以及轴承等配合副的磨合。配合面上的载荷主要由活塞连杆组的质量和离心力形成。实验证明,在转速为 1 200～1 400 r/min 时,单位面积上的载荷最大。超过或低于此转速,载荷反而减小,均会影响磨合效果。

如图 7-17 所示,冷磨合时从起始转速过渡到终止转速,采用有级过渡比采用无级过渡更为有利,所以在冷磨合时通常采用有级过渡,磨合转速采取了四级调速,每级磨合规范的转速间距为 200～400 r/min。在每级转速下,随着表面质量的改善,磨损率逐渐下降至平衡状态。无级调速磨合效率低,为了提高磨合效率,一般采取有级调速。

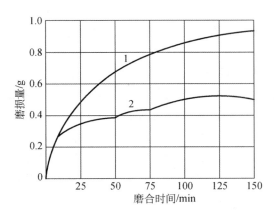

1—转速无级调速;2—转速有级调速

图 7-17 汽油发动机冷磨合时的磨损

2. 冷磨合载荷

单靠活塞连杆组所产生的载荷显然不够,磨合效率低。实践证明,装好气缸盖,堵住火花塞螺孔,借助气缸的压缩压力来增加冷磨载荷是极为有益的。

3. 冷磨合的润滑

现在的润滑方式有自润滑、油浴式润滑和机外润滑。实践证明,机外润滑方式最佳,对提高磨合效率极为有利。所谓机外润滑,是指由专门的泵送系统,将专门配制的黏度较低、硫化极性添加剂含量高的专用发动机润滑油,以较大的流量送入发动机进行润滑的润滑方式。该方式不但使摩擦表面松软,加速磨合过程,而且润滑、散热以及清洁能力很强,还可以提高磨合过程的可靠性。

4. 冷磨合时间

冷磨合时间的长短,应根据零件加工质量和装配情况而定,加工表面粗糙度小,时间可缩短,反之则延长,每级不超过 1 h 的运转。各级转速的冷磨合时间约 15 min,共 60 min。

5. 冷磨合时的检查

应经常检查机油压力表所指示的压力是否正常和各机件的工作情况是否良好,如发现异常,应立即停机检查,查明原因并排除故障后再磨合。

6. 冷磨后的拆检

冷磨后应将发动机进行部分分解,检查活塞、活塞环与气缸壁的接触情况,检查曲轴、凸轮轴的轴颈与其轴承(瓦)的磨合是否正常等。然后,排除发现的故障,将发动机全部零件清洗干净,按规定标准全部装复发动机,准备进行热磨合。

(二)发动机热磨合规范及工艺

1. 准备工作

(1)在油底壳内加注清洁机油至油尺上限。

(2)接通油路,排除空气,检查供油提前角。

(3)启动发动机,以怠速运转至水温达 40 ℃以上。

2. 无负荷热磨合

无负荷热磨合是为负载热磨合做准备,无负荷热磨合的起始转速与冷磨合终止转速相近,其磨合原理与冷磨合类似,目的是检查热工况下发动机各部件的配合情况,对发动机进行必要的调整,并消除发现的缺陷,为负载热磨合做准备。因此,无负荷热磨合转速通常为 1 000~1 200 r/min(或按 $0.40n_e$~$0.55n_e$ 来确定),运转 1 h。

无负荷热磨合中需要检查的项目有:①检查机油压力,应符合各机型要求。②检查发动机水温、机油温度是否正常。③检查并校正点火提前角。④检查发动机有无异响,如有异响,应立即停机检查并予以排除。⑤检查发动机有无漏油、漏水、漏气和漏电现象。⑥用断缸法检查各缸工作是否良好。⑦测量气缸压力是否正常。要求气缸压力不低于原厂规定值,各缸的压力差汽油机不超过 5%,柴油机不超过 8%(测量气缸压力前,先用压缩空气吹净火花塞周围的脏物,再拆下全部火花塞。把气缸压力表的锥形橡皮头插在被测缸的火花塞孔内,节气门全开。然后用启动机带动曲轴转动 3~5 s,记下读数)。

3. 加负荷热磨合

加负荷热磨合必须在有加载设备的专用试验台上进行。加负荷热磨合的起始转速通常根据能保证发动机主油道有足够的供油压力来确定,一般为 800~1 000 r/min。终止转速为额定转速的 60%(一般载货汽车发动机)或 50%(轻型汽车发动机),柴油机为额定转速。其级间转速差为 200~400 r/min。

磨合的起始负荷为额定功率的 10%~20%,终止负荷为额定功率的 80%,其每级间负荷的额定功率差为 3.68 kW。

每级磨合时间为 30~45 min,总磨合时间不少于 3 h。

加负荷热磨合时的检查项目有:①检查水温、机油压力和机油温度应符合规定。②发动机在各种工况下运转平稳,无异响。否则,应停机排除。③校准点火正时。

发动机加负荷热磨合后,为保证修理质量,应拆检主要机件。一般拆检项目有:①活塞的接触面是否正常,有无拉毛、起槽等现象。②气缸表面应无拉痕、起槽等现象。③活塞环接触面应不小于90%。④主轴承和连杆轴承接触面无起槽和烧结现象。⑤气缸衬垫无漏水、漏气现象。

4. 热磨合注意事项

(1) 各机构不应有过热现象,各连接处无漏水、漏油、漏气现象。

(2) 水温应在75 ℃~85 ℃之间,不要超过90 ℃。

(3) 机油温度应在70 ℃~80 ℃之间,机油压力应在250~300 kPa之间。

(4) 磨合中如出现异常现象(异常声响),应立即停机检查,查明原因后应及时排除。

(5) 热磨合结束后,再次检查气缸压力。

5. 磨合后拆开并检查

(1) 活塞接触是否正常,有无拉毛起槽现象。

(2) 气缸有无拉毛起槽现象。

(3) 活塞环接触面积应不小于总面积的90%,开口间隙不大于原间隙的25%。

(4) 主轴承、连杆轴承接触面积应比原来大,无起槽过热现象。

(5) 气缸垫无漏水、漏油、漏气现象。

检查后,如果各方面都正常,则按技术要求再次装配发动机,并调整气门间隙和点火时刻(供油提前角)。对没有拆卸的关键紧固件,应按规定扭矩再一次拧紧。

四、发动机总成修理竣工技术条件

(一) 一般技术要求

发动机总成修理竣工的一般技术要求如下:

(1) 装备齐全,按规定完成发动机的磨合,无漏油、漏水、漏气、漏电现象。

(2) 加注的润滑油量、牌号以及润滑脂符合原厂规定。

(3) 无异响,发动机急加速时无突爆声,进气管不回火,消声器无放炮声,工作中无异响现象。

(4) 润滑油压力和冷却液温度正常。

(5) 气缸的压力应符合原厂规定,各缸压力差,汽油机应不超过各缸平均压力的8%,柴油机则不超过10%。

(6) 四冲程汽油机的转速在500~600 r/min 时,以海平面为准,进气歧管真空度应在57.2~70.5 kPa范围内。其波动范围,六缸机不超过3.5 kPa,四缸机则不超过5 kPa。

(二) 主要使用性能

发动机总成修理竣工后的主要使用性能如下:

(1) 发动机在正常工作温度下,5 s内能启动。柴油机在5 ℃环境下,汽油机在-5 ℃环境下,能顺利启动。

(2) 配气相位差不大于2°30′。

(3) 加速灵敏,速度过渡圆滑,急速稳定,各工况工作平稳。

(4)最大功率和最大扭矩不低于原厂规定的90%。

(5)最低燃料消耗率不得高于原厂的规定。

(6)发动机排放限值应符合GB7258—1997《机动车运行安全技术条件》的规定。

(7)电子控制系统的设置应正确无误。自检警告灯应显示系统正常,或通过系统自诊断功能读取的故障码应为正常。

五、发动机试验

发动机试验项目有:最高空转转速、怠速稳定转速、功率、耗油率,即速度特性、负荷特性试验。

(一)发动机试验设备

1. 水力测功机

由于发动机试验时会产生较大的震动和旋转力矩,所使用的试验台用坚固、防震混凝土做基础。基础上固定有安装发动机用的铸铁底座和前后支架。为保证发动机能迅速拆装和对中,前后支架在底座上的位置和高度做成可调式。

2. 电涡流测功器

电涡流测功器由电涡流制动器、测力机构及控制柜组成。转子盘的圆周上加工有齿槽的钢齿轮。定子包括摆动壳体、涡流环(摆动体)、励磁线圈。

如图7-18所示,在励磁线圈中通以直流电时,即产生通过外壳、涡流环、空气隙和转子盘的磁感线。发动机带动转子盘旋转。由于转子盘外圆涡流槽的存在,会在空气隙处产生密度交变的磁感线,因而在涡流环内产生感应电动势而形成涡电流,此电流与产生的磁场相互作用,即形成一定的电磁力矩,从而使涡流环(摆动体)偏转一定角度,由测力机构可以测出力矩数值。

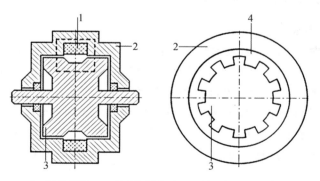

1—励磁线圈;2—摆动体涡流环;3—转子盘;4—空气隙

图7-18 制动器工作原理简图

(二)油耗测量装置

油耗测量装置又称油耗仪,如图7-19所示。它由油箱、量瓶(或量杯)、三通阀、滤清器等组成。

(三)发动机试验的一般条件

(1)所用燃油及润滑油符合制造厂的规定。

(2)测试仪器的精度及测量部位应符合规定要求。

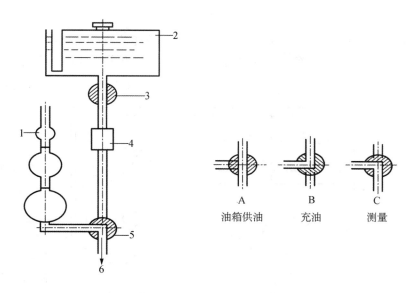

1—量瓶；2—油箱；3—开关；4—滤清器；5—三通阀；6—至发动机

图 7-19　定容积法测量油耗量示意图

（3）试验前发动机应按规定的磨合规范进行磨合。

（4）发动机冷却液温度为(80±5)℃，机油温度为(85±5)℃，柴油温度为(40±5)℃。

（5）排气背压按制造厂规定或低于 3.5 kPa。

（6）所有数据要在工况稳定后测量。发动机转速、转矩及排气燃料消耗量三者应同时测量。

（四）主要性能的试验方法

1. 速度特性试验

发动机节气门位置不变时，其性能指标随转速的变化而变化的关系，称为发动机的速度特性。发动机沿速度特性工作时，相当于驾驶员将加速踏板位置保持一定，汽车行驶速度随道路阻力的变化而变化的情况。

试验时节气门全开，在发动机工作转速范围内，顺序地调节负荷（由小到大或由大到小加载），改变转速，进行测量，适当地分布八个以上测量点，绘制外特性曲线。

试验中主要测量进气状态、转速、转矩、燃料消耗量、排气烟度、噪声、排气温度、点火或喷油提前角及汽油机进气管真空度等。做发动机速度特性试验，测定发动机的外特性，分析评定所测发动机在全负荷下的动力性和经济性。

2. 负荷特性试验

发动机的负荷特性是指当发动机转速不变时，其经济性指标随负荷变化而变化的关系。发动机沿负荷特性工作时，相当于汽车以等速在不同阻力的道路上行驶时的情况。

试验时，发动机在 50%～80% 的额定转速下运行，从小负荷开始逐渐增大负荷，相应增大节气门开度直到全开。适当地分布八个以上测量点，绘制负荷特性曲线。

试验中主要测量进气状态、转速、转矩、燃料消耗量、汽油机进气管真空度等。做发动机负荷特性试验，分析所测发动机在规定转速下部分负荷时的经济性。

（五）无负荷测功

无负荷测功既可用发动机综合测试仪，也可用单一功能的便携式测功仪。如图 7-20 所示为国产单一功能的便携式无负荷测功仪中的一种。不管哪种型式的无负荷测功仪，其通用测功方法如下。

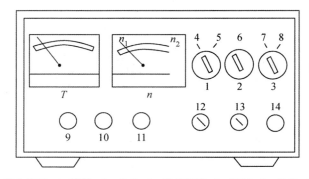

1、2、3—挡位旋钮；4—测试；5—检查；6—模拟转速；7—测试；8—自校；9—电源；
10—门控；11—复零；12—n_1 微调；13—n_2 微调；14—输入

图 7-20　国产单一功能的便携式无负荷测功仪面板图

1. 仪器准备

（1）未接通电源前，如装置为指针式，应检查指针是否在零点上，否则进行调整。

（2）接通电源后，电源指示灯亮，预热仪器至规定的时间。

（3）带有数码管的仪器，数码管亮度应正常，且数码均在零位。

（4）按仪器使用说明书给定的方法，对仪器进行检查、调试和校正。

（5）测加速时间-平均功率的仪器，要利用仪器的模拟转速、门控指示灯和微调电位器，调整好起始转速 n_1 和终止转速 n_2 的门控。微机控制的仪器，可通过数字键输入 n_1、n_2 的设定值。

（6）需要置入转动惯量 J 的仪器，要把被测发动机的转动惯量 J 置入仪器内。

2. 发动机准备

预热发动机至正常工作温度。调整发动机怠速，使其在规定范围内稳定运转。

3. 联机

仪器和发动机准备好后，把仪器的传感器按要求连接在规定部位。无连接要求的则应拉出拔节天线。

4. 测功

（1）按下"复零"键，使指示装置复零。

（2）按下其他必要的键位，如机型选择键、缸数选择键和"测试"键等。需要输入操作码的仪器，则应按要求输入规定的操作码。

（3）发动机在怠速下稳定运转，操作者急速地把加速装置加到底，发动机转速猛然上升，当超过终止转速 n_2 时应立即松开加速装置，切忌发动机长时间高速运转，记下或打印出读数后，按下"复零"键，使指示装置复零。重复上述操作三次，检测结果取平均值。

（4）仅能显示加速时间的无负荷测功仪，测得加速时间后，应到仪器制造厂家推荐的曲线图或表格中查出对应的功率值,以便与标准功率值对照。

5. 检测结果分析

根据测定结果进行分析,对发动机技术状况做出判断。

(1) 在用车发动机功率不得低于原额定功率的75%,大修后发动机功率不得低于原额定功率的90%。

(2) 若发动机功率偏低,燃料供给系统调整状况不佳,点火系统技术状况不佳,应对油路、电路进行调整。若调整后功率仍偏低,应结合气缸压力和进气歧管真空度的检查,判断机械部分是否存在故障。

(3) 发动机功率与海拔高度有密切关系,无负荷测功仪所测功率是实际大气压下发动机的实际功率,如果要校正到标准大气压下的功率,还应乘以校正系数。

实训 1 发动机的装配与调整

一、实训目的与要求

- 熟悉发动机主要零部件的装配标记、配合关系。
- 掌握发动机的装配工艺过程。
- 掌握发动机调整项目和调整技术要求。

二、仪器、设备

一汽丰田卡罗拉1ZR-FE、CA6102、BJ492及桑塔纳等汽车发动机若干台,常用和专用工具及量具等若干套。

三、注意事项

(1) 所有零件必须彻底清除油污、积炭、结胶和水垢等杂质。
(2) 注意工具、量具、教具的正确使用。
(3) 严格按技术规定装合机件,做好预润滑,不得丢失或少装零件。
(4) 需调整的部位,应严格按原厂技术数据或技术规程进行调整。
(5) 注意螺栓、螺母的紧固顺序;有紧固力矩要求的,必须用扭力扳手紧固至规定力矩。
(6) 发动机的装配必须在教师指导下进行。

四、装配与调整

图 解	步骤、作业内容及技术要求
	1. 安装曲轴主轴承瓦和润滑喷油嘴。

续　表

图　解	步骤、作业内容及技术要求
	2. 确保将这些部件安装至拆卸时所标示的位置。 扭矩：9 N·m。
	3. 安装曲轴止推片。 注意： ● 曲轴止推片上的指示槽必须面向外侧。 ● 确保将这些部件安装至拆卸时所标示的位置。
	4. 在下气缸体结合面上涂上 4 mm 的密封胶，安装下气缸体。 注意： ● 确保接合面干净且没有杂质。 ● 组件必须在涂上密封胶 5 min 之内装上。 材料：硅脂密封剂。
圈内数字均代表螺栓，下同	5. 安装下气缸体，按顺序拧紧固定螺栓。 螺栓 1—10 扭矩：级 1 为 25 N·m，级 2 为 45°。 螺栓 11—20 扭矩：22 N·m。
	6. 安装连杆盖轴承瓦。 注意：确保将这些部件安装至拆卸时所标示的位置。

项目七　发动机拆装工艺与磨合

续　表

图　解	步骤、作业内容及技术要求
	7. 安装连杆轴承瓦。 注意:确保将这些部件安装至拆卸时所标示的位置。
	8. 安装活塞连杆组件,按规定力矩拧紧。注意: ● 确保将这些部件安装至拆卸时所标示的位置。 ● 连杆的编号是从发动机前部沿箭头方向的。活塞顶部的箭头应朝向发动机前方。 ● 用干净的机油润滑活塞和缸壁。 ● 沿周向均匀地分布活塞环及油环的开口方向。 ● 使用锤柄将第一缸和第四缸活塞推入各缸,其连杆轴颈应处于下止点。 ● 确保轴瓦清洁干燥,将其装入相应的连杆和轴瓦盖。 通用设备:活塞环压缩器。 扭矩:级 1 为 25 N·m,级 2 为 90°。
	9. 安装机油吸油管。 注意:O 形密封圈未损坏时可重新使用。 扭矩:9 N·m。

213

续 表

图 解	步骤、作业内容及技术要求
	10. 安装机油泵总成和曲轴皮带轮。 扭矩：22 N·m。
	11. 在油底壳结合面上涂上 3 mm 的密封胶，安装油底壳。 注意： ● 确保接合面干净且没有杂质。 ● 组件必须在涂上密封胶 5 min 之内装上。 材料：硅脂密封剂。
	12. 安装油底壳，按规定力矩和顺序拧紧螺栓。 扭矩：9 N·m。
	13. 安装气缸盖，按顺序拧紧螺栓。 注意： ● 如果气缸盖螺栓超过规定长度，则必须安装一个新的螺栓。 ● 确保没有油液出现在气缸盖螺栓螺纹中。 ● 确保接合面干净且没有异物。 扭矩：级 1 为 20 N·m，级 2 为 90°，级 3 为 90°。

续 表

图 解	步骤、作业内容及技术要求
	14. 安装进、排气凸轮轴及其相关零件。 注意:确保将这些部件安装至拆卸时所标示的位置。 扭矩:13 N·m。
	15. 校对曲轴、凸轮轴正时标记。 注意: ● 凸轮轴正时链轮的记号需处在正上方12点钟位置,水平标记要对齐。 ● 凸轮轴正时链轮的记号必须与标记的正时链轮对齐。 ● 曲轴上的键槽要与壳体上的标记对齐。
	16. 安装正时链、正时链导轨和张紧轮臂。 扭矩:22 N·m。 注意:凸轮轴正时链轮的记号需处在正上方12点钟位置。
	17. 安装正时链条张紧器,拉紧正时链条。 扭矩:9 N·m。

续 表

图 解	步骤、作业内容及技术要求
	18. 使用清洁剂清洁发动机前盖的接合面。在安装发动机前盖板结合面上涂上3 mm的密封胶,安装发动机前盖板。 注意: ● 密封圈未损坏时可重新使用。 ● 确保接合面干净且没有杂质。 ● 组件必须在涂上密封胶5 min之内装上。 材料:硅脂密封剂。
	19. 安装发动机前盖板,按顺序拧紧螺栓。 螺栓1—8(除7外)扭矩:22 N·m。 螺栓9扭矩:9 N·m。 螺栓10—18(除11、16外)扭矩:22 N·m。 螺栓7、11、16扭矩:45 N·m。
	20. 用专用工具安装曲轴前油封。 专用工具:303-501。
	21. 用专用工具安装曲轴后油封。 $x = \max 0.5$ mm 专用工具:303-437。

续　表

图　解	步骤、作业内容及技术要求
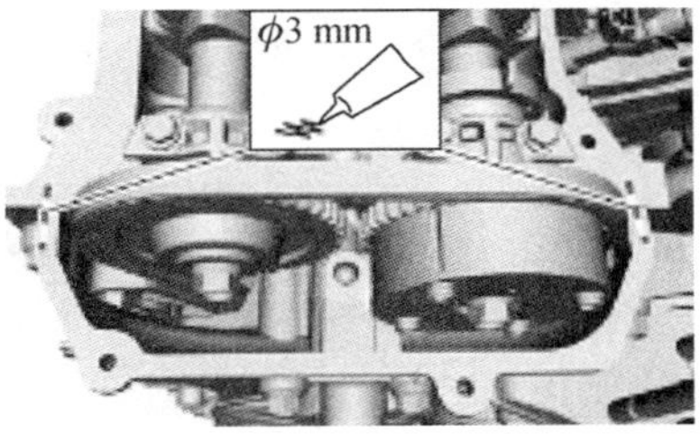	22. 在图中位置涂抹 3 mm 的密封剂，安装气门室盖。 材料：硅脂密封剂。
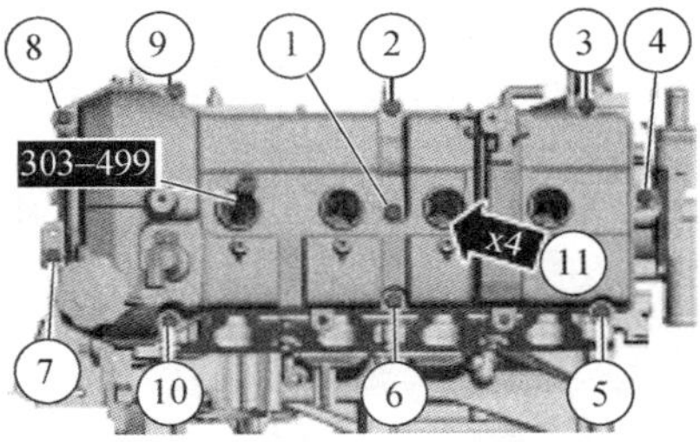	23. 按顺序拧紧气门室盖螺栓，然后用专用工具安装火花塞。 专用工具：303-499。 螺栓 1—10 扭矩：9 N·m。 螺栓 11 扭矩：19 N·m。
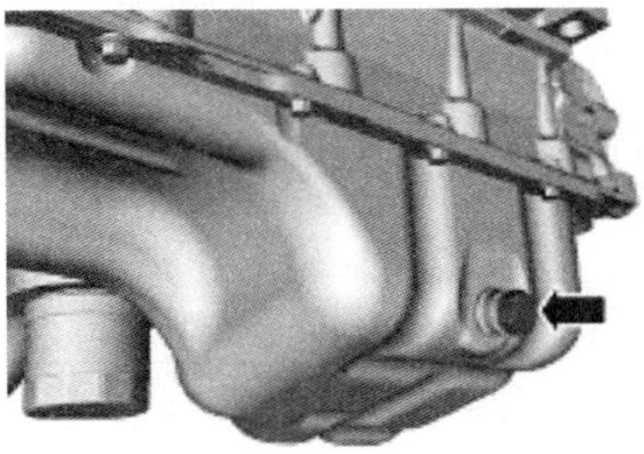	24. 安装放油螺栓。 注意：密封圈未损坏时可重复使用。 扭矩：36 N·m。
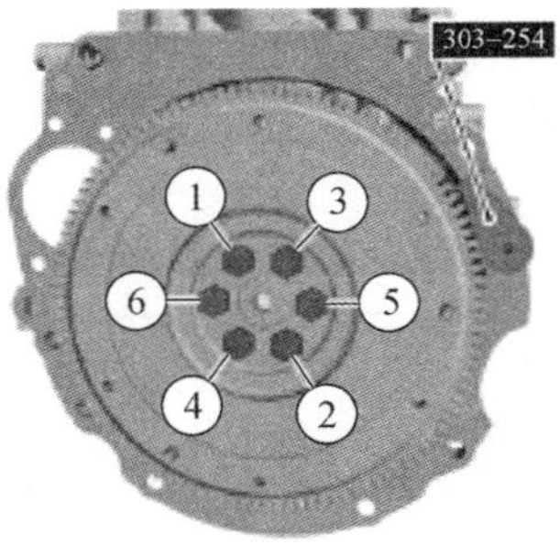	25. 用专用工具固定飞轮，安装飞轮。 专用工具：303-254。 扭矩：100 N·m。
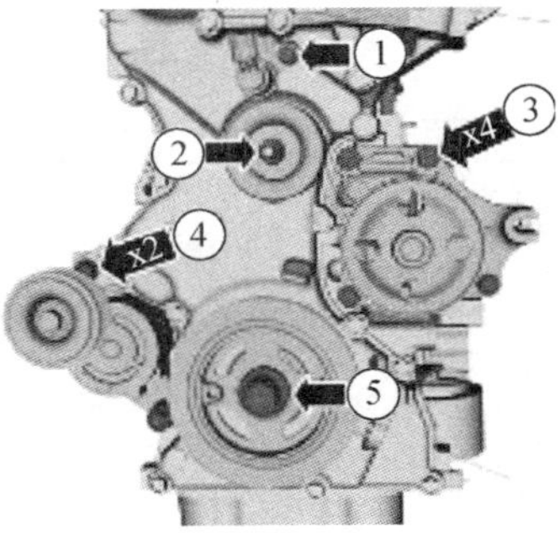	26. 按顺序安装发动机前端的正时皮带轮相关部件。 位置①扭矩：9 N·m。 位置②扭矩：45 N·m。 位置③扭矩：22 N·m。 位置④扭矩：25 N·m。 位置⑤扭矩：162 N·m。

续 表

图　解	步骤、作业内容及技术要求
	27. 拆下专用工具：303-254。
	28. 安装机油尺导管与机油油尺、爆震传感器、曲轴箱通风机油分离器、(节温器)冷却水管、CKP 传感器、机油压力开关和机油滤清器相关部件。 位置①扭矩：9 N·m。 位置②扭矩：27 N·m。 位置③扭矩：9 N·m。 位置④扭矩：22 N·m。 位置⑤扭矩：9 N·m。 位置⑥扭矩：13 N·m。 位置⑦扭矩：14 N·m。
	29. 安装发电机。 扭矩：45 N·m。
	30. 安装气缸盖上面的点火线圈等相关传感器和执行器电器插头。 通用设备：管夹拆装器。
	31. 安装进气歧管及附近相关管路。 通用设备：管夹拆装器。 扭矩：22 N·m。

续 表

图 解	步骤、作业内容及技术要求
	32. 使用管夹拆装器安装进气歧管附近相关管路固定夹和插头。
	33. 所有车辆安装空调暖风水管。 螺栓①扭矩：9 N·m。 螺栓②扭矩：52 N·m。
	34. 安装三元催化隔热板。 扭矩：43 N·m。
	35. 安装排气歧管。 扭矩：43 N·m。
	36. 用专用工具安装后氧传感器。 专用工具：310-063。 扭矩：39 N·m。
	配备废气再循环(EGR)的车辆(步骤37—42)。 37. 安装排气循环(EGR)阀输出管，按规定的扭矩拧紧螺栓。 螺栓①扭矩：40 N·m。 螺栓②扭矩：9 N·m。

续 表

图 解	步骤、作业内容及技术要求
	38. 安装排气循环(EGR)阀输出管到进气管管路,按规定的扭矩拧紧螺栓。 扭矩:9 N·m。
	39. 安装排气歧管隔热板。 扭矩:9 N·m。
	40. 安装废气再循环(EGR)阀管的排气歧管和冷却水管。 通用设备:管夹拆装器。 螺栓①扭矩:9 N·m。 螺栓②扭矩:40 N·m。
	41. 用专用工具安装前氧传感器和线束固定夹。 位置①扭矩:5 N·m。 位置②专用工具:310-053,扭矩:39 N·m。
	42. 安装后氧传感器线束插头和线束固定夹。 扭矩:5 N·m。

续 表

图 解	步骤、作业内容及技术要求
	未配备废气再循环(EGR)的车辆(步骤43—45)。 43. 安装排气歧管隔热板。 扭矩:9 N·m。
	44. 用专用工具安装前氧传感器和线束固定夹。 专用工具:310-063。 扭矩:39 N·m。
	45. 添加发动机机油到发动机中。

五、实训报告

实训项目	发动机的装配与调整
一、准备工作	
	情况记录
(1)工量具及仪器设备准备	
(2)维修手册准备	发动机型号——
二、操作过程	
安装曲轴飞轮组件	安装曲轴飞轮组件的步骤与技术要点:
安装活塞连杆组件	安装活塞连杆组件的步骤与技术要点:

续 表

实训项目	发动机的装配与调整
气门组件装配	气门组件装配的步骤与技术要点：
安装缸盖总成	安装缸盖总成的步骤与技术要点：
安装机油泵及油底壳	安装机油泵及油底壳的步骤与技术要点：
安装气门室盖及附件	安装气门室盖及附件的步骤与技术要点：
总结分析：	

(1) 结合实际操作，简要叙述所装发动机的主要零部件的装配标记，调整项目和装配，调整技术数据。

(2) 叙述发动机装配工艺过程。

实训 2　发动机的磨合

一、实训目的与要求

(1) 理解发动机磨合的意义，了解磨合设备的构造与工作原理。
(2) 掌握发动机磨合试验的方法与磨合规范。
(3) 熟悉发动机总成修理竣工技术条件。

二、仪器、设备

装合的发动机一台、发动机冷磨试验台架一台、发动机热试台架一台、常用（专用）工具一套。

三、方法与步骤

(1) 冷磨合。

冷磨合的顺序：安装待磨合发动机→添加润滑油→确定磨合规范→磨合。

(2) 无负荷热磨合。

无负荷热磨合的方法：安装发动机→确定磨合规范→磨合→准确判断换挡时机。

(3) 有负荷热磨合。

有负荷热磨合的方法：连接加载装置→确定磨合规范→磨合→准确判断换挡时机→确

认磨合完成→清洗润滑系统→更换润滑油及滤清器滤芯等。

（4）发动机竣工后检验一般技术条件、主要使用性能。

四、注意事项

（1）磨合过程中，必须注意观察发动机，若出现异常现象应及时处理。

（2）在热磨合过程中，应对发动机进行必要的检查和调整。

五、实训报告

实训项目	发动机的磨合
一、准备工作	
	情况记录
（1）工量具及仪器设备准备	
（2）维修手册准备	发动机型号——
二、操作过程	
磨合期检查	磨合前检查的主要内容：
冷磨合	冷磨合的步骤与技术要点：
无负荷热磨合	无负荷热磨合的步骤与技术要点：
有负荷热磨合	有负荷热磨合的步骤与技术要点：
总结分析：	

（1）简述磨合的意义。

（2）叙述发动机磨合方法及磨合规范。

（3）简述发动机总成修理竣工技术条件。

实训 3　发动机的试验

一、实训目的与要求

（1）熟悉发动机试验内容及方法。
（2）了解发动机试验设备。
（3）掌握发动机动力性、经济性指标的检测方法。

二、仪器、设备

常用汽车发动机一台、常用汽车一辆、无负荷测功仪一台、电涡流（或其他型式）油功机一台、常用（或专用）工具、量具一套。

三、方法与步骤

（1）汽车发动机无负荷测功。

汽车发动机无负荷测功的方法：准备车辆→预热发动机→调整发动机→连接并调整无负荷测功仪→测功读数→数据处理分析。

（2）发动机台架试验。

发动机台架试验步骤：准备试验台架→安装发动机→调整、预热发动机→试验→测量燃油流量→测量扭矩→测定转速→处理数据。

四、实训报告

（1）简述发动机试验设备功用及使用方法。

（2）叙述在用车发动机无负荷测功过程。

（3）叙述发动机速度特性及负荷特性的测定过程。

学后测评

1. 发动机装配与调整的基本要求有哪些?

2. 什么是偏缸,如何检查偏缸?

3. 修理竣工的发动机为什么必须经过磨合才能正常投入使用?

4. 对维护和修理竣工的发动机,要验收哪些内容?

5. 简述电涡流测功器测量发动机功率和转矩的原理。

6. 如何测量燃油消耗率并计算出燃油消耗率?